岩波現代文庫／学術 351

定本 丸山眞男回顧談（上）

松沢弘陽
植手通有［編］
平石直昭

岩波書店

凡　例

一、本書のもとになった聞き取りは、一九八八年四月から一九九四年一一月にかけて行われた。松沢弘陽、植手通有が中心になって質問を進めたが、毎回『丸山眞男集』担当の編集者および緑川亨氏が同席し、自由に質問に加わった。本文中、質問者が明記されていない問い(「――」で示す)は、編集者ないし緑川氏のものである。

一、編者による注記は〔　〕で括って本文中に挿入した。長文にわたるものなどは、補注として各巻末にまとめ、本文中の当該箇所に＊を付した。

一、注において、書物や資料等に付された番号は、東京女子大学に設置された丸山眞男文庫における登録ないし資料番号である。資料類に関して「文庫アーカイブで画像を閲覧可能」とあるのは、「丸山眞男文庫草稿類デジタルアーカイブ」をネット上で開いて検索すれば、当該資料の画像を閲覧できることをいう。

一、書名・雑誌名の略称は、補注の凡例を参照されたい。

一、下巻に本文との関連事項を中心にした「丸山眞男略年譜」を付した。

一、下巻に「あとがき」を付し、聞き取り全体の経緯について記した。

一、下巻末に全体を通しての人名索引を付した。

目　次

〈下巻目次〉

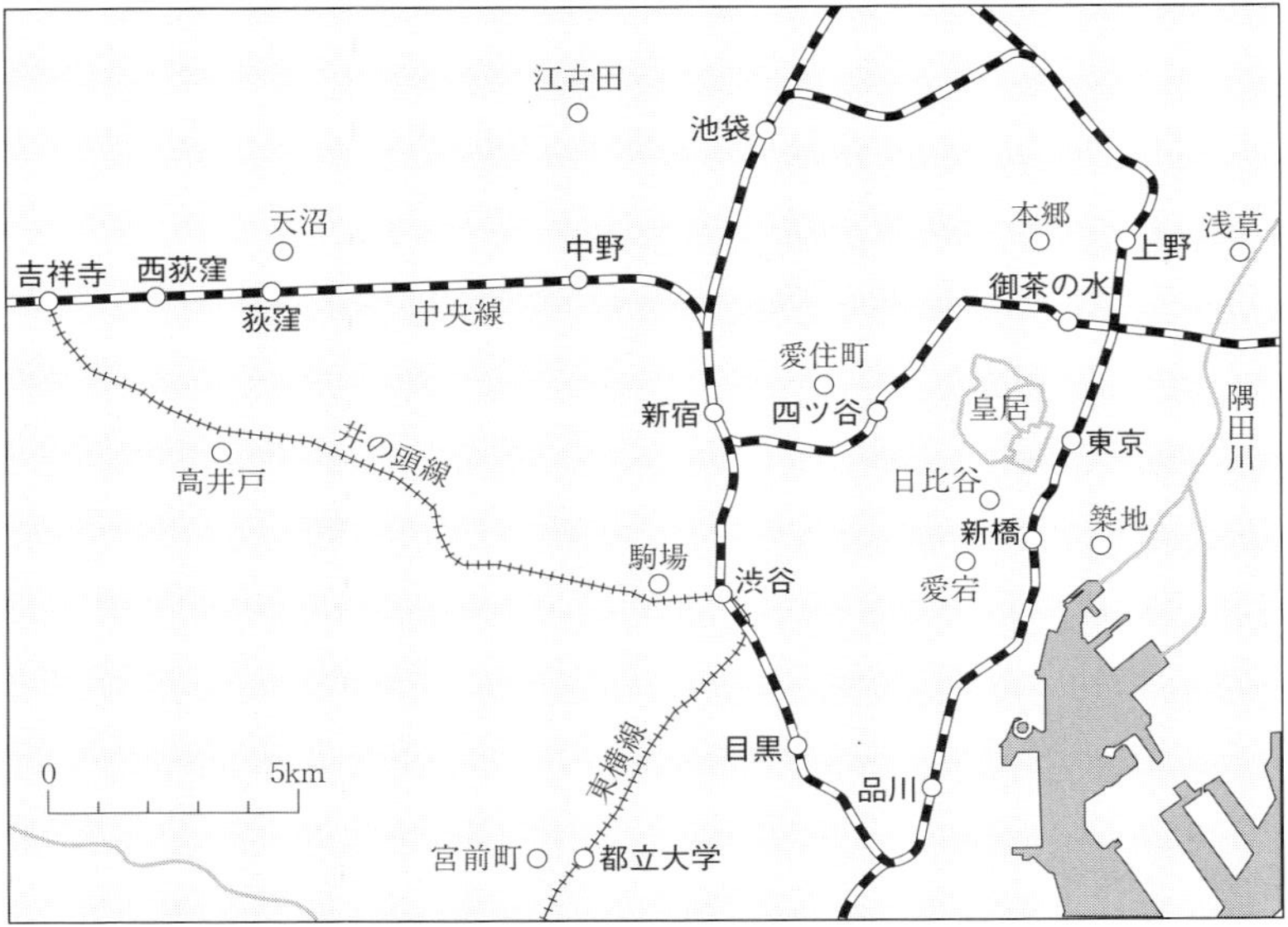

丸山眞男関連都内地名略図（鉄道の駅名，海岸線は現在のもの）

1　はじめに――敗戦前後

敗戦を迎えて

――敗戦は宇品《うじな》の陸軍船舶司令部で迎えられたのですね。

丸山　初めは暁《あかつき》部隊〔陸軍船舶部隊の総称〕の暗号〔教育〕隊ですけれど、転属になって船舶司令部参謀部の情報班におりました。暗号教育を受けた兵隊で一人だけ司令部に転属になった。普通ならどこかの部隊に回されて、各部隊で暗号通信をやるわけです。ぼくの身分が知られていたのは明らかですね。*今でも覚えているけれど、敗戦の年の三月二一日、暗号教育卒業の最後の点呼の時に転属が知らされる。ぼくは最初に召集された朝鮮で病院に入ったりしたものだから二等兵時代が長かった。朝鮮のときに二等兵で、広島へ行ってもまだ二等兵です。「丸山二等兵、参謀部情報班に転属を命ず」と読み上げられるのです。ぼくは何のことだかよくわからなかったけれど、参謀部情報班に転属になった。情報班長が広中中尉といって、山口高商を出た応召将校です。これはいい人でした。朝鮮と違って、広島ではビンタを受けたり、そういうことは全然なかった。

八月一五日は、みんな集まって天皇の詔勅を聞いた。ガーガー言ってよく聞こえないんです。ぼくはずっと後ろだったけれど、一生懸命聞いていたら「ポツダム宣言を受諾し」だけ聞こえた。ぼくは情報班ですから、ポツダム宣言のことは知っていました。大した情報ではないけれど、今の共同通信、当時連合〔通信〕と言っていましたが、そこが出していたウィークリーをタネにして、国際情報というのを、毎週書かされていたのです。*あれが非常に便利だった。やはり、ある意味では広中中尉の偉いところだな。それは異例なんです。兵隊は短波を聞いてもいけないぐらいですから、国際情報を書かせるのはとんでもない例外です。ぼくはあまり中国共産党のことはやっていなかったけれど、あの情報を書くことで、ずいぶん覚えました。トップレベルの朱徳とか、国共内戦で出てくる、いろいろな人の名前を、それで初めて知りました〔『備忘録』七二頁以下〕。

八月一六日、まさに翌日です。広中中尉が、「丸山一等兵――そのころは一等兵になっていました〔四五年七月一日〕――谷口参謀〔太郎、少佐〕がお呼びだから、すぐ参謀室へ行け」と言う。谷口参謀は廊下で会うから顔は知っていました。ぼくよりずっと年下で、陸大〔陸軍大学校〕を出てすぐ参謀部に赴任するわけですから二十いくつでしょ〔陸大第五八期、四四年卒〕。参謀部の参謀といったら大変なものですよ。谷口参謀は「満州事変以後の日本の政治史をむこう一週間、講義してくれ。君に一切の言論の自由を許す。軍閥という言葉を遠慮なく使っていい」と言うんです。また「君のことは前からわかっていたのだけれど、軍隊の事情でどうにもならなかった。一兵卒として使って申しわけなかった」と、そのとき言いました。そして、準備のために一日の休暇、参謀への講義中は一切の使役――使役というのは軍隊の言葉で、肥桶を担いだりなんかするわけですが――免除という特権を与えられました。そこで、一日休んで、具体的に言うと、講義は一七日から始まりました。

国際情報を書いていたということはあったのですけれども、全く用意がないわけです。ご承知のように、広島は原爆の後ですから、本屋なんかはふっ飛んでしまっている。ぼくがそのときに持っていた本は、近代日本史研究会の名で刊行された鈴木安蔵氏の『満洲事変前後』*です。白揚社から出ていた「近代日本歴史講座」の一冊。後ろに年表が付いているから非常に便利なのです。その年表を唯一のタネにしながら、満州事変以後の政治史です。そして、これからの方向については、たまたま日曜日の外出で広島市内の古本屋で見つけて持っていたE・H・カーの『平和の諸条件』*Conditions of Peace* を参考にした〔Macmillan, 1942. 番号 01974831〕。この本の由来については『図書』に「海賊版漫筆」〔『集』十二〕として書きました。そのカーの書物には、内務班の大森庶務大尉の検閲済の捺印がある。日本の軍隊はいい加減なところもあるんです。英語がわかる人がみたら、戦争中に軍隊に持ち込むなんて、とんでもない本なのです。戦後処理の問題ですからね。何を話したかよく覚えていないけれど、一週間にわたって講義しました。

松沢　覚えていないとおっしゃいましたけれど、そこで米ソ関係の将来を展望されたとうかがったように思いますが。

丸山　それはまた別なんです。もっと奇妙なことなんだ。七月の初めに*「馬場〔英夫〕参謀長がお呼びだ」と言う。部屋の下士官などは、一等兵が呼ばれたので、みんなびっくりしている。船舶司令官が中将で、その次が馬場参謀長、少将ですから。ぼくも、何ごとかと思って行ったら、特別に用があるわけではなく、「まあ座りたまえ」なんて言って、ダべっただけなんです。馬場参謀長との話は非常に面白かった。参謀長ともなるとインテリです。「君は中国に中産階級があると思うか」と聞く〔別の回顧では封建制の有無を問われたとある。『話文集』続1、三三頁〕。いい質問ですよね。ぼくもちょっと詰まってしまった。そのときは、孫文の「砂のような中国の国民」という言葉〔『三民主義』「民権主義第二講」。丸山文庫所蔵本には傍線がある。番号 0188654. 九七頁〕を引用して、「外国帝国主義によってさんざん荒らされて国民的統一ができていない。大地主と貧農はいるけれど、そして外国資本の下に雇われているプロレタリアートはいるけれど、ミドルクラスに当たるものはないいんじゃないですか」と言ったのは覚えています。馬場参謀長は「中国へ行って見てきたけれど、自分もそう思う」と言っていました。あとは何をしゃべったか忘れました。そのときは何も言わないのです。あとから広中中尉に「ソ連の対日政策について、丸山一等兵に何か書かせろ」という指示が来た。七月何日だか忘れたけれど、まだ敗戦前です。それで、慌ててワラ半紙に書いて出した。それが今言われたことです。書いたものは返してくれたのですけれど、なくしてしまった。惜しいことをしたと思っています。

――先ほどの国際情報などが材料ですか。

丸山　ネタはそれです。それに、ぼくのナマの知識と。今でも覚えているのは、ソ連と日本が国交を樹立〔一九二五年一月二〇日〕してから以後のソ連の対日外交を何段階かに分けて、最後は人民戦線の段階ということで説明した。ソ連の態度は、結局、人民戦線の政策によって基本的に貫徹されている、と。ソ連は日本の対米開戦の翌日の『プラウダ』の社説で、日本の必敗ということを書いている。それは親父〔丸山幹治、号は侃堂《かんどう》〕から聞いて知っていました。日本の必敗を予言しているのだから、ソ連の対日態度は基本的には決まっているということが第一点です。さればとて、直ちにソ連が対日開戦をするかというと、そうは思われないということで、あとは国際情報による知識です。

独ソ戦によるソ連の疲弊は甚だしい。だいたい生産力は最盛期の四〇パーセントぐらいです。日本と開戦するとなると、まだ関東軍は健在だから、シベリア輸送によってかなりの軍事力および物資を極東に集めなければいけない。それだけの余裕がソ連にあるとは思えないと。その点は間違っていました。ただ最後に一行書いた。ぼくは原爆なんか夢にも予想しなかったけれど、「何らかの事情により、満州における(日本の)軍事力急激に失墜せりとソ連が判断せば、大軍を満州に南下せしむべし」と。普通の文語体とも違う軍隊言葉ですが、ほとんど忘れたけれど、そこだけは覚えています。広中中尉はもちろん見ています。

――敗戦を知ったときの一般の兵隊たちの反応は。

丸山　ラジオを聴いても、みんな何が何だかわからない。大いにがんばれという詔勅だと思っていたわけでしょう。それに、さっぱり聞こえない。ただ、どうも様子がおかしいということはわかった。部屋にひきあげて、通信班長から何からみんな集まって騒いでいるんです。間もなく本部から連絡が入って、降伏とは言わなかったけれど、戦争終結だという。軍人だから、これは負けということだと、すぐにわかるわけです。広中中尉は山口の言葉で「この後どうなるじゃろな、丸山くん」と言った。広中中尉は「くん」と呼ぶのです。ぼくは出まかせに「そうですね、あとは宮様内閣以外にないでしょう」と言ったら、そのあと間もなく東久邇宮稔彦《なるひこ》内閣が成立した(四五年八月一七日)。日本の軍事力が急速に低下したならばソ連は大軍を南下させるだろうという、さっきの報告と、宮様内閣による収拾の予測と二つが偶然に的中したものだから、広中中尉が「学問というのは偉いものだな」と言った。その言葉は覚えています。学問とはあまり関係ないんだけれどね(笑)。実は「宮様内閣以外にないでしょうね」と言ったのは、南原繁先生の話を聞いていたからで、ぼく個人の意見ではないのです。

ぼくは朝鮮応召から帰ったとき〔四四年一一月〕、研究室へ行って南原先生と会って、戦争を終わらせるための基本的な構想を聞きました。その時は話に出なかったのだけれど、ぼくが再度召集されたすぐ後に、先生が法学部長になって〔一九四五年三月九日〕、先生たち、いわゆる七教授が、終戦工作のために、木戸幸一さんなんか重臣グループや政治家と接触しているわけですね〔四五年三―五月。『聞き書 南原繁回顧録』〕。それ以前のことですけれど、宮様内閣というのは、南原先生にそのとき聞いたのです。こうなったら、海軍を使って陸軍を抑える以外にない。それができるのは宮様だけで、臣下にはそれだけの力がない。先生は悲壮な覚悟をしていた。最悪の場合には皇居を砲撃すると言うのです。天皇はもちろん連れ出すのだけれども、陸軍は皇居を占拠するだろうから、それに対して東京湾からの艦砲射撃です。先生は、海軍のほうは大丈夫だと言う。それは高木惣吉ルートなんです。海軍は早くから手を上げていたのですね。これは後から佐藤功くんからも聞いた。断然、本土決戦でやっつけると言っていたのは陸軍の方なんです。実際、海軍は呉軍港をはじめとして全滅です。主力がほとんどやられている。陸軍はそうではない。飛行機だけでも国内に一万機くらい持っていました。中国はそのままで、すぐにはどうにもならないにしても、本土上陸に備えて、ケチケチと物資から何から全部備蓄し、すべてを調えている。海軍は、そんなことはばかばかしいと思っている。陸海の対立はひどかった。

　宇品でも、一時、みんな地下に潜って抵抗しようということまで決まっていた。将校全員にピストルが配られました。東京から、誰だか忘れたけれど、宮様が、あれは君側の奸のやったことではない、本当に陛下のご意志なんだということを伝えに飛んできました。* 危なそうなところへ宮様を派遣したわけです。船舶司令部も危ないと思われていたのですね。血の気の多い連中は抜刀して廊下なんか歩いていましたから。物情騒然としていました。

　ぼくも用心して、広中中尉とは何も話していないのです。報道班長の酒井〔四郎〕中尉が、いい加減といえばいい加減なんだけれども、わりあいリベラルで面白かった。三井物産の人でやはり応召将校です。酒井中尉のほうから「なあ、丸山、もうこの戦争はだめだよな」なんて言うのです。そこで、こっちも、ちょっと気を許して、ポツダム宣言のあと、その内容について説明したりしました。「戦犯とかなんとかかんとか言っているけれど、三井は大丈夫だな。アメリカは財閥の国だから」なんてね〔笑〕。酒井中尉は思想的にどうってことはないんですけれど、いわば当時の軟派で、徹底抗戦派をばかにしているところがあった。だからぼくも気を許していました。

　広中中尉は親切にしてくれました。女房〔丸山ゆか里〕が面会に来た時に、兵営の中の部屋を使ってくれなんて言って、普通の面会所が衛兵室の傍にあるのですけれど、便宜をはかってくれました。でも、参謀部情報班でしょう。下士官は二人、中野学校出がいましたから、危ないんです。ぼくの隣の人は中野学校出身の伍長で、これは徹底抗戦派です。「今の班長はだめだよ」なんて言って広中中尉をばかにしている。報道班長の下には、そういうのはいなかった。たとえば、二人の兵隊のうち、ひとりはラブレターを広島市内で投函したら見つかってしまった(笑)。あのころは全部開封ですから、軍隊内居住者は兵営の中で出さなければいけない。見つかって、軍人勅諭を一日中書記させられていた(笑)。もうひとりは大阪朝日の記者で(吉野照寿。『手帖』三四号、福井恵一の丸山追悼文参照)、戦後しばらく、研究室に時々来ていました。そんなわけで、ぼくは酒井中尉と親しく話していました。皆に拳銃が渡ったとか、そういう情報は酒井中尉から聞いたのです。広中中尉は何も言わない。

酒井中尉は「おい丸山、危ないぞ。どうも決起するらしい。将校には拳銃が渡った。いまごろ決起したら大変なことになる。こうなったらひとつ手分けして説得に当たろう。将校はおれが引き受けた。丸山は兵隊をやってくれ」と言う。下士官はどっちに入ったのか忘れたけれど、船舶司令部参謀部の名簿を持ってきて、どうやって説得するかを酒井中尉と密議したわけです。将校から下士官、兵隊まで、それをAクラス、Bクラス、Cクラスと分けた。Aクラスは本土決戦派、徹底抗戦派。Bクラスは中間、どっちにもなる。Cクラスは、早く復員してかあちゃんに会いたいという連中。兵隊を一人一人分けて、説得の方法を変えようというのです。それは主としてぼくが考えたのです。Aクラスには「韓信の股くぐり」でいく。ここは隠忍自重して時を待つ以外にないと。BとCにはポツダム宣言です。戦争犯罪人は厳重に処罰さるべし。一般の兵隊は家庭に帰って平和的な生産的な生活を営ましめる、というのがポツダム宣言の中にあります。それを引用して、大丈夫だ、ここで早まらないほうがいい、と。それでいこうということになっていたのですが、始める前の日ぐらいに宮様が来て鎮撫したのです。

——それでは、説得工作は実際には行われなかったのですね。

丸山　一人ぐらいやりました。説得しないでも、将校が「ポツダム宣言ってなんだ、丸山」って聞いてくるんです。班長は大体尉官です。「戦争犯罪人は厳重に処罰さるべし、と言うけれど、佐官までだよな。おれたちは大丈夫だよな」と、むこうから聞いてくるから、わりあい応対しやすかった。

時間的な経過は覚えていないのです。ごった返していて、抜刀して歩いているから、うっかりしたことは言えない。今でもよく覚えているのは、副島種典《そえじまたねのり》くんと会った。八月一七日ごろです。彼が「丸山さん、悲しそうな顔をしなけりゃならないのは辛いね」と言ったのです。ぼくは「よく言ってくれた」と、小さな声で言った。彼とは、班は違うけれども暁部隊の暗号教育を一緒に受けた。その時から、さすがにしっかりしていました。隣で洗濯しながら、「どうせ、ろくな終わり方しませんからねえ」なんて言う。

彼は、そういう意味では、実にちゃんとしていた。情勢によって動くということはなかった。

ぼくは、彼とはそんなに知らなかったのだけれど、彼の父親の副島道正氏と、うちの親父とが知り合いでした〔本書三三三頁以下〕。子どもの時にその副島伯爵の家へ連れていかれたことがあります。副島種典くんは東北大学へ行って宇野弘蔵さんのお弟子になった。親父が、「副島の息子はアカになった」と言って、顔を赤くして帰ってきたのを覚えています。

参謀への講義

――そういう騒ぎの最中に先生の講義が行われていたわけですね。いつごろまで。

丸山　一週間続いたわけです。谷口参謀はノートをとっていました。いい加減な講義だけれども、それが終わって、谷口参謀の質問は「今後どうなる」ということです。過去のことについては質問が出なかった。ポツダム宣言受諾ということは、君主制が廃止になるのではないか。人民の自由な意志によって決するというと、今までの国体と非常に違う。陛下の位置はどうなるだろうかということです。それから、日本の経済の立て直しの問題、復員兵の扱い。あとは覚えていないけれど、そんなことを質問しました。

――その時の講義のためのメモはつくらなかったのですか。

丸山　そこに鈴木安蔵の本の年表を置いて出まかせを言ったのですから、何もない。毎日、午前の二時間ぐらい。山海の珍味なんです。船舶司令部というのはすごいなと思った。聞いているのは一人です。谷口参謀とぼくとが、部屋の真ん中に置いた小さな机を挟んで相対している。参謀のデスクは別にあるわけです。途中で「まあ飲みたまえ」なんて言ってビールが出る。それから刺身(笑)。驚くべきものです。普通の兵隊にも、終戦の途端にリンゴが毎日三個ずつ配給になった。どこにあるかと思うように、甘いお汁粉の配給がある。本当にうまかった(笑)。船舶司令部は、陸軍のなかの海軍ですから、上陸用舟艇をたくさん持っている。海軍とは別に、南方から勝手に持ってきているんですね。余計、船舶司令部と海軍との軋轢はひどかったようです。「海軍がちっとも協力せんのでなあ」なんて、参謀がよく電話で言っていました。とにかく山海の珍味です。飲んだり食ったりしながらの講義でした。ぼくは本当にあきれた。

その間に、兵隊は来ないけれども、大尉、中尉、少尉がしょっちゅう参謀のところへ報告に来る。「谷口参謀殿」と来ると、「待ちたまえ、いま丸山先生の講義中だ」(笑)。ちょっと気持ちよかった。むこうもびっくりしている。参謀が一等兵と相対しているわけですから。

――参謀は、個人として判断するために、個人的に情報が欲しかったのですね。

丸山　そうでしょうね。谷口参謀が、軍閥という言葉を使ってもいいと言ったのは、彼は陸大のときに岡村教官に習っていたからです。岡村誠之《まさゆき》さん〔四二年四月以後、短期間を除き四四年五月まで陸大教官〕は、負傷して志賀高原の発哺《ほっぽ》温泉に来ていたことがあった。奇縁なんだけれど、ぼくとは発哺で知りあったのです〔『話文集』続1、三七頁には「昭和七年」とあるが、シンガポール戦線で負傷とあるから「一七年」のことであろう〕。軍人にこんな人がいるかと思うほどリベラルな人です。毎日顔を合わせますから、こっちの職業がすぐにわかる。「丸山さん、平泉澄《きよし》という人がばかに羽振りをきかしているけれど、あんなのを歴史家と思いますか」と彼が言うんだ。「楠木正成と足利尊氏しかいない歴史じゃないですか」。忠臣と逆臣しかいない。それで歴史になりますかと。政治学者の岡村忠夫くんの叔父さんです。あとで岡村くんの結婚披露宴で再会しました。谷口参謀はその学生だったのです。岡村教官が、「日本を滅ぼすものは軍閥である」とかねがね言っていた。どうして軍閥がこれだけ台頭したのか、その歴史的背景を知りたいと言うわけです。

若いときに、そういう人に会ったということは、谷口参謀にとっていいことなのでしょうね。非常に真面目な人だし、真面目に悩んでいるわけでしょう。いったい日本はどうなるのか、これで滅びちゃうんじゃないかと。質問のあった君主制*の問題でも、ぼくはすぐにイギリスの例を出した。それは、ぼく自身の考えでしたけれど、君主国だから民主的でないということはない。ナチは共和制だったけれど独裁制になった。イギリスは、君主制・共和制という分類でいえば君主制だけれど、非常にデモクラティックだ。難しいことを言えば、イギリスがデモクラティックと言えるかどうかは別として、民主制と独裁制とが対立する概念であって、君主制だから自由や民主主義と無縁だというのは、それこそ軍閥や右翼が宣伝した考え方で、世界的にそういうことは通用しない。ある種類の共和制よりは、ある種類の君主制のほうが、はるかにリベラルだと。そういう意味のことを話したら、谷口参謀は大いに安心していました。

大塚久雄さんの影響もあったのですね。流通資本主義だということが日本の悪いところで、生産者を大事にしなければいけない。商業資本と流通資本が威張っているのが日本の資本主義の特徴であって、ものを生産する生産者が資本主義の中核にならなければいけないと話したように思います。細かいことは忘れてしまったけれど、そのとき、ぼくの念頭にあったのは大塚さんです。*

――この方とはその後お会いになっていますか。

丸山　一昨年〔一九八六年〕、岩波雄二郎くんが一席設けてくれて、第一勧銀にいた村本周三――村周と呼んでるのですが――の世話で話をしたことがあります。村周は、一高〔第一高等学校〕で寮の委員を一緒にやった仲なのです〔本書六六頁参照〕。広島へ行ってみたら、彼は船舶司令部で、大尉です。大尉だから、営外居住で広島に家を持っている。

女房が会いにきたときは彼の家を使いました。一回しか来なかったけれど。*二回目は、空襲で来られなくなった。そのとき来ていたら原子爆弾で女房はふっ飛んでいたでしょう。女房が泊まるはずだった宿屋はこっぱみじんで、跡形もなくなっていたのですから。

どういういきさつだか忘れたけれど、ぼくとつながりのある人が、四、五人集まった。場所はどこだか忘れてしまった。そのときに谷口参謀に声をかけたのは村周でしょうね。谷口参謀は少佐だから、階級は村周よりちょっと上だけれども、村周はよく参謀部情報班に遊びに来ていました。ぼくは村周と一緒だと営門を文句なしに出られるわけです、将校がついているから。だから非常に便利でした。村周はそれで谷口参謀とも知っていたのでしょう。

それより前に、谷口参謀は年賀状を寄越していたから、今どうしていられますか、と言ったら、鍼・按摩みたいなことをやっているらしい。丸山先生が必要な時は、すっ飛んでお伺いすると。ぼくの思い込みかもしれないけれども、非常に良心的な人でしょ。戦争責任とか、そういうことを考えて、世に出ないわけね。鍼・按摩で生活を立てて、そっちのほうじゃ、だいぶ蘊奥をきわめたようなことを言っていたけれど。ぼくと同じ吉祥寺に住んでいて、ぼくの家にも一度見えたことがあります。

母の死と復員

——敗戦から復員までは、どれくらいあったのですか。

丸山 九月の一四、五日ごろ復員しました〔一二日召集解除、一四日復員〕。講義の一週間が終わった段階では情況は全く一変していました。第一、物資の配給が、それより前から始まった、毎日、毎日。ある意味では半無政府状態なのです。ある将校なんかは上陸用舟艇を使って四国に渡っちゃうんです。兵隊を使役に使い砂糖やニクロム線を山積みにして。ぼくは全く無知で、ニクロム線を何にするのかと思ったら、戦後は電熱器しかないでしょう。たいへんな貴重品なのですね。船舶司令部が暴発しないですんだのは、物資の配給だと思います。ちょっと「唯物論」的だけれども。ある時以後、強硬論は一変しました。それは宮様の鎮撫のせいとは思えないな。毎日毎日の、あの物資の配給を家に運ぶのに忙しくなっちゃった。

——圧倒的に将校の連中でしょう。

丸山 そうですね。ぼくらも帰る直前に正式な配給を受けました。自分で梱包するのです。普通の背嚢の他に、大きな包みができた。もったいないと思ったから、それを背負って帰った。毛布が二枚。軍隊毛布だから、ものすごく厚いのです。持って帰ったら親父がえらく喜んだ。靴は二足でした。これも大事で、ぼくは戦後も軍靴をはいて講義をしました。丈夫だけど、重いのなんの。広島からは超満員の復員列車で、窓から入る以外ないんです。屋根までいっぱいです。ぼくは怖くて屋根には乗らなかったけれど。よく広島から乗り込めたと思うくらいの荷物でした。配給以外は極端にいうと略奪です。だが、点呼なんかはちゃんとありましたし、ぼくらは兵隊だから、相変わらず肥桶は担いでいました。階級がなくなってしまったところもあるらしいのですが、ぼくらのところは残念ながら(笑)ちゃんとしていた。

――逆に、上官をぶん殴ったりというところも出てきたんですね。

丸山　そうそう。普通の隊だとピラミッド型でしょう。参謀部は逆ピラミッド型で、兵隊が少ないから、肥汲みをやったり、防空壕を埋めたり。そういう使役は最後まで多かった。

全く個人的な話になるけれど、終戦というのは、ぼくは踊り上がるほど嬉しかった、さっきの副島くんじゃないけれど。そしたら一六日ごろ、「おい丸山、電報だ」と言うのです。見たら、「ハハシス　ソウギバンタンスンダ　チチ」と書いてある。まいったな、あのときは。ぼくに電報を渡してくれた人が、「どうしたんだ」と言うから、「母が亡くなりました」と言ったら、「そうか、じゃ休暇やろうか」と言いました。だけど「いいえ、いいです」と。どうせぼくは復員するんだから、休暇をもらって、また帰ってくるというのは憂鬱ですから。母親〔丸山セイ〕は八月一五日、ちょうど終戦の日に死んでいるわけです。ぼくの知らないときだけれど、子どもの中で弟の邦男だけ家にいたのです。邦男とぼくの女房とが看病役で、親父がいた。お棺も自前でつくらねばならぬという時代です。箪笥を削って白木にして、それをお棺にしたらしい。また、焼き場に燃料を持っていかないとだめなんです。庭木を切って火葬場に持っていって、それで焼いたらしい。大変だったと思うんです。あのニュースぐらい空しいことはなかった。柔道場がとなりにあって、そこで転げまわって泣いたな、誰も見ていませんから。

そんなことがあったあと、意外に早く復員したのです。船舶司令部は宇品にあります。宇品から広島駅は一望のもとです。原爆のあとですから、ぜんぶ焼け跡です。道もへったくれもありゃしない。焼け跡を踏みながら真っ直ぐ、宇品から広島駅までかなりあるのですが、歩いていった。ところが、来る汽車、来る汽車、超満員です。列車の屋根まreでいっぱいです。よく乗れたと思うのですけれど、何台目かに、とにかく強引に乗ったんだな。何行きということが書いてない。どこへ行くかわからない。果たして大阪まで来たらおしまいになってしまった。大阪は焼野原ですが、駅前広場で一夜を明かして、翌朝、また大阪駅から汽車に乗って京都へ行ったのです。

京都には佐野という母の従弟の日本画家〔佐野曠《ひろし》、号は五風、一八八六―一九七四年。日展系の大家。一九三〇年帝国美術院より無鑑査に推された〕がいて、学生の時から下鴨のその家へ行っていた。浦島みたいなもので、途中の各駅各駅、一面の焼野原でしょう、京都駅に着いたら昔の京都そのままなのです。ほとんど信じられないというのはこのことです。他が焼野原だけに際立っている。京都はよく知っていたから、大きい荷物を一時預かりに預けて、市電に乗って佐野の家に行きました。もちろん佐野の家では母の死を知っていました。お母さんはあんなことになってと、すぐ言われた。一晩そこで泊まって、ご馳走してもらって、翌日、市電の停留場まで佐野一家が送りに来てくれました。また駅に帰って東海道線に乗った。今度は途中で止まらないで、非常に時間はかかったけれども東京駅まで来ました。よくも焼けたものだと思いました。とくに京浜地帯は無茶苦茶でした。

西荻窪駅に着いて、なにしろ重い荷物ですから、駅前の公衆電話で家に電話をかけました。親父の家は駅から近いので、弟〔邦男〕に取りに来てもらって、やっとたどりついたのです。そのとき女房は後に残っていましたけれど、弟が大八車を借りて、背嚢なんかと一緒に乗せてガラガラ引っ張って行ったのです。今から思うと、あのころ列車が動いていたということ自身が不思議です。機関士なんか家族を持っていて、どうしていたんだろう。とにかく動いているんです。ダイヤは滅茶苦茶で、どこまで行くのかわからないけれど、とにかく動いていました。それは本当に不思議なものですね。

2　府立一中のころ

一中生のさまざまなタイプ

――四谷第一小学校を卒業して東京府立第一中学校に入られたのは一九二六年〔大正一五〕ですね。

丸山　その年の一二月に大正天皇が亡くなって、昭和になりました。昭和元年から五年まで中学にいたことになります。

府立一中というと、いわゆる名門校ということになっているけれども、その当時、入るのがいちばん難しいのは七年制高校です。官立では東京高校。私立はいくらかやさしくなるけれども、難しいのは武蔵高校。それから成蹊、成城が七年制高校でした。ぼくの兄貴〔丸山鐵雄〕は〔中学は〕武蔵でしたが、ぼくは武蔵を落ちてしまったのです。親父〔丸山幹治〕は学校なんてどうでもいいという考えに徹底していて、その点、おふくろ〔セイ〕と全く違う。おふくろは、今でいう教育ママです、ちょっと意味が違うけれど。侍の娘で厳しいから……。

結局、ぼくは武蔵に落ちたから一中へ行ったのです。武蔵は、筆記は通って、口述のときに「合格したら、ここへ入るか」と聞かれて、正直に「他の学校の都合で決めます」と答えた。家へ帰って、ばかだな、と言われましたけれど。ただ、おふくろは昔風の学歴主義ですから、一中へ行くと一高〔第一高等学校〕へ行けるというので、一中―一高というコースを望んでいました。

でも、世間で言うほど、一中というのはガチガチの受験校ではないのです。公平に言って、四中のほうがすごかった。四中は市ヶ谷にあって、軍人の息子が多く、軍人志望が多い。一中は四中に比べたらリベラルでした。ただ一高に入る率が高いという点で、世間では一中、四中と言うのです。

松沢　「大正デモクラシー」の学校制度改革を表現する七年制高校や一中・四中のお話ですが、ほかに東京では、高師〔東京高等師範学校〕付属中学から秀才がたくさん一高に来ますね。

丸山　高師付属は非常に面白いね。あそこまで人格に影響するというのは高師付属の、ある意味では偉さですね。高師付属タイプという意味で一中タイプというのはない。ぼくの女房の兄貴〔小山忠恕《ちゅうじょ》〕は、ある意味でキザで典型的な高師付属の秀才でした。驚くべく頭がよくて、試験の前に映画を観に行ったりして、ほとんど勉強しないんです。ノートを見終わると、本郷三丁目まで往復する。そのあいだにノートの諳んじたところを復唱するらしいんです。何カ所か忘れちゃっているところがあると、帰ってもう一度、寮で見るんです。それで全部覚えちゃう。小山というのは気味が悪かった(笑)。トランプをしても「お前、そんなの出しておかしいじゃないか。ジャックのなんとかがあるだろう」と。その通りあるんだ。小山とやると、相手が全部覚えているから面白くもなんともない(笑)。驚くべき記憶力なんです。彼もいまは変わって、ある意味でよくなったけれど。

ぼくが入ったときは、府立一中は日比谷公園の隣にありました。そのうち拓務省ができて追い出され、日比谷公園の隣から、今の日比谷高校のところへ移転をした。ぼくの四年のときです〔一九二九年〕。その由来から日比谷高校と言うのです〔一九五〇年、当時の校長が命名〕。今でも同窓会——如蘭会というのですが——の通知が来ますけれど、ぼくはほとんど出たことがない。

自分の思い出としても、高等学校は、わが青春の最もよき時代です。だけど、一中というのは、あまりよくないのです。印象がよくないし、自己イメージがよくない。うまく言えないのだけれど、典型的に生意気な都会っ子で、プラス優等生。さぞかし感じが悪かったろうと、今でもそういう自己嫌悪があるのです。

府立一中の特色は英語に非常に力を入れたということです。校長の川田正澂《まさずみ》という人がいて、その人が英語の先生だったということもあるのですが、英語の教師だけは、一般の教師とは別の教員室にいる。非常な特権です。それぐらい英語に力を入れていました。グラント〔George H. Grant〕というイギリス人が一人、ミス・ガッピー〔Mabel Guppy〕というアメリカの女性が一人。外国人の教師が二人いるというのも中学では贅沢でしょう。

松沢　昔の中学では英語の先生に外国人がいたのですか。

丸山　いました。でも亀田喜美治《きみじ》〔一高以来の親友〕なんかに聞くと、小樽中学にはもちろんいなかった。どの程度までいたんでしょうか。

顧みますと、一中生というのは三つのタイプに分かれると思います。一つは、模範生も含む一般生徒。一学年二百名で、一番から一〇番までを優等と言います。優等生は襟に徽章をつけるのです。ぼくはずっと優等生になったことはなくて、五年になって初めて優等生になった。徽章をつけていると、それは各年一〇番以内ということを意味するわけです。各年五組に分かれて、一組四〇人。

第二の類型が、不良というやつです。これは、もちろん圧倒的少数なのですけれど、不良は不良で一つのグループをなしていて、これはすぐ識別されるのです。というのは、一般の生徒は、学校に出入りの洋服屋で制服を作ります。ところが不良は決してそこでは作らせない、ダンディだから。胸がピチッとしていて、ラッパズボン。不良の服装が決まっているのです。彼ら不良に生意気と認定された生徒は、柔道と剣道に使う武道場の裏に連れ込まれて殴られる。不良がいちばん睨まれるのは、だいたいにおいて体育の先生と配属将校からです。

ずっと後の話になりますが、不良のナンバーワンだったのが、吉祥寺に住んでいて、ぼくの家によく来るようになった。中学時代の名前が楠原といい、養子になって舟木と言っていました。彼はすごい一中ファンなのです。ぼくは一中が嫌いだと言ったら、「いや、一中はいい。オレみたいなのを退学させなかった。四中だったら確実に退学させていた」と言う。愛校心に燃え、クラス会の世話役なんかをやっていました。

彼から話を聞いて面白かったのですが、一中のすぐ傍に私立の中学（海城中学）があって、そこは不良のほうが普通の生徒より多いくらいすごい学校なのです。一中生がしばしば帰りに襲われて小遣いをせびられる。一中の不良は、そのガードの役をつとめていたんだそうです。それはぼくは知らなかった。今の暴力団にも通じていて面白いのは、ああいう不良の生徒は、ナイフを持っているのですが、本当の強さではなく、ハッタリだと言うのです。むこうと出会ったとき、気迫でむこうは引っ込んじゃうらしいのです。

三番目が、名前をつけようがないのですが、恰好よくいえば反正統派です。これがぼくらです。反正統派というと聞こえがいいけれど、ぼく個人についていうと、不良になるだけの勇気はなくて、一中の教育方針とか校風とか、そういうものに反抗しているだけ。これも少数だけれど一つのグループです。この歳になるまで仲良く付き合っているのは、このグループです。慈恵医大にいた松本武四郎という男*など、出目金という仇名で呼んでいるのですが、東大医学部に進んで、そこで医学部に反抗した。彼なんかは、後の青医連〔青年医師連合〕のハシリでしょうね。そういう松本を筆頭とするグループです。

　松本の見方では、一中の不良自身もひとつの画一性がある。ラッパズボンとか、恰好よく見せているだけであって、大したことはない。それなりに、模範生を裏返した画一性を持っているというのです。それも一理あります。

活動写真と戯曲

丸山　ついでに言いますと、一中の校則だと、映画を観る時には父兄同伴。一人で行ってはいけないのです。当時はカツドウ〔活動写真〕ですが、不良はもちろんそうでしょうけれども、反正統派も、学校の帰り、あるいは授業をエスケープして、しょっちゅうカツドウを観に行きました。一流は武蔵野館ですが、そこで封切りしたあと、本郷座〔本郷三丁目交差点を上野方面へ歩くと本郷消防署があり、その前の消防署通りを南下して本郷通りにぶつかる手前にあった〕とか芝園館《しばぞのかん》*でやる。ぼくらは芝園館へよく行きました。学校の帰りに芝園館へ行ったら、モギリ嬢に、「一中の方は、あの辺にたくさんいますよ」と言われたのを覚えています。一中は赤いカバンで目立つのですけれど、そういう溜まりがあったのです。

一九六〇年にぼくのゼミで学んだ連中が作っている雑誌に寄稿した「映画とわたくし」(『集』十一)という小文に、そのことは多少書いています。映画というのは、いまは考えられないほど非常に大きな意味を当時は持っていて、人生案内というのかな、ぼくにとっては大きな教師です。学校でも家庭でも教えられないことを映画から学びました。それには兄の影響が決定的です。映画だけではなくて、悪いほう、というと言葉が悪いけれども、の影響は徹底的に兄から受けました。もし、ぼくが都会のいわゆる学校優等生と、ちょっと違ったところがあるとすれば、もっぱら兄貴のおかげだと思って感謝しています。探偵小説も、兄のとっていた『新青年』という雑誌で中学の初期から愛読していました。おふくろはそういうことを非常にいやがりました。

いつか埴谷雄高《はにやゆたか》と話したら(「文学と学問」『座談』八)、彼はぼくより三つか四つ上です。さすがに彼のほうが、ぼくの観ていないような無声映画を観ています。ぼくの年齢で無声映画を観ている人はほとんどいない。だいたい映画を観だすのは、ふつうは高等学校からです。中学でも早いくらいなのに、ぼくは小学校から無声映画を観ている。それはもっぱら兄貴の影響です。文部省推薦映画というのがあって、そのときだけは「お母さんいいだろ、これは文部省推薦映画だ」と言って……。二本立なので、もう一つのほうを観たいわけ。推薦映画だというとおふくろがいいと言うのです。

ぼくの記憶では小学校の六年ごろです。二人とも塾に行っていました。ぼくは中学受験のために、兄貴は武蔵中学にいましたが何かの勉強のために、荒木町にある塾*に、おふくろに行かされていた。あるとき塾に行くのをサボって映画を観たのです。絣の着物を着ているのですが、洗濯するときに、中からモギリが出てきて、おふくろにバレてしまった。そのときに母が「兄さんはもうしょうがないと思っている。あんただけは信用しとった」と萩の言葉で泣いて言いました。ぼくも言葉がなかったけれど。

あれも小学校のときでした。ふつうは家の傍だから四谷館というのに行くのですが、兄貴と日曜日に浅草へ行こうとしたら、母が「いけない」と言うんです。ぼくらの目の前で親父とおふくろと喧嘩がはじまった。親父は、あんまり抑えるから、かえってカッドウを観たくなるので、たまには観させたほうがいいんだ、と言う。母は、あそこは不良の巣窟だと言う。二人で言い争っているから、兄貴が「おい、今のうちに早く行っちゃおう」と言って二人で飛び出したのを覚えています。日曜をまる一日潰して三つ映画館を回って観たんです。映画に対する態度だけではないのですが、父と母は対照的でした。

父親は徹底して学校というものを軽蔑している。学校なんかどこでもいいんだと言う。

ぼくが中学四年で一高受験に失敗したとき、父は、浪人は許さない、五年でどこかへ入れと言う。だから中学五年のときは、一高とすべり止めで成城高校と両方受けました。ぼくが一高に入った時に、親父は大阪毎日にいたのですけれど、手紙をくれました。合格してよかったというのですが、「毎日の本社にも一高出身がいるけれど、大したのはおらん。一高にもクズはいるんだろう」という。親父の屈折した心理を示していて面白いんだ。一高とか東大といっても、ジャーナリストとして必ずしもできるとはいえないのは当たり前なんだけれど、そういう意味では、親父は、口ではそう言いながら、名門校と学校秀才に対してコンプレックスがあったわけです。それが端なくも、そういう手紙の言葉に表れているのです。

　たとえば、小学校の時から寄席へ連れていったのは父です。これも非常によかったと思います。「喜《き》よし」という有名な寄席が四谷にあった（いまのJR四ツ谷駅から新宿通りを西進し、左側四つ目の角を左折した辺にあった。愛住町の丸山家からは七〇〇メートルほど）。そこへよく連れていってくれました。みんな他愛なくゲラゲラ笑っているけれども、あれだけの芸を磨くのは容易なことではないのだ、なんでもいい、お前たちも一芸を身につけろ、と言うのです。そこから後は親父の自慢なのだけれど、オレに文章を書かせたら、誰にも負けない自信がある。役人なんかになって、なんとか部長とか局長といって威張っていても、辞めちゃうと目も当てられない。そのポストのために偉いのであって、辞めちゃうと全く意味がない。そういう人間になってはだめだ。あの高座の落語家のほうがよほど偉い、と親父が言ったのをよく覚えています。小学生の時のことですが、そういうことは妙に覚えています。

　だいたいにおいて、兄弟はみな、プロ母で、アンチ親父なのです。成長して後から、親父はいいことを言ってくれたなと思うようになった。両方対照的だったから、よかったということも言えるのではないかな。ずっと後ですけれど、ぼくが東大の助教授になりますと、「叙　従七位」という辞令が来るのです。戦後はないけれど。助教授は高等官で、助手は判任官です。おふくろは、それを仏壇に上げて拝む。親父は火鉢に当たりながら「お稲荷さんにはまだ遠いなあ」と言う。お稲荷さんは正一位なんです。そういう意味では、ほんとに対照的でした。

　三年のときに、松本〔武四郎〕や神谷源兵衛と同人雑誌を出しました。内部だけで原稿を集めて、謄写版にもしないで、原稿を綴じただけで回覧するという雑誌です。それにぼくが書いたのはほとんど戯曲です。*みんな小説を書きたいという時期があるものだけれど、ぼくは戯曲のほうが好きだったのです。『現代戯曲全集』〔国民図書、一九二四―二六年〕というのが家にありました。「山本有三集」とか「菊池寛集」とか入っていて、いい紙を使った立派な厚い本です。それをほとんど読みました。戯曲を読むというのもおかしいけれど、実際の芝居を観るのはずっと後になってからです。築地小劇場〔いまの地下鉄日比谷線築地駅近く、通りに面してあった」だって、初めて行ったのは大学時代です。神谷源兵衛が代表として、「マッさん——ぼくの仇名はマッさんというのです——、偉そうなこと言わないで歌舞伎をいっぺん観てみろよ」と言うのだけれど、歌舞伎は封建的であるというかたくななる態度をとっていました。芝居はあまり観たことはない。台本を読んでいるだけ。木下順二くんに言わせると、日本人の芝居への入り方はそうらしいのです。

ヨーロッパのものは、チェーホフとイプセンぐらいで、非常に限られているけれど読みました。中学のとき、わりあい生意気だったから。現実に築地で観たのは大学時代で、大学時代は築地通いをしました。そのころのことを、今でもよく松本が話します。

——どんな戯曲をお書きになったのですか。

丸山　戯曲を書いて非常に面白かったなんて言いますけれど、何を書いたのか覚えていないのです。七、八人の同人で作った回覧雑誌ですから、一部しかない。どこかに止まっているかどうか、わからないのです。その同人ではなかったけれど、さっきの非正統派に属していた一人に松浪信三郎がいて、『パンセ』を訳しています。* 彼も明らかにぼくらに似ていて、ほとんど不良に近かったが、立派な学者になりましたね。彼は四年終了で早稲田に行った。高等学校へ行かないで早稲田に行くということ自身が当時では非正統的です。

記憶に残る授業と軍事教練

――中学での授業で印象に残っているのは、どんなことですか。

丸山　ぼくは小学校の時は唱歌が好きで、声もよかったので、学芸会の時はしょっちゅう舞台に立って歌っていました。唱歌の先生にすごく信用があって、「一中に入ったら梁田貞《ただし》という「城ケ島の雨」を作曲した偉い先生がいるから、丸山さん、しっかり勉強なさいね」と、わざわざ言われました。ところが、これは一般論になりますが、我々の問題でいえば第一級の研究者必ずしも教育者として適しているとは限らない。逆もそうですね。なかなか両立しないでしょう。梁田先生は偉い作曲家であり、バスバリトンのいい声を持っています。ライオンという仇名がついていました。だけど教育者として生徒の音楽への興味とか情熱をかき立てるということはありませんでした。*

これは一中生のほうも悪かった。梁田先生は同時に成城高校でも教えていました。成城高校は小《お》原《ばら》国芳という非常に偉い人が校長で、生徒に必ず美術か音楽か何かをやらせたのです。成城出身の松田智雄さんはチェロをやるでしょう。吉田秀和とか音楽に行った人が多い。大岡昇平は文学だけれど、芸術というか、そういうものに力を入れた。当時としては破格の学校です。梁田先生は成城では優遇されたと思います。

一中は三年まではいいけれども、四年の三学期になると、特別の時間割になって、受験に必要なもの以外は教えなくなってしまう。そういうところですから、梁田先生も成城ほどには優遇されなかったと思うのです。唱歌教室はちゃんと独立していて、建て前は尊重していたのかもしれないけれど。それに生徒は生意気盛りでしょう。梁田先生が「こんどは何を教えようか」と言うと、「馬賊の歌！」なんて言うものだから、教える熱意を失ってしまいますね。音程教本というのを使うのですが、ドミドミとドレミファの練習なのです。クソ面白くもない。もちろん梁田先生は「荒城の月」とかの譜を書いて歌わせるし、自分も歌ったけれども、ぼくはすっかり音楽への情熱も興味も失ってしまった。

それに、さっきの兄貴の影響もあります。兄貴は流行歌一辺倒でしょう。それでぼくも一〇インチのレコードで二葉あき子とかを聴いたり、「君恋し」とか「島の娘」という種類の歌をわざと歌っていました*。それはクラシック音楽に対する反抗です〔本書一一六頁参照〕。これがずっと続いたから、またクラシックに帰ってきたのは非常に遅いのです。シューベルトぐらいは聴いていましたけれど、ほとんど興味を失いました。

今から考えて偉いと思うのは東洋史を教えていた東恩納寛惇《ひがしおんなかんじゅん》、沖縄の人です。後に一中に寄生する形で、府立高校、今の都立大学の前身ができた〔一九二九年〕のですが、一中には非常にできる先生がいて、そのうちの何人かは府立高校の教授になった。東恩納先生もその一人です。こんなに面白い東洋史というのはなかった。高等学校の東洋史で習ったより面白かった。普通、東洋史というと王朝の交替ばかりで、宋の次には元がきて明がくるという調子でしょう。全然面白くない。ところが、いつも世界地図を掛けまして、中国というものを世界史的な連関でつかまえるという教え方でした。シルクロードとかいろいろなことを初めてそのとき教わりました。

東恩納先生は非常にリベラルで、「君たちは戦争がなくなると思うか」と言って、一授業を潰してクラスで討論させたことがあります。中学三年ぐらいのころかな。一つには、田中義一内閣のときに不戦条約に調印しましたから〔一九二八年〕、その影響もあると思うのですが。なくなるというのは少数です。ぼくも含めて、なくならないというほうが圧倒的多数です。東恩納先生は「私はなくなると思う」と言ったのが非常に印象に残っています。教科書の中に、国史か修身かどっちか忘れましたけれど、「意地の悪いアメリカ人は——」とかいう言葉があって、「この言葉を消してください」と言って教科書から抹消させた。こういうことを外国に対して言ってはいけない、と。非常に印象的でした。

順序不同になるのですが、学校教練で三年から銃を持たされたかな。銃の分解掃除から始めて、五年の時に合宿というか、御殿場の演習場に行きました。配属将校が、その前の年くらいに代わって永沢〔三郎〕少佐になった。普通、中学の場合には大尉止まりなのですけれど、一中という名門校だからでしょう、少佐が来たのです。他に退役軍人が二人いまして、その三人で軍事教練をやるのです。永沢少佐が引率して御殿場で演習をやったときに、「丸山、従軍記者になれ」と言うのです。ぼくは作文が得意と見られていた。『学友会雑誌』によくぼくの作文が載っていた。それで永沢少佐が目をつけたのですね。従軍記者と言っても、みんなと同じく鉄砲を担いでいるのだから、全然特権はない。演習の記事を『学友会雑誌』に書かなければいけないだけなのです。

家に帰って言ったら、母が非常に喜びました。それが印象的です。親父が新聞記者、ジャーナリストでしょう。横暴な親父で、あんなにいじめられていたのに、母親というものは、ぼくが従軍記者になったことが嬉しいわけです。ちょっと意外なくらい喜びました。

箱根の方から行って乙女峠を越す。これが急なんです。今は新しい道ができましたが、それでも急ですね。背嚢と銃を担いで、すごい急坂で顎を出したけれど、頂上に着くとパッと富士山がひらけるのです。御殿場側の富士山は絶景です。そのとき永沢少佐が、「丸山、いい文章を作れよ」と言ったのを、今でも覚えています。そういう意味では、ぼくはわりあい信用があった。『学友会雑誌』に載せるので、苦労したけれど。

松沢　従軍記者というのは、比喩的な表現ではなくて、一種の制度化されているわけですか。

丸山　制度化されていると言えば言えるのですが、そういう言葉があるわけではない。永沢少佐が比喩として使っていたのです。よそへ行ってやる軍事教練は習志野か御殿場に決まっていて、五年の時は御殿場でした。普通の演習は代々木練兵場ですけれど、一年に一度、三日ぐらい宿泊して軍事教練をやる。その記事は必ず『学友会雑誌』に載るのです、第一日、第二日というふうに。記事を書く人は初めから決まっていて、それを従軍記者と言ったのです〔『学友会雑誌』一〇二号、昭和五年一二月、に「富士裾野発火演習記事　第五学年　五年乙　丸山眞男」として「第一日(十月七日)」の記事が載っている〕。

松沢　その『学友会雑誌』は、いま残っていますか。

丸山　ぼくの手元にはない。そういうものは全部なくしてしまったのです。何年か前に出た『日比谷高校百年史』に転載されてしまったから話すけれど、中学五年の時、各組二人ずつ、英語の先生が英語の文章を書かせて、それも『学友会雑誌』に載るんです。それは、ぼくが実に感じの悪い、生意気な生徒だったことの一つの証明なんだけれど、英詩を書いた〔M. Maruyama, 5: B "Ononotofu and the Frog"『学友会雑誌』一〇一号、昭和五年七月〕。苦労して、おしまいに韻をつけたのです。原田〔竹次郎〕という先生だけれど「これは詩になっているかどうか、私にはわからん」と言いました。ぼくは韻だけが詩だと思った。リズムというのを全然考えないから、リズムが全然ないんです。全く詩になっていない。ただ韻を踏むことを一生懸命考えた、いろいろな単語を思い浮かべて。小野道風を題材にして、何回も失敗して柳に飛びついた蛙というところから、入学試験に失敗した友だちに捧ぐ(笑)ということにした。まあ、作文と英語は得意だったと言えるでしょうね。

松本武四郎と会うと言い合うのだけれど、公平に言ってぼくより出目金のほうができたのです。とくに英語は驚くべくできた。成績はすごく悪いのです。それなのに四年終了で一高に入ったから、みんなアッと仰天したのです。いかに昔の中学生がませていたかという例として言いますと、中学二年のときの英語教師はミス・ガッピーでした。三人称単数にsをつけるとか、そういうのを暗記させるわけです。Who washes my clothes? 誰が私の着物を洗うか。そしてパッと指す。答えは決まっているのです。My mother does. と言わせる。出目金を指したらSometimes I do. と言った。それでガッピーが顔を真っ赤にして感激しました。ガッピーが、Very good! と。これは見事です。彼がいかにできたかということです。また、一人ずつ「勝手な英語を言いなさい」と言って当てたとき、彼は英字新聞かなんかに出たのを暗記して、当時、問題になっていた排日移民法案〔一九二四年〕というのをとりあげて、滔々としてアメリカを批判し、けしからんと言う。ミス・ガッピーは真っ赤になって、さかんに弁解して、最後に、But your English is very good. 昔の中学生というのは、いかにマセていたかということです。

四年で一高の試験を受けて、ぼくは落ちて、彼は入ったのですが、そのとき英語の長い問題が出た。But his best was always yet to come. という言葉があるのです。大きな問題の中に、いくつか難題の山がある。そこはちょっと困るところで、一生懸命に考えて、前後からいってベストは傑作と訳すことはわかった。ベストを傑作と訳すのが一つの山なのです。「彼の傑作は来たらんとして、遂に来なかった」と、ぼくはさんざん苦労して訳した。試験場から出て出目金に会って「あれは何て訳した」と聞いたら、「彼の傑作は来たらずじまいであった」と。ぼくはアッと驚いたな。名訳ですね。yet to come の中に否定が含まれているのが、もう一つの山なんです。「来たらんとして遂に来なかった」というのは正しい訳だけれど、彼のほうがはるかに見事なんだな。そんなわけで彼には頭が上がらないのです。

府立一中というのは、四年終了でドーッと高等学校へ入ってしまう。それで五年はクラス減るのです。優等生ではなくたって、ちょっと気のきいたのは四年終了で入ってしまう。ぼくは四年終了で見事に落ちてしまった。顧みてぼくが味わったのは深刻な挫折感です。中学での成績は発表しますからわかっている。自分よりはるかに下の成績のものが入っていて、ぼくは落ちている。入った連中が得意になって真新しい白線帽をかぶって一中にやってくる。これは非常な屈辱感です。さっきの原田という英語の先生が「丸山、どうしたの一体」。そう言われて、ぼくは声がなかった。

ぼくの家の傍に、伯父の井上亀六《きろく》〔母の父親違いの兄〕が住んでいました。当時、政教社『日本及日本人』の社主です。落ちたという知らせを聞いて、すぐにやって来て、「眞男、落ちてよかった。秀才じゃないほうがいいんだ。秀才が日本を毒した」とズバッと言いました。当時、意味がわからなかった。ぼくを慰めるためにそう言ったのだと思っただけでした。

他の中学だと五年まで在校するのが普通ですけれど、一中に関しては、四年で一クラスなくなるほどゴソッと入るわけですから、五年生というのは「どうせ、おいらは落ちぶれ者よ」というところがあって、実に面白い。一中時代で最も楽しかったのは五年の時代です。さっき言ったように、ぼくには一中時代はあまりいいイメージがないのですけれど、五年のときは楽しかった。受験勉強は、四年のときにさんざやっているから、全然やらないということはないけれど、あまりやらない。武蔵野館や芝園館によく通ったし本当によく遊んだ。

一九二〇年代後半の政治

――中学生の先生から見て、時代はどんな風に見えていましたか。

丸山　中学に入ったのは、ちょうど昭和天皇になった年、一九二六年です。その意味では面白い時代ではありますす。世界的にいうと一九二九年の恐慌が有名なのですけれど、日本の場合には、その前の二七年に金融恐慌がはじまった。その余波は、とくに農村の疲弊です。ぼくと同い年のいとこの丸山清というのが、親父の郷里の信州の松代《まつしろ》にいて、非常によくできたのですけれど、彼はその煽りを受けて、進学できないで農学校へ入りました。あの辺は繭をつくっているでしょう。生糸は対米輸出の関係で深刻な打撃をうけたのです。東北地方の場合には、見たわけではないけれども、新聞の社会面に毎日、農村の欠食児童などが大きな記事で出ていました。

一九二八年の第一回普選の時には、ぼくの親父の関係では、労働農民党委員長の大山郁夫が香川県から出て、ものすごい弾圧を受けて落ちたのです。兄貴は方々見てまわったのですけれど、ぼくはまだ中学三年です。近所の四谷第四小学校で演説会があった。文藝春秋をやっていた菊池寛が、社会民衆党という無産党の中のいちばん右から立ったのです。当時は左派の政党を総称して無産党とか無産政党と言っていました。その演説会のポスターには横光利一、久米正雄、片岡鉄兵と、当時の文士の名前がずらっと並んでいる。こっちは小説好きでしょう。政治というよりは、これは面白いというので四谷第四小学校へ聞きに行こうとしたわけです。もちろんぼくは未成年ですから、本当は入れない〔治安警察法第五条の規定〕。入口で警官が「お前、いくつだ」と聞く。「一六です」。本当は一五なんだけれど、一つサバを読んで。しばらくジーッと見ていました。「入りたいか」「入りたいです」。文学少年と思ったのですね。「まあいいだろう」と。それで中へ入った。おかげで小島政二郎、片岡鉄兵、横光利一、久米正雄の応援演説を聞くことができた。最後に菊池寛も出てきました。それは面白かった。今でも印象に残っています。

これは余計な話になるけれど、久米正雄が「菊池寛はご承知のような醜男《ぶおとこ》だから、国政壇上に出たらおかしいのではないかと思って、この間一度、議会を傍聴してみた。傍聴席から見てみると、ああ、この中なら菊池寛を入れても大丈夫という顔が並んでいた」と。ヤンヤと拍手喝采です(笑)。菊池寛の演説はうまかった。菊池寛が最後に言ったのは、なぜ社会民衆党から立候補したかということです。大きなお盆を貧乏人が持ち上げて、その上で金持ちが芸者を揚げてドンチャン騒ぎをしている。今の社会はこれだ。他の無産党はこれを引っくり返そうとしている。社会民衆党は、それをそっと下に置く。そういう比喩を使いました。引っくり返すよりは、そのままそっと下に置いたほうがいい。それで自分は社会民衆党を選んだ、と。

兄貴は、労農党の演説会とか、すごいところへ行って、「弁士中止」というのをさんざ聞いているのですが、ぼくはまだとても行けませんでした。第一回の普選で無産党から八名当選したのです。その時に親父が「これは大変なことになる」と言いました。イギリス労働党は、はじめの選挙のときに五名ぐらいだったらしい。今に日本の無産政党はすごく大きくなる、と。これは外れましたね。今に至るもだめなんだから。

　田中義一内閣で覚えているのは、一つは不戦条約です。不戦条約は田中内閣が調印しました〔一九二八年八月二七日〕。不戦条約はケロッグ＝ブリアン条約とも言っています。今でこそ誰も問題にしないけれど、戦争観の変遷からみると画期的なのです。ある種の戦争は違法であるということが初めてここで宣言されたのです。宗教的、あるいは倫理的立場からの戦争否定は昔からあります。カントの永久平和論以下ずっと戦争否定はあるけれども、戦争は違法だというのは、遡ると国際連盟規約にあるだけです。だが国際連盟には第一次大戦後、強国になったアメリカが入っていない。ウィルソンは自分で作っておきながら、一種の中立主義で入らなかったわけです。*だから国際連盟規約は非常に拘束力が弱いのです。さすがのアメリカもソ連も、ぜんぶ含めて不戦条約には調印した。「国家ノ政策ノ手段トシテノ戦争ヲ放棄スルコトヲ其ノ各自ノ人民ノ名ニ於テ厳粛ニ宣言ス」というのが第一条です。ここで初めて国家の政策の手段としての戦争が、法的に否定された。それが不戦条約です。

　これは日本で大問題になるのですが、その問題になり方が面白いのです。イギリスもアメリカも、これを批准するときに留保を付けているのです。正確に覚えていませんけれども、イギリスは、特殊権益に関する紛争には適用されないものと了解するという種類の留保です。アメリカは、自衛戦争は入らないと了解するという留保です。みんな勝手な留保を付けている。だから実際問題としていろいろな留保があるから、明白な侵略戦争だけが違法になったわけです。日本は、そういう種類の留保を全然しないのです。*日本で大問題になったのは不戦条約の第一条です。第一条に「各自ノ人民ノ名ニ於テ厳粛ニ宣言ス」という文言がある。In the names of their respective peoples という、これが国体に反するというのです。それが問題になったというのは、極めて日本的ですね。そのときは政友会の田中義一内閣ですけれど、「人民ノ名ニ於テ」というのが国体に反すると民政党が猛烈に攻撃する。もちろん伯父の『日本及日本人』は毎号、国体に反するというキャンペーンです。そのとき親父は『京城日報』にいたのですけれど、時々帰ってきて「国体か、アハハ」と上を向いて笑いました。「だけどオレは、田中内閣が困るのが面白いから、やる」と言うのです。相当なマキャベリズムだけれど、『日本及日本人』に何か書いたのではないですか、覚えていないけれど。不戦条約というのは、そういう意味で印象に残っています。

もう一つは、田中内閣総辞職のときです。一九二八年(六月四日)に満州某重大事件というのが起こりました。日本の出先軍部の河本大佐その他が、張作霖を爆死させた事件です。これは非常に大きな事件で、息子の張学良は、日本軍がやったことは知っていたわけです。張作霖は親日で、張作霖と提携して満州の権益を守るというのが、その時の日本の国策でした。張学良になって手に負えなくなった。どんどん左へ行って、結局、容共の線を打ち出すのです。そのもとは満州某重大事件にあるわけです。

満州某重大事件が起こった翌年に、関東軍責任者の処分——これは表には報道されないのですけれど——ということになって、昭和天皇が、その処分内容について田中義一首相に、前に奏上したことと違うじゃないか、と言ったのです。その翌日*に、闕下に辞表奉呈です。

親父が京城*から帰ってきて、「今の天皇さん偉い！」と。親父は天皇のことを、陛下なんて言わずに、天皇さんと言います。絶対多数を擁していたの*だけれども、政友会内閣は天皇のその一言で崩壊したのです。その後をうけた民政党の浜口〔雄《お》幸《さち》〕内閣は首相が東京駅でテロにかかったものだから総辞職して〔三一年四月一三日〕、若槻〔礼次郎〕内閣になった。浜口、若槻内閣の時代は、日本の最もリベラルな政党内閣の時代です。田中内閣の時代は、田中反動内閣と、左翼の連中は言っていました。

皮肉なことに、一九三〇年二月の第二回の普選の時に、前に八名進出した無産政党が五人に減ってしまうのです。第一回の普選ほど弾圧はひどくなかった。共産党は、もちろんだめだけれども、あんまり無産党を弾圧するのはまずいというのが民政党の方針なのです。安達謙蔵が内務大臣でした。リベラルでしょう。だから、大山郁夫は立候補して、中央線沿線のインテリの支持を五万票以上集めて当選しちゃうわけです。だけど全体として、無産政党は五人に減ってしまう。これはいろいろな理由はあるけれど、親父はこんな説明をしていました。だいたい「弁士中止」になることを覚悟しているものだから、原稿をちゃんと用意していかない。ところが、いつまでたっても「弁士中止」にならないものだから、言うことがなくなって、全然アジテーションの効果がなくなった、と(笑)。

ぼく自身は中学生ですから、とくに思想的立場みたいなものはない。ただ、左のほうには長谷川如是閑《にょぜかん》がいたし、右のほうには伯父が『日本及日本人』でいましたから、知らないうちに、非常に浅い意味ですけれども、一種の思想的な洗礼を受けたとは言えるでしょうね。父は、さっき言った通り、学校というものを全然ばかにしていましたが、「お前たちは学校を出たら、お前たちの自由だ。ただ、日本という国は学校を出ていないとえらく損をする」と言っていました。これは親父の実感なんです。親父は東京専門学校出で、まだ早稲田大学でもない。当時は、帝大出だということが大変な肩書になる時代です。それを身をもって体験しているわけです。自分では学校なんて何とも思わないというイデオロギーなのだけれども、自分の息子たちだけは少なくもそんな目にあわせたくない。途中で退学処分になったりして、学校を出ていないとえらく損をする。学校を出たあとは、共産主義者になろうが何になろうがかまわない、と言う。これは、当時としては非常にリベラルな考えです。共産主義という言葉さえ使ったのですから。

ぼく自身は無産党の演説会なんかに行ったけれども、中学生ですから特別な思想的な立場もありませんでした。四年の時に国語の先生が、「現代世相の一面を論ず」という題を出した。一面というのは、中学生のくせに「現代世相を論ず」では生意気すぎる、現代世相全部が君たちにわかるはずがないというので、「現代世相の一面を論ず」です。ぼくはわざわざ文語体を使って、ものすごく長いのを書きました。それを先生に激賞された。最後の言葉だけ覚えています。「矛盾、これ豈《あに》現代世相の一面に非ずして何ぞや」というのです。政党政治の腐敗とか、いろいろなことを列挙してある。先生が激賞した評が、おしまいに書いてありましたが、『学友会雑誌』に載せるということになって(一〇〇号、昭和四年一二月、「矛盾」四年丙　丸山眞男)、先生に徹底的に直されてしまった。ぼくから言うと、つまらない文章になって載っているのです。兄貴の小学校時代の友だちで一高に入っていたのが、それを見て、「眞男くんは国家主義者だね」と言ったという。政党政治の腐敗なんかを猛烈にやっつけているから、そういう印象を受けたということと、先生の添削が入っていて、全体がすごく縮まっているからでしょう。兄貴が「そうだ、と言っておいたよ」と言ったのを覚えています。ぼくは国家主義者でもなければ、左でもなければ、何でもなかったと言ったほうが正確でしょうね。

生意気な一中生

植手　先生は七年制の高校へ入るために塾へ通っていらしたのですか。

丸山　むしろ、一中受験も含めて、ですね。そのころは日土講習会と言いました。水道橋と御茶の水の間にあるのです。土曜日曜というせっかくの休日に通うんだから、ひどいものですね。

植手　一中に入った人は、ほとんどそういうところへ行っているのですか。

丸山　だいたい行っているんじゃないの。一中だけではなくて、東京高校とか武蔵高校とかそういうところは。受験地獄という言葉は、そのころつくられたものですから。

植手　授業をエスケープして映画を観たのは、それはしょっちゅうですか。

丸山　わりあいよくやりました。午後はとくに。午後、エスケープしないと、映画は完全に観られないです。

植手　ぼくらの中学の時は、そんなことをやったら、どうなったかわからない。よい時代ですね(笑)。

丸山　一中でも、エスケープすれば欠席になってしまいます。代返は一高の時によくやりましたが、中学は厳しいから代返はできない。欠席が何回以上かになると落第になりますから、それにならない程度でエスケープするんです。

植手　欠席理由は聞かれないのですか。

丸山　遅刻理由は出したな。しょっちゅう遅刻していました。一中へ行く途中、すごい坂*があるのです。あれを赤坂から昇っていくのが辛くて……。一中が日比谷公園にあったころは平らだからよかった。

植手　中学時代は新聞はきちんと読んでいられましたか。

丸山　家で取っている新聞を見ただけですけれども。

植手　いつごろから新聞をお読みになっていますか。

丸山　父親と伯父は一種の政論記者です。ですから、政論というものに、知らないうちに関心があるのです。おふくろや伯父を揉みにくる按摩*が政治狂いで、「眞男を面白がって議論相手にする」と、おふくろが言っていました。ぼくは、政友会がどうだ民政党がどうだとか、按摩と議論する。按摩は伯父の井上亀六を崇拝しているのです。「井上の伯父さんや、あんたのお父さんなんかは大したものだ。佐藤のおじさんなんか大したことはない」なんて言う。佐藤というのは母の姪の夫で、やはり傍に住んでいました。ぼくが中学のころ住友銀行のサンフランシスコ支店長で、帰ってきて大阪支店長になったのです。佐藤の家に行くと、部屋の中にピンポン台がある。たいへん贅沢なんだ。大阪に行ったころも、よく行きました。サンフランシスコから持ってきた、手巻きだけれど、ビクトローラーの縦型の大きな蓄音機*があった。チャイコフスキーの「くるみ割り人形」とかそんな程度ですけれど、SPのいいレコードがあって、それで聞くとすごくいい音がするんです。家にあるのは、ニッポノホンという小さなレコードですから、本当に羨ましかった。その按摩が曰く「佐藤のおじさんというのは大したことはない」。親父の言っていることに似ているのです。黙っていれば地位がだんだん上がっていく。身についたものはなんにもない、と。按摩は按摩なりに、身についた芸か、それとも地位か、ということで見るのです。ぼくは、そうかな、と思っていただけだけれど。

松沢　一中の話は面白くうかがいましたけれど、その当時すでに、ご自分の学校の中での位置のとり方について自己嫌悪のようなものがあったのですか。

丸山　いやその当時はそういう意識は特になかった。

松沢　しかし正統派ではなかったのですね。

丸山　むしろそれに対して反感をもっていました。一中の校風に対して。

松沢　一中の中で、反正統派だったにもかかわらず、あとからご覧になると、その自分ですら嫌になったという、そういうことになるのですか。

丸山　そうですね。ただ五年のときに演習地で、さっきの不良の一人に殴られました。だから生意気だったんじゃないかしら。平生、生意気なやつは睨まれているんです。

松沢　どういうことですか、生意気というのは。小野道風と蛙の英詩をつくったりするのが生意気なんですか。

丸山　うまく言えないけれど、もっと日常的な挙措でしょうね。出目金とは、ずっと仲よかったのですけれど、中学二年の時、出目金に暗に注意されたことがあります。あんまり目立つ行動をしないほうがいいと。そのころから、どう言ったらいいか、生意気な口をきいているということなんですかね。

松沢　挙措や言葉の端々が、なんとなく生意気だということになるのですか。

丸山　そうそう、大人ぶるんでしょうね、おそらく。よくわからないけれど、とにかく現実にぶん殴られた。おそらくぼくのイメージが非常によくなかったのでしょうね。不良になってしまうと、一般学生派からは、あれは不良だということで、自分たちとは別な人間みたいになってしまう。反正統派というのは、それとはまた違うわけでしょう。一般学生の中にいる一種の異端でしょう。また異端ぶるでしょう。不良のほうでは、その異端ぶり方が、気に食わないんでしょうね。

松沢　異端ぶっても、下のほうにずっこけて一般学生からはみ出すというのではなくて、一種のスノビズムみたいなものですね。

丸山　スノビズムでしょうね。分析すれば、そうだと思います。下といっても、上下の関係はほとんどなくて、上の学年とか下の学年というのではなくて、同じ学年なんですけれど、生意気ではありました、確かに。

3 一高時代

「いのちの初夜」を経て

松沢 さっきの話にこだわるようですが、一中時代のご自分について、嫌だという気持ちをお持ちになったのは、いつごろからですか。

丸山 大学のころからですね。非常に早かった。だから、一中の会には、ずっと出なかった。一中そのものも嫌いだし、一中にいる自分というのが嫌いという感じ。そういう自己嫌悪感は一高〔第一高等学校〕についても多少あります。一高といっても寮生活についてだけど。一高時代はある意味でいいことだらけなんですけれど、自分というものに対しては嫌悪感が多少あります。とくに中学に近いほどあるんだな。一高の一年のとき、東寮一二番というので大分裂を起こして、*途中で中寮一番に移るんです。大分裂というのは、感情的なものが入っているのですが、結局、イデオロギー的なものです。ぼくははっきりアンチ左翼なんです。それで中寮一番の連中が、後に部になりましたけれど、ホッケー会を始めるんです。東寮一二番にその時いたのが生田勉。*教養学部の教授でしたが、数年前に死にました。ぼくは彼らなんかと正反対の立場です。生田勉は三木清を崇拝していて、立原道造と仲がよかった。立原道造はノンポリだけど、理科だから、ぼくは口をきいたことはないけれど、生田とはあんまり仲よくなかった。高等学校一年ぐらいまでは、自己嫌悪感は及びます。

松沢　自己嫌悪感が生じたということは、先生の人格の成長史のひとこまということなんでしょうか。それだけ自分を相対化なさるようになったということでしょうか。

丸山　それは、ずっと後の話になりますけれど、決定的なのは留置場体験です。全然予期しなかったでしょう。自分を左翼ともなんとも思っていなかった。ぼくはもちろん右翼ではなかったけれども、左翼運動に対して生理的な反発を持っていた。左翼学生には、非常に厳しい教育を受けた、軍人の息子なんかが多いのです。それが高等学校に入り寮に入ると、いきなり自由になる。それで急速に左翼化するのです。こっちは中学のときから、非常に素朴なものだけどなまじっか思想的洗礼を受けているから、急激に左翼化した連中に対して、なんだあいつら、という気がするわけです。それに、ビラやなんかが汚い。今もそうかもしれないけれど。そういうことで、一高の左翼運動には、あまりいい感じを持たなかった。

二年のときは昭和七年(一九三二)ですが、東寮一二番から中寮一番を経て、朶寮《だりょう》四番に移っていたから、寮の生活は快適だったけれど、左翼運動の最高潮の時代です、イデオロギーの対立がいちばんひどかった。四〇人のクラスは、左右の対立で暗澹たる空気です。お互いにほとんど口をきかなくなってしまった。その左翼運動に対する弾圧の集中的なものが、文乙・独法のクラスに朶寮五番という部屋があって、ここが大弾圧を食ったんです。ここに宇野（脩平）がいた。後からわかったが、宇野が一高全体の共産青年同盟のキャップなんです。朶寮五番がやられたのは彼がいたせいでしょうね。同じ部屋で四人検挙された。そのうち本当の左翼は宇野だけです*。あとの三人は総代会で一緒に共同議案を出したということだけでやられたのです。そのうちの一人岡本は河合栄治郎の大崇拝者だった。宇野が「岡本の河合崇拝は何とかならないかな」と言ったことがあります。その岡本が宇野の連累で捕まったのです。岡本は、そのショックで精神病になって死んでしまうし、すごい傷です。ぼくは朶寮四番にいたからその時は免れたのです。

一高の話になると長いのですけれど、先回りして言うならば、北条民雄の『いのちの初夜』という作品がある（一九三六年刊）。ハンセン病患者の隔離病院での第一日を、いのちの初夜と言っているのです。あれに倣って言うならば、留置場の「いのちの初夜」です。それはもう深刻だな。この事件の後、ぼく自身が逮捕された時、宇野は、別の房からどんどん信号を送ってくる。柴田というのはぼくと同じ房にいて、宇野からの「丸山、元気か」という信号に「元気だ」なんて返事を出しているのですが、ぼくは元気どころじゃなくて、ポロポロ涙を出しているんです。一高に落ちたときと違った意味での挫折感です。生意気な口をきいていた自分がこういう目にあったときに、日頃の読書とか知性とか、そういうものが何も自分を支えない。だから、一中時代の生意気な自分という自己嫌悪の感情は、そのときのだらしなさから逆に遡ったのかもしれない。取調べの最中に、あんまりすごいんで、特高の前でも泣き伏してしまった。

松沢　すごいというのは暴力ですか。

丸山　暴力ではなくて、取調べが峻烈ですから。「おまえ、君主制を否認しているんだろう」と言うのです。結果的に、まずかったのですけれど、第一書房から出している手帳みたいな日記があって、キザだけれど、「心の日記」と題していた〔『集』九、二九〇―二九一頁参照〕。寮ではプライバシーがないので、寮には置かず、ポケットに持っていたのです。検束されて、そのまま見られてしまった。そこに読書日記が綿密に書いてあるから、何を読んだということまで全部特高にわかってしまう。主に哲学ですけれど、マルキシズム哲学の勉強をしていることもわかったし、それだけならいいのですけれども、「ドストエフスキーの作家の日記より」とあって、いちばんやられたのはそこなんです。「わが信仰は懐疑の坩堝《るつぼ》の中で鍛えられた」という言葉を引用して、「日本の国体は果たして懐疑の坩堝の中で鍛えられているであろうか」と書きつけた。国体という言葉です。「貴様！　君主制を否定するのか！」と。否定したら治安維持法第一条なんです。「国体ヲ変革スルコトヲ目的トシテ……」ですから、そうなると、弁解の余地もなんにもなくなる。

松沢　留置場経験をくぐって深刻なアイデンティティー・クライシスにおちいるというところは、ミル『自伝』に描かれる「精神的危機《メンタル・クライシス》」に通じる面もあるようにも思いましたが。

丸山　あまり相手がでかいから比較されるもおこがましいのですけれど、精神的危機の背景が決定的に違う。ミルの親父は偉すぎて、『自伝』を読んだかぎり、あの精神的重圧は無理ないです。ミルがそれから必死になって脱却しようというのは、よくわかるな。ぼくの場合には、そういうのは全然ない。その点、親父〔丸山幹治〕は全くリベラルです。家庭では、おふくろに対して実に横暴で、天皇制中の天皇制、暴力もふるう。だから、子どもたちはアンチ親父になってしまう。だけど、社会的には少なくもリベラルで、子どもにもなんにも押しつけないのです。しかも、親父は離れていて、ぼくら兄弟は、ほとんどおふくろに育てられたようなものです。京城にいたり、大阪にいたりしましたから、親父と一緒に過ごしたことは非常に少ない。ですから、そういう精神的重圧みたいなものは感じなかった。

松沢　もちろんミルの場合とは、背景がまったく違いますけれども、あえて「精神的危機」を持ち出したのは、先生の留置場経験は、私が想像した以上に、重い意味を持っていたのではないかと思わされたからなのです。アイデンティティー・クライシスを通じて自己認識が変わったというだけではなくて、人間観一般にも影響するということがあったのでしょうか。印象に残っているのは、「唯物史観と主体性」論争の中で、先生と林健太郎さんたちの間にやりとりがあって、宗教をどう考えるか、という問題です。先生の「ぼくのようなテンダー・マインデッドのものは、科学だけで人間の問題を覆いうるとは思えない」（『座談』一、一三六頁）という言葉が印象に残っています。そういう人間観の転回につながるようなご経験があったのではないでしょうか。

丸山　それは確かにそうです。自己分析というか自己批判の結果、自分のだらしなさというか、自分の弱さというか……。それは、正直のところ、中学の時はあまり感じていなかった。後から顧みて「さぞ、いやな子に映ったろうな」ということで、その当時ではないのです。

思想的対立の中の自治寮

松沢　お話はすでに一高時代に入っていますが、改めて入学したときの感想からうかがえますか。

丸山　高等学校に入ったときから申しますと、四年のときの入試失敗の挫折が大きかったけに、一九三一年四月ですけれど、入学、とくに入寮の喜びは忘れられないです。

四月の何日だか忘れましたけれど、タクシーで一高の正門前、いまの〔東京大学〕農学部前に布団を持っていきました。新しく入寮する者のために、大八車がいっぱい置いてあります。タクシーから大八車に布団を乗せて、寮までちょっと遠いんですが、大八車を引いていきました。両側に桜並木が続いていて、桜がちょうど散りかかっている。大八車の布団に桜が散りかかってくる。なんか天下を取ったような気持ちでした。あの嬉しさは忘れられない。たかが高等学校に入ったというだけで、ばかばかしいようなことだけれど。

はじめに経験した寮の生活は、寮歌に歌われているようなロマンティックな向陵というものから、およそ遠かったということも事実です。これは、なんといっても左翼運動が大きいですね。左翼運動の嵐が吹きすさんでいる。「栄華の巷低く見て」なんてものではないんだ。月に一度、各寮から代表が出て、総代会が開かれる。そこで激突するのです。

思想的右翼は二つサークルがありました。一つは瑞穂会、一つは昭信会。* 昭信会は三井甲之の直系です。蓑田胸喜《むねき》とつながっている。有名な小田村寅二郎はそっちから出ています。小田村はぼくと中学が一緒です。でも、瑞穂会、昭信会のようなものと、左翼とが衝突したのではないのです。具体的にいえば、運動部、とくにボート部〔正式には端艇部」を中心とする運動部・一般学生対左翼といったらいいでしょうね。すごい激突なのです。総代会は一カ月に一度ですが、ほとんど徹夜になる。あの当時の総代会はティーンエージャーですけれども、今から顧みても立派なものです。もちろんゲバはないし、堂々たる論戦です。

総代会議長というのは大変なんです。通学生は投票権がないので、周りにズーッと立っています。寮生は各部屋の代表だから机に座っています。通学生が発言するときは、「議長、番外」と言うのです。議長が指すと番外が発言する。あとは「東寮二番」とか「明寮五番」とか、手を上げて発言するのです。「議長の指名の仕方に偏向がある」と、左翼のほうから抗議が出たことがあります。わざと発言させないようにしていると。

友枝〔宗達〕という議長だったけれど、議事運営の公平を期するために、衆議院議長のところへ一週間通ったというのです。左翼の横山という、ぼくより一年上のが「ブルジョア議会の議長なんかに学んで何になるんだ」と言っていました。とにかく両方、相当雄弁だった。議論では左翼のほうが強いんですが、新入生を当てにするので負けるんです。新入生は向陵の伝統とか、一高の伝統とか、そういうものに弱い。二年以上になると多少通学の自由がありますけれど、一年は文字通り全員入りますから、結局一年生が多くなる。相当すさまじい雰囲気でした。ぼくが最初に入寮した東寮一二番もイデオロギーをめぐってまっ二つに割れた。結果としてぼくは反左翼だったということです。

松沢　総代会で、なにをイシューにしてもめたのですか。

丸山　左翼は、あらゆることをイシューにする。要するに問題が起こればいいわけですから。宇野が組織して、ぼくのクラスから彼のほか全く無実の者が三人も検挙されたのは、夏休み繰下げの問題です。夏休みが七月二〇日から始まって八月三一日までです。郷里へ帰っている学生は八月の二十何日ごろからソワソワしなければいけない。それを三日延ばして、九月三日まで夏休みにする。その代わり夏休みの開始を七月二四日からにする。そうすると八月いっぱい夏休みで、九月になってから学校に帰る支度をすればいい。そういうのを決定するのは学校当局だから、寮から学校当局に夏休み繰下げを請願するの件、というのが総代会の議題になった。これが実際は左翼〔宇野〕の提案だったのです。それには一般学生がついてくる、もっともだから。煽動の名目になるイシューは、なんでもやる。

宇野は細胞だったが、そのことは本富士署に探知されていたのです。宇野はすでに検挙されてしまって、いない。授業していたら、小使が小さな紙きれを、教師にすっと渡した。「岡本と石井と土方は、生徒主事〔生徒主事は佐々木喜市〕室へすぐ行け」と言うのです。三人行って、そのまま帰ってこない。主事室には特高が待っていて、そのまま持っていっちゃう。そういうふうです、一事が万事。

また、一高・三高戦が毎年問題になっていた。一高・三高戦というのは、一高の側からいうと対校戦なのです。対校戦であるということは応援団が結成され、みんなが応援団費を出すわけです。それが、寮生からの一種の強制徴収になる。毎年、対三高戦の時期が近づくと、靖国神社への寄付じゃないけれど、応援費を徴収することが問題になる。しかも応援歌の練習のときには、他の催しはできないことになる。くだらないと言えば、くだらないことなんです。ぼくらが二年になった後、委員会とボート部とが大衝突になった。楽友会がレコード・コンサートの掲示を出した。寮内の掲示は、ぜんぶ寮の委員の判がいるのです。それが応援団の応援歌の練習の日とぶつかってしまったので、ボート部のやつが委員会の判のある楽友会の掲示をひっ剝がしてしまったのです。

ボート部は伝統を持っていて、言ってみれば一高の軍部だな。試合に強かった。一高が強いから帝大が強い。六大学の中で、帝大がいちばん強かった。いまはどうか知らないけれど。なぜ一高が強いかというと、底辺が広いからですね。最初に組選《くみせん》というのがある。各組から七人選んで、組毎のレースをやる。それから選ばれたやつが文端――文科端艇部――と、理端――理科端艇部。文端と理端から大チャン――大チャンピオン――が選ばれる。ぼくもペアを漕いだことがあります。ほとんど皆がボートをやっている。

軍事教練も、のんきといえばのんきだけれど、配属将校の講話はありますけれど、下っぱの下士官の場合には、生徒のほうから「サッカーやらせてください」なんて言うと、その時間はサッカーになってしまう。サッカーは非常に盛んで、どこの高等学校でも強いから、また帝大が強いということになる。底辺に基礎があるやつは強い。ボート部は底辺に基礎を持っていて、いちばん伝統があるから横暴なんです。向陵精神の権化みたいな顔をしている。対校戦というのは、それだけの意味を持っていたわけです。

ところが、三高側を調べたら、三高は対部戦になっていたんです。三高側では、野球部が一高の野球部とやる、ボート部はボート部同士。つまり学校対抗戦ではない。三高がそうなっていることがわかった。一高の応援団長宛に三高のほうからそういう返事が来たわけです。一高の応援団長と磯田進くんが同室で、その手紙を磯田くんが見てしまった。それを総代会で暴露したんです。三高は対部戦だ、手紙にちゃんと書いてあるはずだと。磯田くん自身は、そのとき左翼ではなかった。純粋に、応援団費の強制徴収はおかしいと思っただけです。だけど、その背後には左翼がいたのです。磯田くんが緊急動議を出して、一時は非常に有利になったけれど、同室の人の手紙を見るという行為は一高の友情に反するのじゃないか、ということになって、否決されてしまった。伝統として、友情というのはすごく大事にされる。半分はスローガンみたいなものだけれど、「一高の友情」と言われていました。それで完全に逆効果になってしまったのです。

ぼく個人は、二年のときでも、便所の落書きに「天皇制打倒」と書いてあると、生理的に不快な感じがしました。なぜかと言われると困るんですけれど。もちろんボート部その他は大憤慨です。向陵からアカを追い出せ、という落書きもいっぱい出てきた。一高の落書きというのは開校以来、猥褻な文句は一つもないというのが自慢なんです。とくに便所の落書きは有名です。だいたい、シェークスピア曰くとか、ゲーテ曰くとか。旧制高校のある雰囲気の権化ですね。それが空気が変わって、猥褻なのはないけれど「天皇制打倒」というのが出てきた。非常に政治化したということです。

ぼくは、とても東寮一二番の暗い空気に耐えられなくて、中学時代の花田という親友がいる中寮一番に転出したのです。中寮一番の中の何名かがホッケー会の創立に参加したということで、ぼくもホッケー会の創立者の一人になったのです。なぜ会と言うかというと、部になかなかしてくれない。正式の部にすると、既存の運動部の予算が減るので、運動部が反対して、認められないのです。だからホッケー会と称していたわけです。だけど部屋はもらえて、朶寮四番です。ついでですが後に仲よくなった猪野謙二は朶寮三番にいました。

ホッケー会ができるについては東大生が献身的に援助しました。浦高〔浦和高等学校〕出身の人とか、他の高等学校を出た人が一高へ来て一生懸命援助する。というのは、一高のホッケーができることは東大のホッケー部が強くなる。高等学校が強くなるということは東大が強くなることです。伝統的にホッケーが強かったのは三高、台北。台北が強いのはわかるのです。霜柱が立たないところは、いつまでも練習ができるから強いわけです。だから今でもインドなんか強い。どうしてだか、ぼくの記憶では北大の予科も強かった。ぼくらは金がないから、ゴールキーパーの装具なんか、ただで全部東大生が貸してくれました。

寮委員の経験

丸山　二年のとき、ぼくにとってもう一つ大事なことは、寮の委員に選ばれちゃったということです〔第一二八期、一九三二年五—九月〕。なったというよりは、されちゃったんですけれど。寮委員は、各寮から二人ずつ選出されるんです。ぜんぶで八寮ありますから一六人からなり、これが内閣に当たるのです。総代会というのは議会に当たる。司法部の独立というのはないけれども、議会制と同じ構成になっているのです。総代会で不信任案が通れば、寮の委員は辞職しなければいけない。みんなティーンエージャーだから、同じ委員でも、二年と三年とは一年違いでも断然違うんです。有力なのは三年です。二年委員は、いまで言うと伴食大臣です。ぼくは庶務衛生委員。総代会が始まる前に便所を見てまわる。質問で何が出るかわからないから。あそこの便所が汚いとかいう質問が出ると、それに対して、いまこういう対策をしているとか答えなければならない。擬国会です。総代会に対する対策が重要な問題になるのです。

青木〔茂〕くんというのがいて、後に大蔵省に入りましたが、彼が図書委員で、寮の図書館といっても、学校の図書館と別ですから大したものではないのですが、左翼本を全部没収しました。桐山〔隆彦〕という、後に内務省に入った副委員長が「青木、ファッショ化したな」なんて、笑って言いました。そのころファッショという言葉がすでに、そういうふうに用いられていた。そういうことは、図書委員がやる以上、他の人はしようがないのです。図書委員は文部大臣みたいなものだから。

当時のサークルでいいますと、左翼の砦だったのが弁論部と文芸部です。文芸部はみんな左翼ではなく、新感覚派もいました。杉浦明平のようなノンポリもいました。ただ、左翼びいきでしたけれど。彼は一年上でした。新感覚派とプロレタリア文学、そういうのが多かった。よく『校友会雑誌』に書いていました。立沢《たつざわ》剛《つよし》先生が文芸部長で、マルクス主義についての論争を文芸部員とやりました。立沢さんは反マルクスなんだけれどリベラルで、十分立場を述べさせるわけです。自分がそれに対する反駁を書く。その論争を『校友会雑誌』に、そのまま載せました。

弁論部がだいたい左翼の巣窟で、弁論部の弁論大会には生徒主事がいつも出ているのです。お目付役みたいなものです。生徒主事が聞いているのですが、平気でアジ演説をやります。斎藤阿具〔夏目漱石友人〕という西洋史の先生が、反マルクスのことを講義のときに言うわけです。弁論部の委員が、「斎藤さんのマルクス攻撃をみると、おかしくてしょうがない」なんて言っているのを覚えています。そういうところが左翼の砦でした。

ぼくが寮の委員のときに起こった大事件が、さっき言ったボート部との大衝突。その一つは楽友会のビラの事件です。そのときは言い争いで、結局コンサートはやったんですけれども、楽友会宛の「謝罪文」をボート部が貼り出した。しかし、本当の大衝突になったのは、もう一つのストーム禁止案が総代会で可決されたことです。

ストームというのは一高の伝統ではあるけれども、新入生にとっては迷惑なんです。ストームが入ってくると、寝ていても正座しなければいけない。入ってくる連中は飲んで酔っぱらっていて、平気で朴歯《ほおば》で布団に上がってくる。みんな、かなわんと思っているわけです。普通は新入生が伝統護持派になるのだけれど、ストーム禁止案は新入生が意外に賛成して、通ってしまった。総代会を通ったから、ストーム禁止が法律になってしまった。それから何日か経て、ボート部が大ストームをやった。寮の委員長が、そのストームの制止に入ったのです。そうしたら、府立一中を四年終了でぼくより一年上になっているボート部員が、寮の委員長を殴ってしまった。そこで緊急委員会が開かれた。委員長は、自分が関係している事件なので退席し、副委員長が議長になって議事が進行する。副委員長が熱弁をふるったのです。「暴力をもって寮の自治を犯したのだ」、極刑に値すると。論理は全くその通りなんです。非はボート部にあることは明らかです。ただ、極刑といっても、退寮処分にすると学校も退学になってしまう。それで、何回か委員会をやったけれども、結局委員会で極刑論が通ってしまったわけです。これは、ぼくの非常に大きな挫折なんだけれど、副委員長の熱弁に圧倒されてしまったのです。一つは三年委員と二年委員の違いもありますね。退寮処分に困ったのは学校当局です。学校当局は、左翼を抑えるために運動部を味方にしたいわけです。生徒主事は、何回か、なんとかできないかと言ってきたけれども、ぼくらは頑としてはねつけた。それは、楽友会問題事件の由来があって、ぼくら寮の委員のほうも、ボート部に対して感情的になっている。それが一挙に爆発してしまって、極刑論でおし通したわけです。ボート部は強いから先輩を総動員して圧力をかけてくる。先輩が来て圧力をかけるから、現実に実行できない。生徒主事が取りつがないから、退寮処分と決めても、そのまま。半年近くにわたって揉めました。紛糾したまま日が過ぎるわけ。ぼくらのところに、偉い先輩からもうんと圧力がかかりました。圧力がかかると、なにをこの野郎、ということになって、ますます頑張る。これは実際、大事件だったのです。結論から申しますと、退寮処分を取り消して、学校の処分としては無期停学にした。一段下げて、ぼくらは折れたのです。

これは、ぼくにとっては非常に大きな傷になった〔『座談』七、五七―五九頁〕。ちょっと極刑はひどいじゃないかと思いながら、副委員長のまくし立てるのに押されて、ノーと言わなかった。後でいろいろ聞いてみると、寮の委員や総代会の議長になって、そういう意味で精神的に傷を受けたのが多いのです。ティーンエージャーの子どもにとって、セルフガバメントというのは、あまりに重い課題なんです。

数年前、寮の委員の同窓会をやろうということになって、当時の寮の委員が集まったことがあります。そのころ第一勧銀の頭取だった村本周三は庶務会計委員でした〔当時の資料として「丸山眞男・村本周三『委員会・総代会記録』ノート二冊」がある。番号49. また『第一高等学校自治寮六十年史』の〔正編〕および年表を参照。それぞれ番号0197480, 0197481〕。そのときに、あの大騒動の思い出話になった。ぼくは「あれは非常に大きなショックだった。勢いに押されて、自分がノーと言えなかった。それが実は後世、自分が研究者になる一つの隠れた動機になった」という思い出話をしたのです。というのは、学問というのは決断をしなくていい。無限のプロセスだから。その時の経験で、自分が社会に出て決断する立場になったら、自分は臆病だから、どういう間違いをするかわからない。研究者になれば学問の論文だから、イエスかノーかはっきりしなくてもいい、また先に延ばしてもいいわけです。それだけでは勿論ないけれども、それが伏線になっていると いう話をしたのです。そしたら村周が非常に面白がって「ぼくも実は、あのとき非常に大きな打撃を受けた。極刑とはひどいじゃないか、と言いたかった。だけど周りの勢いに押されて言えなかった。それでぼくは学者になるのを断念した」と言うのです。どうしてかと言うと、彼は経済学部に進んだのです。自分が経済学をやって学者になったら、どうしてもマル経〔マルクス経済学〕をやる。マル経をやったら非常に危ない時代でしょう。

よほど勇気がないと、学者として貫けない。自分はノーと言う勇気がなかったので、果たしてマル経学者としてやっていけるかどうか自信がなくなった、と。ぼくと正反対の理由なんだ。彼は経済学部に進んで第一銀行に入ったのです。寮の自治というのは、同じ生徒の処罰権を持っているわけでしょう。大したものだとも言えるけれども、ティーンエージャーの子どもにとっては、ちょっと重荷すぎるのではないかという気がします。

検挙とその後

丸山　とにかくホッケー会にいたおかげでぼくは、朶寮五番の大弾圧は免れたのですけれども、全く予期しない別のことから、二年の終わりに検挙された。それが唯物論研究会の事件なのです。

三月に試験が終わって、学校は休みになった。ホッケー会ですから、休みになっても合宿をやっているわけです。本郷通りを歩いていたらポスターが目に入って「唯物論研究会創立記念大講演会・長谷川如是閑」と名前が出ていた。ああ、如是閑さんだなと思った。仏教青年会館と書いてあった。仏教青年会館というのは本郷三丁目をちょっと丁目に寄った左側にある建物でした。如是閑という名前にひかれて行く気になったのです。唯物論ということは全く関係なく、関係なくというと言いすぎだけれど、とにかく如是閑という名前にひかれて行ったのが運の尽きだったのです。

会場に入りましたら、物々しい警官にびっくりしました。ぼくの斜め後ろ隣に、一人の男がいまして、ジーッとぼくのほうを見ているのです。ぼくは急いで目をそらした。後でわかりましたけれど、それが本富士署〔本郷三丁目交差点から上野方面に歩き、東大龍岡門へ左折する角にある〕の特高なんです。

開会の辞を、まず如是閑が述べたら、述べた途端*に、「中止ッ！」。本富士署長が演壇の端に股を開いて、股の間に剣を持って、座っているんです。ガンッと剣を立てて、「チューシッ！」。中止というのは、そういうものです。

如是閑が言ったことは、ぼくははっきり覚えているんだけれど、「唯物論研究会は、なんら実際的な政治運動とは関係なく、純粋に唯物論を学問的に研究する会である。近ごろは、観念論をとなえているほうが政治的になって」と、そこで中止です*。やっぱりうまいですね。如是閑もあっけに取られている。ツカツカと署長が出てきて、如是閑を脇に押しやって、治安警察法だかなんだか忘れたけれども「なんとか法第何条により、本集会に解散を命ず」と大きな声で言うのです。そしたら、どこにいるかと思うくらいたくさんの警官が、聴衆の中からパーッと立ち上がるのです。すぐに聴衆のほうをパーッと見る、動揺をしないように。聴衆はしょうがないからゾロゾロ出口のほうへ。出口のところを、ちゃんと警官が固めているんです。さっきぼくをジーッと見つめていた特高が、出てくる聴衆を指すんです。指されたやつは、そのまま引っぱられていく。運が悪いのですけれども、東大生もかなり検挙されました。高等学校は二人しかいなかったらしい。一高生がぼくで府立高校生が一人いた。そのとき二人とも検挙されました。そこから、そのまま本富士署に連れていかれました〔この半年ほど前に丸山は、逮捕された四人の級友に差し入れするため本富士署に行っている。『集』十六、一八二頁〕。これは、全く思いもよらないことなんです。

捕まったら、いきなり写真を撮られ指紋をとられる。そのまま留置場です。留置場は、いくつか房があって、真ん中に中央の廊下があります。全体が鍵つきで仕切られていて、各房に小さな窓があって、また鍵で仕切られている。二重になっているわけです。ぼくは中へ連れて行かれて、たしかそこでパンツの紐を取らされた。ぼくの知らないやつだけれど、いちばん端の房に一高生が入っていて、ちょっとぼくを覗いたのを看守に見つかったのです。たちまち引きずり出されました。本当はみんな正座していなければいけないのです。看守がむこうへ行ってしまうと、正座なんかしていないんだけれど。引きずりだされて、ぼくの見ている前で「貴様、なんで覗いた」「一高生が入ってきたものですから、つい。ごめんなさい、ごめんなさい」とヒーヒー言うのを踏んだり蹴ったり。着物がたちまち破れて、お尻から血が出る。いきなり、そういうすごい光景を見させられたのです。

松沢　先生も踏んだり蹴ったりされたのですか。

丸山　そのときは、ぼくはなんにもされない。ぼくを覗き見したやつが、そうされただけです。そのときに、ちょっと見たら前に逮捕された宇野が房の中にいたんです。宇野がびっくりして、目を丸くしていました。ぼくとわりあい親しかったけれど、ぼくを左翼組織のメンバーだと思っていないわけでしょう。彼はぼくとわりあい親しかったけれども初めからぼくを左翼に勧誘する気はなかったな。それで房に入ってみたら超満員なんです。唯物論研究会の検挙者で何名検挙されたか知らないけれども、入りきれないのです。そのとき同じ房に入っていたのが、大塚久雄さんの下にいた戸谷敏之くんです。戸谷くんはぼくの一年上。もちろん、ぼくは知りませんでした。房の中で知ったのです。

ずっと後*だけれど宇佐美誠次郎くんが、そのころ一高からの〔共産党〕東大細胞が戸谷、平沢、磯田と三人いた。学問は平沢、人格は戸谷と言いました。ぼくの一年上だから、すでに東大に入っていた。みんな滝川事件で暴れた連中です。その中で、戸谷も平沢道雄もフィリピンで戦死。平沢さんは大内〔兵衛〕さんのところへ残ろうとして、経済学部の教授会の反対で残れず、結局、大内さんが日銀に顔がきくということはあるけれど、思想犯だということはわかっていて日本銀行に入ったのです。滑稽なんだけれど日銀のほうが自信をもっているんです。「学問は平沢」と言うけれど、実によくできた*。ぼくらが大学に入ってから、『資本論』のわからないところは、ぜんぶ平沢に聞きに行った。

「人格は戸谷」と言いましたが、ぼくはその戸谷氏と留置場で一緒だったわけです。戸谷氏が気の毒なのは、一高を卒業していて東大経済学部に合格しているのです。ところが一高が三月三一日付で放校処分にしてしまった。そうすると高等学校卒業ではないから自動的に東大の学生の資格を失ってしまう。実に酷ですね。それは戸谷くんに、留置場の中で聞いたのです。資格からいうと、高等学校途中放校ですから中学終了の資格しかない。そこで法政の予科に行った。それで、当時法政大学にいた大塚〔久雄〕さんのところへ行ったのです。大塚さんが、なんでこんなにできるのが法政にいるんだろうとびっくりしたらしいんだ。いまは法政といえば大変なものだけれど、当時はそうではなかった。戸谷くんが、ヨーマンリー研究の論文を書いて、これが大塚さんの資本主義発生論の偉業を非常に助けることになるのです。

さっきの「いのちの初夜」ではないけれど、留置場の最初の日というのは忘れられない。ぎゅう詰めだから、重ならないと眠れないのです。四畳半ぐらいの感じだったけれど、そこに何十人です。当時の留置場はシラミだらけです。みんなシャツを脱いでシラミを取っているのです。長くいるやつはシラミ取るのに馴れている。ぼくは新参者だから、シラミがみんなたかってくる。最初の夜は一睡もできなかった。そのときやっぱり、涙を出した。

平生、まったく出会わないものと会うということ。軍隊もそうだけれど、留置場体験の一つは、そういうことなのですね。たとえば、感化院を二、三回脱走した少年がいる。ぼくの隣にいるのは、不渡手形を出した小会社の社長なんです。その社長は、子どもが産まれそうになっている。「子どもはまだ産まれませんか」と看守に聞いて「産まれたら、ちゃんと知らせるから黙っていろ」なんて言われている。ぼくが出るまでには、まだ産まれていなかった。その社長から「ここへ電話して、元気でいるからと言ってくれ」と頼まれた。釈放される前には「お前はレポを頼まれたりしてないだろうな」とさんざん言われるのです。体も検査される。女性なんかにはひどい。陰部によく隠すものだから、そこに指を突っ込んだり、ひどい目にあうのですね。

話は前後するけれども、それでも釈放されてすぐ公衆電話で、言われた電話番号にかけた。名前も忘れたけれど、「ナントカさんですか」「そうです」「私は房の中で一緒だったものですが」と言ったら、途端にむこうがガチャンと切ってしまった。きっと、脅迫されるとか恐喝されるとか思ったんじゃないですか。だから、それきりですけれど。

コソ泥もいました。感心したのは独立運動の朝鮮人です。学生は拷問がいちばん軽いんです。なかでも一高と東大の学生がいちばん軽い。ほかはどうか知りませんが、本富士署ですから。いちばん酷いのは朝鮮人。取調べのたびごとに半殺しです。房へ帰ってくると、体中包帯を巻いて帰って来るのです。黙秘で名前もわからないのです。看守は、「オオカタ」と言うのです。「大方そうだろう」というので、「おい、オオカタ」と言うのです。ちょっとすごいですね、こういう人は。いままで経験しなかった、いろいろな人と同じ房になったというのは、非常に大きな経験です。

取調べは相当きびしかったけれども、わりあい早く釈放されたのは、よくわからないけれど、いくら調べても少なくともパルタイ〔共産党〕関係は出てこない。そっちの関係で捕まったのなら、どうとでも理屈がつくのだけれども、まったく独立に唯研に行っているわけだし、唯研の会員でもなんでもない。しかも係累を調べると父が新聞だから、おそらく、うるさいと思ったのかもしれない。

ただ、ぼくの日記が取り上げられて、それに赤いテープがいっぱい貼ってあるのです。そこを開きながら、お前はこの本を読んだろうとか、書いたろうと、やられるのです。いちばんやられたのが、さっきのドストエフスキーの『作家の日記』。「貴様、国体を否認しているじゃないか」という。特高の取調室というのは、押収した洋書でいっぱいです。大したものです。

出るときには、「清算書」というのを書かされるのです。そのときはまだ転向とは言わない。その年の何月かに〔一九三三年六月七日〕、佐野〔学〕、鍋山〔貞親〕の転向声明がある。それから「転向」と言い出すのですね。清算というのは、けしからん思想を清算するという意味なのです。要するに警察というのは、こっちが無実なのを、誤って捕まえたとは決して言わない。必ず理由があって捕まることになる。だから、清算しなければ釈放してくれない。

特高に「どういうふうに書くんですか」と聞きながら書く。「お前が読んだ本を書け」と言うんです。特高が知っているような、マルクス、レーニンの有名な本で、読んでいるものもあったけれども、そういうものは書かないで、彼の知らないような本を書いた。ぼくが覚えているのは、フォルレンダーの『カントとマルクス』。ドイツ語でちゃんと書いた。これは特高には読めない。だいたい中学出ですから。彼らは、なまじちょっと教育があるから、下士官とよく似ていて、高等学校とか大学のエリートに対する憎悪感があるのですね。たとえば、「なんで唯物論研究会に行った」と言うから、「長谷川さんというのは、子どものときからぼくの家へ出入りしていまして」と言ったら、みなまで言わせず「ばかやろ。如是閑なんていうのは、戦争が始まったら真っ先に殺される人間だ」と。殺されるというのは、虐殺されるということです。死刑を執行されるという意味ではない。だって、その前に大杉栄が殺されているわけですよ。平気でそういうことを言うんです。

そのときは何日かで済んだわけです。「学校へ報告しなければいけませんか」と言ったら、特高は、「いいよ、いいよ」と言うのです。黙っていたら、一週間を経ずして学校から呼び出しがかかった。学校の幹部がずらりと並んで、そこでやられました。「お前、何をした」と。そのほうが、よっぽど嫌だった。竹田復《さかえ》さんという漢文学では相当偉い先生で、幹部の一人です。竹田さんが、ぼくらの一年のときのクラス担任だった。だから、よく知っているわけです。竹田さんというのは、ちょっと狡いんだな。ぼくを調べた学校の幹部会の席には、竹田さんはいない。そのあとで、ぼくに「家に遊びに来い」と言うのです。遊びに行ったら、「きのうは苛められたろう。あいつら、わからないからな」と言うのです。家へ呼んでくれるんだけれど、あいつはどうだとか、あれはどうだとか、クラスの思想傾向を聞かれるわけです。

出るときに、さっきの柴田が言いました。クラスの中で誰をパルタイに獲得しようとして狙っていたかを列挙しなければいけないのです。そうせざるをえない。それで、何人かいちばん安全なやつの名前を挙げた。「こういう人の名前を挙げたから、出たら謝っておいてくれ」とぼくに言いました。そういう思想的なものから遠いようなクラスメートの名前が、そこに挙がっている。そういうふうにして、あらゆる方面から情報を集めようとするわけです。学校当局は学校当局で。

そのときは、それだけで済んだのです。第一、特高に「学校へ知らせなくていいですか」と言ったら「いいよ、いいよ」と言っておいて、ちゃんと学校のほうへ通じていて呼び出しがくる。あと一年たって大学へ入ったら、一カ月たつかたたないうちに、学生課から呼び出しがくるんです。学生主事と個人面接です。言葉は柔らかいのだけれど、大学の自治に限界があるとか、さんざんお説教をして、そして、自分は、これだけひどい思想犯を、ぜったい保証するといって、ナントカ銀行に就職させたとか、そういう自慢話を聞かされて、君も自重しろと言われる。ということは、帝大の学生課にちゃんと通報が行っているということです。たったそれだけのことで、他になんにもしていないにもかかわらず。

大学を卒業してからになるけれども、当時、一年に一度、簡閲点呼といって徴兵を終わった人に召集がかけられる。杉並の小学校に一〇〇〇人以上集まって一日だけ、オイチニ、オイチニさせられるのです。それが終わって、簡閲点呼司令官、中佐か大佐ですが、それが最後に訓示して「今日はご苦労であった」と言ったところへ紙を持ってきたのがいて、その紙をちょっと見て、「ここに丸山シンダンというのがいるか。いたら手を挙げろ」と。「お前だけ残って、あとの者は解散」と言う。「こっちへ来い」と呼ばれて行ったら、運動場の隅に二人、そこに憲兵の特高がいるんです。「お前、このごろ、どんなものを読んでんだ」と、こういう態度です。簡閲点呼の日だけは兵隊ですから、大元帥の指揮下にあって統帥権の下に入ってしまうのです。ぼくはすでに助手だったけれど、そのときは完全に。憲兵と特高は、そういう言葉遣いをするのです。

あれはいつでしたか、牛込憲兵隊〔若松町にあった憲兵分隊。戦前の市電河田町駅、いまの地下鉄大江戸線若松河田駅の近く、通りに面してあった〕から召喚状が来た。まだ助手だったころです。またかと思って行くと、別室に通してお茶を出して、「いやあ、えらい時代になりましたなあ、社会大衆党が三〇名も議会に当選するんですからなあ〔一九三七年四月総選挙で三七名当選〕。我々もあんた方について、少し社会主義の勉強をしなきゃ」。そういうときは、召喚するのだけれど、一応こっちは帝国官吏で判任官だから、言葉遣いも、そういう調子です。ところが簡閲点呼のときは、調子ががらりと変わるのですね。とにかく事あるごとに、そういう目にあうわけです。本当の左翼運動をやっている人＊は不思議がって、「なんでお前、そう執拗にやられるんだ」と言われました。

女房の兄貴の小山〔忠恕〕は、一高のときに、一高の細胞と関係なしに――関係ないとは言えないのだけれど、柴田の関係で――家を労働者の集会のアジトに提供した。彼は名古屋に家があるのですが、東京の小石川の親類〔母方の祖父、斎藤精一〕の家がばかにかいのです。それで彼は捕まって、学校は無期停学になったのですが、その後、彼はそういう目にあっていない。彼はアジトを提供したわけでしょう、ぼくの場合は、唯物論研究会に出席したということ以外は、何も出てこない。逆に、まだ何かあるんじゃないかということで、ものすごく睨まれるという、非常に皮肉な運命にあうんです。極端にいえば、兵隊に行って、はじめてそういう関係がなくなりました。

寮にいて、黙っていたから、家では知らないわけです。大学二年のときでしたか、突如として特高が家へ訪ねて来たんです。おふくろは仰天しました。親父は大阪にいて知らない。おふくろが青くなったので、そのときはじめて、実は一高の二年の終わりのときに捕まったということを、おふくろに吐いたんです。本富士署の特高は、学校に知らせなくても「いいよ、いいよ」と言ったけれど、実はぼくの名前は、学校だけじゃなくて警察および憲兵関係の思想のブラックリストに載せられているということなんですね。そこらへんに目があって、ジーッと自分のほうを見ているのではないかという、それが実感です。だから戦後、特高警察がなくなったというのは、ぼくにとっては解放感だった。

植手 もちろん知らせは軍隊にもいっているわけでしょう。

丸山 知らせはいっているんでしょうね。ぼくは後から知ったのだけれど、南原〔繁〕先生が法学部長だったのですが、大学が特に必要とする人物というので、ぼくを召集解除してくれという要請がいっているのです。それは握り潰されてしまって、ぼくは解除にならなかった〔本書二九二頁二行目への補注参照〕。その理由はわからない。あるいは、そういう知らせがいっているせいかもしれない。それもどうかわかりません。

植手 南原先生がその要請を出されたのは一回目の召集のときですか。

丸山 二回目の、広島へ行ったときです。「この者は必要欠くべからざる者」というのを大学から出すんです。そのときに、南原先生が出してくれたんです、二等兵ですから気の毒に思って。

現実に留置されている期間は短かったのだけれども、後遺症というのがすごく大きいんだな。それはやはり思想犯というものの性格を、自分のことだけれど、非常に象徴的に示しているのではないかという気がします。特高にしてみると、ぼくを疑うときりがないわけです。高等学校の生徒は二人＊しかいないから、捕まえたほうは、よほど大物に違いないと思う。非合法の共産党から唯物論研究会に派遣されて来ているんだと思ったわけでしょう。唯物論研究会は、事実上そのときに解散させられて、もう一度再建する＊のです。これは古在〔由重〕さんなんかのほうがよく知っています。如是閑の言うとおりなのです。純粋にアカデミックな研究会で、『ドイッチェ・イデオロギー』をテキストにして、やっていたのは読書会です。当時はすでに、そのぐらいの合法性しかなかったのです。

植手　しかし、無茶苦茶ですね。研究会の講演会をやることは一応認めておいて、来た人を捕まえるというのは。

丸山　だから、初めから罠にかけるようなものでしょう。講演会をどうして解散させたのか、いまでも理由はよくわからないのです。しかも、まったく名目だけです。長谷川如是閑が開会を言おうとしたら、それで発言中止。＊あと何人か講演者が予定されていたのは、まったくやれないわけですから。

植手　思想犯は例外なく、こんなにしつこく、ずっとやられ続けるのですか。

丸山　まあそうですね。磯田進くんも何回も捕まっています。風早《かざはや》〔八十二《やそじ》〕さんが

『全国民事慣例類集』を日本評論社から出したのです〔一九四四年〕。民事慣例を調査した地味な本なんです。その序言に、「大東亜戦争完遂」をうたっているのです。民事慣例だから、そんなことを書く必要はないのです。ぼくは助教授になっていたけれど、磯田くんも助手だった。「ちょっとひどいじゃないの、あれは」と言ったら、「君、そう言うな。二〇〇パーセント転向しないといけないんだ。ふつうの人なら、そんなことを言わなくてもいいのだけれど、風早さんぐらいになると、大東亜戦争を完遂し、というぐらい書いておかないと、本当に転向したと認められない。あいつはまだおかしいと思われる」と彼は言いました。*ぼくは本物の思想犯ではないから、そういうものかなと思ったけれど。

ただ、忘れてならないことは、何人起訴になり、有罪が何人になるということが統計になって出るのです。だから当局としては、できるだけその数を減らしたほうがいいわけです。つまり、忠良なる臣民が多いほうがいいわけです。起訴になると、治安維持法違反起訴でしょう。当局にとっては不面目なんです。それで、学生はよほどのことがないかぎり起訴にならない。起訴猶予というのです。ぼくなんかの場合は、なんにもやっていないんだから起訴猶予にさえならない。磯田くんの場合は起訴猶予。これは、すでに東大にいて、東大細胞として京大事件で暴れているんです。だから起訴猶予です。起訴猶予にするためにどういう手段を使うか。これが転向なんです。間違った思想に陥ったので、忠良なる臣民に帰るというのが転向でしょう。転向というのは、そういう意味をもっている。

だから、転向のためには手段を選ばずです。いちばん多く用いるのが肉親です。学生の場合にはほとんど母親。息子が非国民になるのは、母親としてはたまらない。だから母親が警察に来るんです。ぼくの場合には助かったけれど、戸谷くんの場合なんかでも、そうです。戸谷くん自身が言っていました。当局に対しては、この野郎、と思っているけれど、母親が面会に来て、差し入れなんか受けて、泣かれて、「おまえ、転向してくれ」と言われる。これは参っちゃうんだな。いちばん参るのが母親だと言っていました。一方で執拗につけまわす。同時に他方では、正しい日本人にたち返ったということにするということです。「思想犯」対策は、そういう二つの面を持っていた。

植手　一高もひどいですね。小山さんがアジトを貸したというだけで無期停学ですか。

丸山　それはそうだろうな。非合法運動にアジトを提供するわけですから。小山が無期停学になっている三年の第一学期に、火事ドロみたいにぼくがトップになってしまう。彼はずっとトップだった。ぼくはトップクラスでもなんでもなかった。教室では、成績順に並んで、壁付きと言って、いちばん後ろにいる五人がトップクラスなんです。ぼくはぜんぜんそうじゃなかった。フロックというのは学生用語で、まぐれ当たりという意味ですが、フロックでトップになってしまう。塙作楽《はなわさくら》が「マッさんトップとなり寮内ために震撼す」と言った(笑)。それは、いかに意外なことが起こったかということなんです。二学期に小山が復学してきて、たちまち彼がトップになり、ぼくは二番になったけど、その後はみんなぼくを大いに認めたんだな。

植手　小山さんは復学して、一年は遅れなかったのですか。

丸山　遅れなかった。無期停学というのは、一年になるか、わからないわけです。結局一学期だけで復学を許されて二学期から出てきた。だから、学年は延びていない。彼は経済学部へ進んで、舞出長五郎《まいでちょうごろう》さんから研究室に残れと盛んに言われたけれど、どういうわけか知らないけれど残らないで、日本興業銀行に入ったのです。

植手　戸谷さんのときのことを聞くと、一高当局は無茶苦茶やるなという気がしますけれど、小山さんの場合は、学校当局は、早く卒業させてやりたいけれど、形式上、世間の手前、無期停学にしたという感じですね。

丸山　無期停学は、ぼくの知るかぎり、一年というのは非常に少ない。だいたい三、四カ月で復学します。停学は、無期停学だけで、三カ月停学とか、そういうのがないのです。あとは退校、放校。退校も多いのだけれど、放校というのはいちばんひどいのです。他の官立高等学校に入れなくなる。私立なら行ける。それで戸谷の場合には法政大学予科に行くわけです。伊藤律も放校です。伊藤律は一年上でしたが、個人的には最後まで知りませんでした。ただ、「伊藤律右放校に処す」というのが出たのは覚えています。

4 読書・映画・音楽

牧水歌集

松沢　学生時代に遡ってお尋ねしたいことがあります。助手になられる以前、明治のものを含めて、日本の古典、また日本思想史の研究書などを、どの程度、読んでいられたのでしょうか。『図書』の岩波文庫の中の「私の三冊」(『集』十六)というアンケートに答えて、先生は、私が今までうかがったことがない本をあげられていましたので。

「学生時代(一九三〇年代)に読んだものに限定する。他の単行本で読んだものは入れない。今日絶版になっていたり、改訳されているものがあるかもしれない」ということで、三点あがっていまして、第一は(若山喜志子選)『若山牧水歌集』(一九三六年)です。そこで、「詩歌では藤村や透谷にも親しんだが、旅行の折にポケットに入れて行くのは牧水の歌集であった」。また、「『万葉集』は改造文庫で出た作者別のものを」云々とあります。

丸山　歌は、顧みてみれば、ほとんどおふくろの影響でしょうね。母は文学少女で、少女時代から短歌雑誌のレギュラーの投稿者なのです。どこかへ行ってしまったけれど、かなり載ったものをぼくは見せられました。それで、短歌をつくっていましたし、百人一首も母から教わったのです。対照的なのは俳句です。ぼくには俳句というものがわからない。わからないという意味は、本物と贋物の区別がつかないということです。今でもそうです。五七五はあんまり短いでしょう。そうすると偶然に、ものすごい立派な句ができたりする可能性があるのではないか。いまでも、子どもがすごい傑作をつくっちゃったり、そういう可能性が残されているような気がするのです。

三十一《みそひと》文字《もじ》だって、短詩形文学という言葉があって、むこうの叙事詩に比べたら、根本的には制約されているものですけれど、五七五に比べると、まだ表現の幅があるのではないか。アララギみたいな、あの程度の思想の表現も、俳句ではできないと思うのです。俳句は季節感とか、ある感慨を託することはできるけれども、それ以上に出ない。句集はほとんど読んだことはないのですが、なんとなく好きだったということで、小学校、中学のとき、歌集はずっと続けて読んでいました。万葉をよく読んだのは高等学校以後でしょうね。注釈なしで、ただ読んでいるだけですから、難しいことを言えば怪しいものです。改造文庫の作者別というのは、絶版になってしまって残念だけれど、あれは便利なのです。岩波文庫の第一巻からずっとあるのは、作者が交互に出てくるからわかりにくいのですけれど、改造文庫のは土岐《とき》善麿《ぜんまろ》が編集しているのです『作者別万葉全集』一九三一年)。いまでもぼくは愛用しています。誰がつくったというのがはっきりしていますから、非常に便利なのです。万葉でいえば、第何巻所収かということは、あまり重要ではないのです。もちろん、読み人知らずは、読み人知らずでまとまっているわけです。これは暗唱するぐらいによく読みました。

ぼくは学生のときからよく伊豆の湯ケ島へ行っていた。牧水は湯ケ島へよく行っているのですね。湯本館というのがあって、牧水の歌集を見ると、そこへよく泊まっている。だから余計、伊豆へ旅行するとき牧水を持っていったのです。牧水には孤独さというのがある。有名な「白鳥は悲しからずや空の青海の青にも染まずただよふ」は非常に孤独な感じをよく出していますね。啄木はもちろんいいけれども、あんまりストレートでしょう。象徴的な意味がちょっとない。磯田進くんも歌が好きなのです。ところが彼は、牧水の「海《うな》ぞこに目のなき魚の住むといふ目のなき魚の恋しかりけり」というのを、ぜんぜん認めないんだ。蒙昧主義だと言うのです。そういう歌を好きなのはいかんと。でもぼくは、歌を趣味とするというほどではないのです。杉浦明平なんかは、土屋文明の弟子ですから、本当のアララギですけれど、ぼくはああいうふうに歌の世界に入ったことはない。それに比べたらクラシック音楽のほうが、ずっと自分が傾倒する程度が深かったでしょうね。

——ご自分でもかなり歌をつくられたのですか。

丸山　そんなにはないのですけれど、ときどきつくって、その歌が小学生雑誌なんかに載ったこともあります。要するに、好きだったという、ただそれだけのことです。日記みたいなものを見ますと、下手くそだけれど、ときどき歌が載っています。

松沢　中学生ぐらいですか。

丸山　小学校のときも、中学のときも。さっき言ったように、実作するというほど、しょっちゅうつくっているわけではなく、鑑賞のほうが主です。その力もないということを自分もよく承知していますから、そんなに歌の世界に入ったということはない。強いていえば、おふくろの影響ということになるでしょうね。

童話から探偵小説まで

――一九六〇年の『図書』のアンケートで、「私がいちばん感銘を受けた書物」(『集』十六)として『こがね丸』をあげておられますね。

丸山　ぼくの小学の上級時代に、お伽話を童話と言うようになった。もちろん、お伽話とも言っていたけど、新聞とか広告などでは、一般に童話として出るようになったのです。ぼくの読んだほとんど最後の古典的なお伽話が巌谷《いわや》小波《さざなみ》の『こがね丸』なんです。上下二段組みで、上段には文語体の原文、下段に口語体が載っているんです。筋は忘れてしまったけれど、たいへん面白かった。その頃、菊池寛、芥川龍之介編集の「小学生全集」何十巻〔全八八巻、興文社、一九二七―二九年〕というのがありました。日本の出版史上画期的なんじゃないですか。もう一つは、アルスの「日本児童文庫」〔全七六巻、一九二七―三〇年〕。二つが張り合ったのです。ぼくは、そのどっちかをとっていた。童話、童謡、歴史物語など、そんなものです。童話は、鈴木三重吉や小川未明などの赤い鳥運動で始まるのですが、ぼくは、その少しあとですね。覚えていない。これはまともな方の読み物ですが、まともでない方は、立川《たつかわ》文庫〔立川文明堂、一九一一―二四年〕。これは良家の子女には読ませられない。半分は隠れ読みです。立川文庫の全盛期は、ぼくのちょっと前なのですが、ぼくは兄貴〔丸山鐵雄〕の影響で読んでいた。ぼくらの世代では少ないかもしれません。全部振りがな付きです。この文庫はずっと前から人気があったのですね。戦後、徳川夢声が、府立一中の大先輩だけど、小さい時ためになった本、有害だった本というアンケートに答えて、「ためになった本　立川文庫、有害だった本　国定教科書」と書いているんです。立川文庫は家に揃っていて、小学校のときから耽読した。『真田十勇士』『塙《ばん》団右衛門』『霧隠才蔵』『猿飛佐助』『岩見重太郎』。したがって、『真田十勇士』なんかを素材にしたチャンバラ映画も、小学校のときから見ていました。

今から思うと面白いのですが猿飛佐助なんかは忍術の名人ですから、家康の寝所に忍び込む。そこで家康を殺してしまえば、歴史と違ってしまうわけです。だから、殺す」

前までいって、発見されて、「見てろ！」なんて捨て台詞を残して消えてしまう。フィクションは殺すまではできないのです。猿飛佐助、霧隠才蔵、塙団右衛門、みんなタイプが違うでしょう。その面白さです。

中学時代、画期的だったのは、中二のとき〔一九二七年〕、新潮社から「世界文学全集」が出たことです。五〇〇頁一円。円本の最初は、この一年前に、改造社から出た「現代日本文学全集」です。これは大型。「現代日本文学全集」もあとで買いましたが、どういうわけか、ぼくにとって印象深いのは「世界文学全集」なんです。学校で、あれ読んだ、これ面白かったと話し合う。いまはテレビなんでしょうが。

当時、中学の初学年によく読まれていたのは『少年倶楽部』で、佐藤紅緑《こうろく》の「あゝ玉杯に花うけて」の連載が話題になっていました〔一九二七年五月号―二八年四月号〕。小説に対する見方や評価はゆれているという感じでしたね。二年のとき先生が「小説読んだことあるか。読んだ者は手を挙げろ」と言ったことがある。読んだ者を褒めるというのではなく、もちろん、映画ほどではないにしても、ちょっと気をつけなくてはいけないというニュアンスでしたね。「何読んだ」と聞かれて、菊池寛の『恩讐の彼方に』〔一九一九年〕をあげた覚えがあるけれど、まあ、これをあげとけば、受けは悪くないだろう、くらいのことだったたと思います。

岩波文庫はもっとあとです。集めだしたのは、高等学校へ入ってから。ご承知のように岩波文庫は、円本はけしからんということから始まっているわけですね（「読書の姿勢——岩波文庫の昔と今」『座談』七参照）。『罪と罰』『クオ・ヴァディス』など、非常に面白かった。ついでに言いますと、「世界文学全集」の五〇〇頁一円のあとに、平凡社から一〇〇〇頁一円が出た。「現代大衆文学全集」（全六〇巻、一九二七—三二年）です。これはあまり読まなかったけれど、記憶鮮やかなのは吉川英治の『鳴門秘帖』（第九巻、一九二八年）。これは面白かった。それから白井喬二の『富士に立つ影』*。

中学になりますと、博文館の『新青年』という雑誌があって、兄貴の影響で愛読しました。母がもっともいやがって、まとめて没収されました。『新青年』で親しんだのは、小酒井不木《ふぼく》とか江戸川乱歩の探偵小説、いまは推理小説といいますが、みんな『新青年』で読んだものです。『新青年』は探偵小説の雑誌といってもいいくらいでした。

——日本人のものだけですか。翻訳も。

丸山　両方です。翻訳ではヴァン・ダインが面白かった。当時、いくつか映画にもなりました。夢中になった。中学三年のときに『グリーン家殺人事件』の原書（*The Greene Murder Case*, 1928）を丸善で買ってきて、徹夜して読んで、翌日学校を欠席してしまったことがありました。知らない単語なんか沢山出てくるのですが、どんどん飛ばして読んだのです。それでも、探偵小説ですから推理的に読んでいくとわかるわけです。あれを一冊読んだことで、驚くべく英語の力がつきました。学校を休んだことが親父（丸山幹治〕にバレて大目玉を食いましたけれど。英語の力は原文を読むに限るのです。ヴァン・ダインは『僧正殺人事件』〔武田晃訳、改造社、一九三〇年〕など、どんどん訳された。原語で読んだのは『グリーン家殺人事件』だけで、あとは翻訳です。

戦後に、推理小説と言われるようになってから聞いてみると、ぼくが読んだのは、いまでも古典なのです。クロフツの『樽』とか、エラリー・クイーンの『エジプト十字架の秘密』とか。そういうのは忘れられちゃったのかと思ったら、断然クラシックとして残っているのですね。むかし読んだのに比べると、「007」なんかつまらないですね。大活劇で、推理の面白さがない。クロフツの『樽』なんて、本当に面白い。綿密な論理で、どこかに伏せてあるわけです。戦後は読んでいないけれど、よくできている。

日本人では、江戸川乱歩の『二銭銅貨』〔『新青年』一九二三年四月増刊号〕とか、初期のものが好きです。あとになると、だんだん猟奇趣味になってくる。それから小酒井不木、横溝正史。

ポーやコナン・ドイルは、『新青年』でというより、そこで面白さを知って、英語の勉強を兼ねて原文で読みました。四年のとき、宿題で『こがね虫』を読んだけど、これは難しかった。ポーでは、『アッシャー家の崩壊』『ザ・ブラック・キャット』など印象に残っています。ポーのものは面白いけど難しかった。対訳で読んだものもあります。『シャーロック・ホームズの冒険』が、どういうことでか、対訳で出たんです。

それにしても、『新青年』は、当時の異端ですけれど、驚くべくいい雑誌だった。あいう雑誌は今ないんじゃないかな。

——ダイジェスト版が出ました。

丸山　そうらしいですね。外国漫画がすばらしい。セリフが全然ない四コマ漫画があるのです。その四コマで抱腹絶倒。やたらにセリフが書いてあるのが、今出ているけれど、うんざりなんだな。『ビル氏とブル氏』というのです。また、そこだけ色ページになっている阿房宮という欄がある。全体が面白いんだけど、「よろずコンサルタント」というのが傑作なんです。図々しい中年の女性で、電車の席のわずかな隙間に割り込んでくるのがいる。そのとき、どうしたらいいでしょうか。そういう相談に対する答え。そのときは思い切ってさっと立ち上がりなさい。そうすると、ちょっときまり悪そうな顔をして座る。座り終わったところを見計らって「ちょっと」と言って、こんどはこっちが割り込んでいく、と(笑)。もちろん恋愛相談もあります。

——日本文学では。

丸山　漱石は中学のとき、ぼくも大体読みましたね。他に、どういうわけだか、芝居をよく読んだ。「日本戯曲全集」〔全六八巻、春陽堂、一九二八―三三年〕というのがあって、日本人のものばかりなんですが、それで読んですっかり好きになりましてね。だけども、一つも芝居は観たことないのです。あとでですけど、菊池寛の『父帰る』くらいかな。

それで、前にも申しましたが、中学三年のとき、クラスで同人雑誌を出したのですが、お笑い種だけど、戯曲を書いた。

――その雑誌は残っていないのですか。

丸山　松本武四郎がひょっとすると一冊くらい持っているかもしれない。とにかく回覧雑誌だから、一部しかないんです。

――小説は。

丸山　小説は書いたことはないのです。

――でも、いわゆる文学少年だったのですね。

丸山　当時生意気な少年は、たいてい文学少年的なんですね。まあ、ぼくの場合は、文学少年というより、前に話したように、映画少年でしたね。

――漱石はだいたいお読みになったと。

丸山　全部じゃないですよ。『坊っちゃん』を繰り返し一番読んだ。それに、『三四郎』の印象が強かったな。『三四郎』についていうと、ぼくの友だちが、生意気な恋愛をしていて、その相手が、美禰子に似ていましてね(笑)。『三四郎』はちょっと日本離れしているでしょう。翻訳の影響が顕著だと思うのです。普通の会話で「ストレイ　シープ」なんて言いませんよね。「我が咎《とが》を知る」なんて言うでしょう、美禰子が。ああいう気の利いた会話はしませんよ、日本の恋人は。しかしまあ、なぜ美禰子にそっくりかということ、三四郎が翻弄される、美禰子は洗練されていて本心を見せない。それを似てると感じたんだな。『明暗』などは大学を出てからです。家に岩波書店から出た最初の全集があったので、自然と読む機会があったのですね。

——あと日本人の作家では。

丸山　芥川龍之介は、どういうきっかけだったか、読みましたね。ただ、難しいという印象だった。表現が難しい。

——自然主義のものなどはどうでしたか。

丸山　『蒲団』は読んだけれど、いつ頃だったか、覚えていませんね。『夜明け前』などは、築地〔小劇場〕で滝沢修の芝居を観て〔新協劇団第一回公演は一九三四年〕、大感激して、それから読んだのです。読みにくくてたいへんでしたけど。

——いろんなものをよく読まれたのは、やはり中学時代ということですね。

丸山　三年くらいまでですね。高校以後になると、とくに記憶に残っているものは、あまりない。大学を卒業するときか、助手になるころか、ドストエフスキーの『悪霊』を読んで震撼しました。* ショックを受けて一週間くらい飯も食えないくらいでした。いまから理屈をつければ、社会主義に対する素朴な信念が音をたててくずれたという感じでした。それから遡ると、大学三年の時の『ジャン・クリストフ』に飛んじゃうんです〔本書九九頁〕。

活動写真と人生勉強

丸山　活動写真もよく観ました。でも、埴谷雄高にはちょっとかなわない。ぼくより三、四歳上で、彼の世代は、このごろばかに騒がれているグリフィスを観ているのです。『国民の創生』〔一九一五年〕とか『イントレランス』〔一九一六年。岩藤思雪が編集した日本版公開は一九一九年〕とか、大傑作をつくっている。グリフィスの時代は一九一〇年代で、ぼくは一四年生まれですから、グリフィスは名前は聞いていたけれども観ていない。だから、埴谷と話すとシャクなんです。やっぱり彼にはかなわない。ぼくがかなわんなと思ったのは埴谷と大岡昇平です。ちょっと年が上なだけで、ぼくの観ていないものを観ている。ぼくも同年代としては異常に早く観たほうなのです。同じ世代の人は、だいたいトーキーで育っているのですが、ぼくは無声映画をさんざん観ています。

岩波ホールでやった『八月の鯨』〔一九八八年封切〕にリリアン・ギッシュが出ていますね。リリアン・ギッシュが華やかなりしころ、大きな絵看板で出ていて、名前はよく覚えています。もちろん弁士がついていました。

浅草ではほとんどが日本映画でチャンバラです。チャンバラでは生駒雷遊というのが一番のスターでした。弁士というのはスターです。チャンバラでは浅草の生駒雷遊、洋画では徳川夢声、徳川夢声のお弟子の山野一郎その他です。徳川夢声は赤坂の葵館にいて、葵館から新宿の武蔵野館へ行った（一九二五年）。出世ですね。武蔵野館が一等洋画館です。浅草には大勝館というのがあって、『外人部隊』などは、そこで観ました。

おふくろはすごくやかましくて、活動を観てはいけないという。実際、不良の巣窟ですから心配したのも無理はないのです。おふくろに許可を得て行ったのと、非合法に行ったのと二つあるのです。おふくろがオーケーを出すのは文部省推薦映画だけ。文部省推薦映画でもなかなかいいのはあるのです。『オーバー・ザ・ヒル』なんていうのがあって、名画です。『丘を越えて』（あの丘越えて）というのですけれど、親孝行の物語なのです（一九二三年五月日本公開）。「お母さん、これは文部省推薦の映画だからいいだろう」と言うと、オーケーが出るのです。

もう一つ、文部省推薦映画ではないけれども、府立一中に合格したときは、合格したからいいだろうということで、合法的に行った。そのとき武蔵野館でやっていたのが『ボー・ジェスト』です。何回も映画化されました。ゲーリー・クーパーなんかも後にやりましたけれど、ぼくが観たのは第一回の『ボー・ジェスト』で、無声映画です（一九二六年）。徳川夢声の名説明です。原作を読んだことはないけれど、小説として有名なのですね。喜劇はハロルド・ロイド、次いでキートン、チャップリンです。

小学校の終わりから中学、高等学校まで、映画に耽溺した時代は、観ていないのを数えたほうが早いくらいです。一週間に何回というふうに行きましたから。本当は放課後に行ってはいけないし、父兄同伴が規則です。もちろん、そんなことなしですから非合法になるわけです。こういうのはぜんぶ兄貴の影響なのです。だからぼくは、亡くなった兄貴に非常に感謝しているのです。もし兄貴なかりせば、ある意味でぼくは非常に平凡な、府立一中のあんまり秀才でもないけれども、模範生だったかもしれない。それが拗ねてしまって、一中に対しても反抗し、校風に対しても反抗した。兄貴の影響で、悪いことは全部兄貴に教わった。その悪いことは探偵小説をはじめとして、みんな人生にとって非常にプラスになっています。

植手　それにしても、よくお金が続きましたね(笑)。小学生にして、日曜日に三本も観たとうかがいましたけど、よほど沢山のお小遣いをもらっていたのですか。

丸山　浅草は安いんです。武蔵野館にはとても行けない。ヨーロッパ風で、いい席と安い席があるんです。いい席はものすごく高くて、てっぺんの席はずっと安い。浅草はとくに安いので、三つくらい観ても大したことはないんです。

「映画とわたくし」(『集』十二)という小文にも書きましたが、ぼくは運がよかったと思っているんです。初めは、ものが動くのが面白くてしょうがなかった。映画というものはそういうものから始まったわけです。活劇が多いのは動く面白さです。二〇年くらいの間に急速に芸術になってしまった。当時は第八芸術と言われたのです。一九二〇年代の終わりから、ヨーロッパ映画が芸術映画のはしりになった。ハリウッドは商業主義だから。その後、ナチになってヨーロッパから逃げていった人がつくったりして、いいものが出ました。ハリウッドでいいのは、スペクタクルです。無声映画でいいますと、セシル・B・デミルの『十誡』は聖書物語ですが、金にあかして装置をつくった〔一九二三年制作〕。あの巨大性は芝居ではやれません。そういう種類のものではローマ帝国末期のキリスト教弾圧をえがいた『イントレランス』*。これは名画です。グリフィスの傑作ですね。あとは、西部劇と活劇。西部劇をバカにするけれど、西部劇こそ映画の粋です。映画でないと表せないものが西部劇にはあります。

日本でいうと、それが活劇、チャンバラです。初期の無声のチャンバラ映画はアメリカでの評価はすごく高い。衣笠貞之助《ていのすけ》の『狂った一頁』〔一九二六年〕とか、日本の無声映画は世界的水準です。一つは偶然もある。金をかけないから、かえって斬新なんです。抽象的で、リアリズムではない。テクニックは、黒沢明も含めて、向こうが真似するだけあって、すごいんじゃないですか。チャンバラというのは移動していくでしょう。それを追いかけていかなければならないから、移動撮影が早くから進歩したわけです。ピストルだと、遠くで打ち合うから、移動撮影の必要がないわけです。それが『七人の侍』までずっと続いている。もちろん、小津安二郎の人気もたいへんなもので、アメリカの大学では、一カ月くらい小津週間というのをやっています。ぼくも日本で観ていないのを、ずいぶん観ました。

――山中貞雄のチャンバラを観たのですが、すごく面白かった。『河内山宗俊』なんて、最後のお堀のところで、投げては切り、切っては投げという感じで……。

丸山　山中貞雄は天才だな。『人情紙風船』〔一九三七年〕なんていうのは忘れられない。前進座の映画はみんないい。『戦国群盗伝』とか、鷗外の『阿部一族』。戦時中につくられたのにもかかわらず、すごくいいですね。

どこかで書いたことがあるけれど〔「映画とわたくし」『集』十一、三四頁〕、学校と家庭、どっちでも教われなかった人生勉強を立川文庫から活動大写真にいたるまでのなかでやった。とくに映画はそうです。オーバーに言えば、人間とは何かを教わった。もちろん文学でもそうですけれど、映画のほうがもっと視覚的で直接でしょう。とくにセックスなんかの問題になると、性的に大人になっていないときから見ているから、そういう意味では、本当に教育になりました。姦通映画はとくに検閲で切られてズタズタです。キスがだいたい、クローズアップは許されないのです。遠くからのはいいのです。だから、接近して、このへんでパッと切れてしまう。戦前の検閲というのは実に妙なものです。そういう官能的な側面や愛欲とかを中学生のころから見ているんですから。『アスファルト』〔一九二九年〕なんて無声映画の傑作です。真面目男の警官がいるのです。それが宝石店で女スリを捕まえるのです。その後、アパートへ連れていった後は、カットされているから、わからない。警官が自分の部屋へ帰って、自己嫌悪にかられて、シャワーを浴びて、頭をかきおろすところ。中学生でしょう、女の魔性というのか、そういうものを感じて強烈な影響を受けました。

中学生時代は、ちょうど宝塚と松竹少女歌劇と両方でレビューがはじまって、並んで一斉に足を上げるダンスとか、『モン・パリ』〔一九二七年初上演〕なんていう、一種のミュージカルが流行りだしたころでした。満州事変前の爛熟した、大正デモクラシーの続きじゃないですか。思想的にいうと高等学校に入ったときから反動に入るのですけれども、中学時代から、昭和のはじめの最も爛熟した、頽廃も含んだ文化を一応、経験しえたことがよかったと思うのです。だから、新劇なんかも含めて、だんだん時局に適応していく過程が、よく観ているだけに、ずっとたどれるわけです。

ロマン・ロランとヨーロッパ文学

松沢　先生の『図書』のアンケート「私の三冊」の最後は『ジャン・クリストフ』で、大学の三年生のときに、夏休みをかけて読んだとお書きになっていますけれど、ロマン・ロランとの出会いは、どういうことでしたか。

丸山　『ジャン・クリストフ』がいちばんはじめ、大学生時代の話です。これも他律的で、大親友の松本武四郎が、ぼくらの一家が夏休みに避暑していた千葉の房総の東海岸まで、わざわざ持ってきてくれたのです。熱心なものだな。あのころの文庫では八冊なのです〔岩波文庫、一九三五―三六年〕。八冊を風呂敷に包んで、これをぜひ読めという。いきなり『ジャン・クリストフ』。その後*に、音楽が好きだったから『ベートーヴェンの生涯』。『ベートーヴェンの生涯』は、岩波文庫よりも前に、叢文閣という左翼的なものを出している本屋から高田《たかた》博厚《ひろあつ》訳が出ていました〔一九二六年初版、三五年新版〕。高田訳はゴツゴツした訳で、岩波文庫の片山敏彦氏の正確なもの〔一九三八年〕よりも、感じが出ていましたね。

とくにロマン・ロランを深くぜんぶ読んだということはない。ロマン・ロランについては、『ジャン・クリストフ』と、『ミケランジェロの生涯』とか伝記物です。もちろん、ファシズムに対する文化擁護連盟で大活躍していましたから、そういう意味で名前は知っていました。文化擁護連盟にはジイドも入っていました。むしろ読んだというならば、ロシアの作家をはるかによく読んだでしょうね。チェーホフ、ツルゲーネフ、トルストイ。ドストエフスキーはいちばん遅く、ほとんど大学を出てからです。

松沢　一高時代に逮捕されたとき、ドストエフスキーからの抜き書きが警察の目にとまってひどい目にあわれたとうかがいましたが。

丸山　あれはドストエフスキーの『作家の日記』です。あの引用を特高にやっつけられたのですから、たしかに『作家の日記』は翻訳で読んでいたのですね。ただドストエフスキーを本当に読んだという記憶があるのは、ずっと後です。

ツルゲーネフの『初恋』とか、チェーホフは短編が非常に親しみやすいでしょう。兄貴が成城で、チェーホフの短編集を英訳で使っていた。それを兄貴から借りて、英語で読みました。あれは翻訳すると、非常にやさしいのです。トルストイなどは、みんなでかいでしょう。あれを読むのは夏休みなのです。『戦争と平和』を読もうと、休みの前に、まず大決心をする。それに没頭しないと長すぎて読めたものではないです。もちろんみんな翻訳で、岩波文庫です。

あとは平凡で、フランスのフローベール、スタンダールです。モーパッサンはフランス語の勉強で、その前に一つか二つは読んだ。『女の一生』は、たしか翻訳で読んだのだな。戦前版の『女の一生』などには削除があるのです。面白いから、原語で、どこが削除されているのかを調べたりしましてね。助手になってから、アテネ・フランセへ通ってフランス語を勉強した。みんなだいたいそうなんです。助手になってから、外国語は三カ国語ができないといけないというので、いちばんできない外国語を勉強するのです。そのときに、たしか山内《やまのうち》義雄さん〔一九二四年、アテネ・フランセ教授〕がモーパッサンを使った。モーパッサンの短編をフランス語で読んだのです。

高等学校のときに文内のやつがフランス語でモーパッサンを使ってキュウキュウ言わ

されていた。例のフランスの仮綴じの本。あれはペーパーナイフでいちいち切らなければいけないので、面倒なのですね。今でもわからないのだけれど、挿絵があって、非常に俗悪なのですね。あれはいっぺん誰かに聞いてみたいと思うのだけど、どうしてあんな俗悪なる挿絵がモーパッサンなどに入っているんでしょうね。非常に俗悪な挿絵なんです。かえって岩波文庫なんかのほうが、ぎっしり詰まっていて高級なんだな。

洋楽入門

丸山　洋楽も根本的には兄貴の影響なのですけれど、ただ兄貴はポピュラーな洋楽なんです。まず初歩が兄貴の影響で、そこからあとは、兄貴はどっちかというと歌謡曲のほうへ行って、ずっとその後、別れてしまって、ぼくはクラシック一辺倒になってしまったのです。

音楽について、ぼくが非常によかったと思うのは、ハモニカから入ったということなんです。兄貴の影響ですが。ぼくの世代だけじゃなくて、ぼくから以後の世代は、旧制高校のスノビズムと洋楽とが結びついているのです。だから、だいたいにおいて高級なものに最初から入る。三高の萩原延壽《のぶとし》くんなどはそうです。話してみてよくわかるのです。ポピュラーなものは、かえって知らない。いきなりベートーヴェンの弦楽四重奏とか、かなり難しいのを聴いているのです。やっぱり高等学校のスノビズムです。

　ぼくはその点はよかったと思うのです。兄貴の影響で、非常にポピュラーなもの、「森の鍛冶屋」とか海軍軍楽隊とか、武蔵野館の休憩時間に流れる有名な「カルメン前奏曲」とか、そういうのばっかり。なかなかベートーヴェンまで行かない。非常に手間がかかった。無理にわかろうとしないから、よかったと思います。

　大学のころ、野村あらえびす――胡堂――が、レコード・コンサートを法文経の三一番教室や二五番教室でやりまして、いまでも覚えています。ベートーヴェンの「ヴァイオリン・コンチェルト」は野村あらえびすの解説で、クライスラーを聴いたのが、おそらくはじめてじゃないかな。ヴァイオリン協奏曲みたいな有名な曲でも、大学生時代にはじめて聴いているわけです。

　埴谷雄高とよく話すのだけれど、我々からあとの世代は、我々が映画に熱中したように何かのジャンルに、ほとんど一生を捧げるというとオーバーだけれど、熱中するものがそれぞれあったのだろうか。いろいろ多様化してしまったから、そういうことはないのかもしれない。かつては、非常に狭かったから、あるものに熱中したのではないかという気もするのです。だから、彼なんかと映画について話していると無限に、止まることを知らない。両方とも、たちどころに女優の名前なんか出てくる。むかしの記憶でしょう。かえって戦後なんか、忘れてしまって、有名な男女優の名前すら出てこない。

一〇年ぐらい前にアメリカへ行ったときに、『ザ・フィルムス・オブ・ゲーリー・クーパー』〔Homer Dickens, *The Films of Gary Cooper*, Citadel Press, 1970〕というのを見つけて、懐かしくて買ってきました。ゲーリー・クーパーの出た映画がぜんぶ載っているのです。それを見ると、日本で封切られたのが、いかに少ないかがわかるのです。それには、『ニューヨーク・タイムス』やロンドンの『タイムス』の批評とか、そういうのも収録してあるのです。ゲーリー・クーパーのは、いわば娯楽映画です。『ニューヨーク・タイムス』はまだわかるけれども、『タイムス』まで、それをちゃんと批評に取り上げたというのは、偶然ではないのではないか。映画というジャンルが非常に関心を引いた時代だったのですね。

よく周囲の影響というけれども、子どものときから、家には義太夫とか浪花節とか、レコードが山ほどあったのだけれど、ぜんぜん影響を受けない。清元とか、邦楽のほうは、いまでもわからないのです。

松沢　それは、お父さまがお聴きになったのですか。

丸山　そうそう。おふくろも聴いたけれど、浪花節は親父です。義太夫は両方に共通している。豊竹呂昇《ろしょう》とか、一〇インチのレコードは山ほどあったのです。いま豊竹呂昇のものは、中古のレコード屋へ行くとすごく高いのです。そういうのは、ぜんぜん聴いたことがない。いまに至っても、その良さはついにわからない。歌舞伎はよく観ますけれど、邦楽はどうも苦手だな。だいたい長唄なんかも、すごく長いでしょう。だから聴きとれないのですね。「旅の衣は鈴懸けの」の一つだって、すごく長い。それを言うだけで数分を要しますよ。知っているから、「旅の衣は鈴懸けの」と言っているのだとわかるけれども、長唄の地の言葉というのは、ほとんどわからないのじゃないかしら。ウゥなんてやるから、先へ進まないでしょう。

松沢　丸山鐵雄さんが、そういうふうになられたのは、成城高校の影響があるのでしょうか。

丸山　いやいや、もっと早いです。成城高校の前に中学は武蔵ですから。武蔵というのはガリガリの学校でしょう。そういう意味では天性ですね。むしろ、おふくろがいなかったら、兄貴は危なかったです。本当の不良になったかもしれないです。あとで言っていましたけれど、四谷に住んでいたころ、うちの親分に会ってみないかと、なんとか組に勧誘された。結局会ったらしいけれど、それっきりになってしまった。おふくろが心配したのも無理もない点もあるのです。おふくろがあれだけ厳しかったのは兄貴の場合にはよかったのではないかな。すれすれのところで踏み止まった。おふくろはブロマイドをぜんぶ押収して、庭で焼いたんですから*。すごく厳しいところがある。ダンスの教本も、おふくろに取り上げられた。

一九三〇年代の映画

——先生、わが心の女優というのを一人あげてください。

丸山　時代によって違うのです。いちばん早かったのはジャネット・ゲイナーです。あなた方は知らないだろうけれど、『第七天国』〔一九二七年〕というのは、チャールズ・ファレルと二人でやった。リリアン・ギッシュの次の世代です。リリアン・ギッシュは、小学校ですから、一つか二つしか覚えていないけれども、ジャネット・ゲイナーは、中学生でニキビが出るころですから、夢中になった。

——どんなタイプですか、可愛いタイプですか。

丸山　可愛いタイプです。それこそ吉永小百合型。可憐型ですね。大きく言えば、可憐型とヴァンプ〔妖婦〕型と二つあるのです。

——年とともにヴァンプ型に行くとか。

丸山　そういうことはなかったな、あんまり。

——ずっと可憐型ですか。

丸山　まあ、そうね。だけど多様化はしますね。たとえばディートリッヒなんかは、どうみても可憐型ではないでしょ。ヴァンプでもないよね。知的というのかな。たとえば『制服の処女』。ナチになる前の、ウーファ〔UFA〕というドイツ映画華やかなりしころです。メッチェン・イン・ウニフォルムを『制服の処女』と直訳して、これが大ヒットしたのです。それの女教師になる。それがきれいなんだな。このあいだビデオで見たら、大スクリーンで見る感じがぜんぜんないのです。むかしの感じがなかった。最後の、女教師の敗北。*あれはプロシアの軍国主義への批判です。非常に厳しい管理社会です。女の寄宿舎でしょう。完全な管理教育なのです。その厳しい女教師が破れていく後ろ姿がラストシーンです。あれがナチ以前の最後のいい映画じゃないですか。女教師がドロテア・ヴィークというのです。実に知的なんだ。女学生はヘルタ・ティーレという、ただ可愛いだけですけれど。ドロテア・ヴィークというのは本当にきれいだと思ったのだけれど。このあいだビデオで観たら、なんでこんなのにと。正月かなんかに、むかし観た懐かしいのをときどきやるでしょう。そういうときビデオに取るわけです。『制服の処女』は一九三一年か一九三二年です〔制作は三一年で、日本公開は三三年〕。ナチの直前です。ナチになってからは、ドイツのほうはだめになってしまって、オーストリーにいい映画があります。ドイツ語でやるのだったら、オーストリー映画で、ウィーンなんかを舞台にした。いまよりは、知的なタイプに憧れました。グレタ・ガルボなんかもそうです。

――だいぶあとになりますけれど、バーグマンなんかも。

丸山　バーグマンは、ぼくが観たのは戦争直後です。例の『カサブランカ』なんかじゃないでしょうか。それはいいと思ったですよ。いいですよ。あれはガルボの系統だな、北欧というのか。ガルボは『ニノチカ』〔一九四九年日本公開〕ですね。これは傑作です。これを激賞して、瓜生《うりゅう》忠夫にえらく怒られた。丸山のいけないところだと。これは風刺映画なんです。見方によっては反共映画にもなる。ソ連から派遣された大使館員が、パリの空気に染まって堕落している。それを叱咤激励するために女党員がモスクワから来るのです。それがガルボなんだ。パリの駅に着いて、ガルボが降りてくる。ポーターが持ちましょうと手を出す。「私は人の労働を……」なんて言う。そこからはじまる。そういう意味で、最初から皮肉なんだ。それが、だんだんパリの空気に染まっていく。コチコチの女党員がだんだん崩れていくという過程なのです。結局、パリっ子と恋愛するのですが、グデングデンに酔っぱらって、そこにレーニンの写真があると「そんな恐い顔して見ないでよ」と言うと、レーニンの写真がニャッと笑う。あれは爆笑したな。エッフェル塔に上ってパリの夜景を仰いで、「資本主義文明の頽廃を一望のもとに見る」と、ガルボが言ったりするんです。ぼくが宮前町にいたころだから、戦争直後でしょ。あれは原作があるのです。舞台なのかな。こんど黒柳徹子が舞台で『ニノチカ』をやるのです〔一九八九年〕。ガルボは元来、喜劇ではなく悲劇型なのです。だからぼくが印象に残っているのは『アンナ・カレーニナ』〔一九三六年日本公開〕とか。断然いい。

松沢　『ニノチカ』は、原作もアメリカですか。

丸山　ブロードウェイでやったらしい。ガルボがやる党員は、学習主義というのかな、万事知識で覚える、そういうタイプなのです。知識で律するということに対する風刺、そのおかしさがテーマになっている。だから、芝居を観たらわかると思うのだけど、単なる反共映画ではないと思うのです。

復員してきて、真っ先に観たのは、渋谷の映画館で『ペペ・ル・モコ』(望郷)です。これは強烈だったな。一つには、ああいうものから遠ざかっていたということがありますが、覚えているのは、座席が全部焼けてないのです。だからコンクリートに座って観た。

松沢　先生は『民族の祭典』は、ご覧になったのですか。

丸山　観ましたよ、当時。あれはやっぱりよかった。あの続きの『美の祭典』も。両方あるのです。監督のリーフェンシュタールが、長生きして、まだアメリカにいるのかな。ヒットラーの愛人だったという説もありますけれど、ナチと協力したことをちっとも悔いていないのですね。ぼくがプリンストンにいたころだったかな、『ニューヨーク・タイムス』のインタビューに出た。

——写真展をやりましたね。写真家になって、アフリカのヌバ族を撮った写真展をやりました。相変わらず同じような美しさに魅せられているんだなと思いました。

丸山 しかし、ぜんぶ任せて、彼女をして思い切ったことをやらせたナチのやり方はすごいです。すごく大規模な撮影でしょ。ずっとロングでいく。よほど大きいものをつくらないと、あんな俯瞰撮影はできませんよ。

——スチール写真で見ましたけれど、一〇〇メートルトラックの横に、カメラの移動の線路をつくったのですね。

丸山 すごいですね。あれとぜんぜん別だけれど、ニュールンベルクの党大会のニュース・フィルムもリーフェンシュタール。これもすごい。ニュールンベルクの党大会というのは、末弘厳太郎《いずたろう》先生があそこへ出席して、それからベルリン・オリンピックがあって、すっかりナチにイカれてしまったのです。端が見えないくらい党員の大集合でしょう。あれを現場でみたら、やはり圧倒されるでしょうね。

エミール・ヤニングス、例の『嘆きの天使』〔一九三〇年、翌年日本公開〕で、ディートリッヒと共演した名優です。真面目な高校教師が堕落していく。すごい名優ですけれど、これがナチの宣伝映画のお先棒になって、ちょっと惨めだったな。『世界に告ぐ』という、イギリスのあくどさを暴露したナチの戦争中の映画です。すぐに日本でやりました〔一九四三年〕。ビクトリア女王が、実にいやらしいおばあちゃんで出てくる。実際そうかもしれないけれど。とにかく映画というものを宣伝に使ったというのは、ナチがはじめてでしょう。ゲッベルスなんです。画期的じゃないですか。ゲッベルスは、ナチのなかの唯一のインテリでしょう。ハイデルベルクの博士ですから。映画は強力なプロパガンダになるという着目は実にいいと思うんだ。ナチが映画を重視したので、また真似て日本の陸軍省が、はじめて映画に着目したのです。

松沢　陸軍省がつくる映画に、左翼の監督がずいぶん加わっていくわけですね。

丸山　そうそう。かなりありますよ。

松沢　陸軍の宣伝映画の質が非常に高いと、英国の友だちが言っていました。

丸山　そうです。亀井文夫なんかがいたのです。亀井文夫なんかは、むしろ、行きすぎて捕まってしまった。陸軍省から派遣されて、上海に宣伝映画をつくりに行った。そのあと、『戦ふ兵隊』でしたね〔一九三九年制作〕、非常にいいものですけれど、戦争の非人間性が出てしまったわけ。それで、けしからん、反戦的意図を持ってつくったというので、検挙されてしまった。元来陸軍省のお墨付きで行ったのです。戦争中だから、しょうがないと言えばしょうがないのだけれど、黒沢明の『姿三四郎』〔一九四三年公開〕は、直接時局とは関係ないけれど、柔術に対する柔道なのです。柔術という単なるテクニックに対して、柔道という道を極めるというのが『姿三四郎』でしょう。もちろん、映画としては実によくできていますけれど。

ぼくが観ていちばん感激した『丹下左膳』は、映画の人に聞いたら、フィルムが残っていないんですって。『新版大岡政談』という、伊藤大輔監督、大河内伝次郎の丹下左膳の大傑作があるのです〔一九二八年公開〕。現物が一つもなくなってしまったらしい。技術面でいえば、このごろ騒がれているけれど、怪獣映画みたいな特殊撮影、あの技術は日本はすごいのです。『ハワイ・マレー沖海戦』〔一九四二年公開〕など、ぜんぶ特殊撮影で、もちろんニュース映画も交えていますけれど、小さな池をつくってやる。非常に発達しているのではないですか。『ハワイ・マレー沖海戦』は山本嘉次郎監督だけれども、いま観てもおかしくない。

――そのころから、そんなに水準は高いのですね。

丸山　そうなんです、非常に高いのです。映画というのは面白いもので、いま騒がれているのは、第三世界がつくった映画でしょう。どうも映画というのは、その時々の後進国のほうが、いいものをつくるんじゃないかと思うのです。

――いま中国なんかすごくいいらしいですね。

丸山　中国とか、韓国もいい。ちょうど日本もそうだと思うのです。あの時分の後進国だったから、先進国がアッというような傑作をつくってしまったわけです。映画というのは、後進国は逆に非常に前衛的なものをつくる。むかしからそういう傾向がある。『戦艦ポチョムキン』がそうでしょ。モンタージュの技術というのは世界を驚倒させるわけです。もう一つは、ゴーリキーの『母』の映画化〔一九二六年〕がありま*す。これもいいです。『戦艦ポチョムキン』〔一九二五年制作〕は前に観ていましたけれど、『母』はハーヴァードではじめて観ました。

オペラへの道*

――オペラのお話がまだ出てきませんが、いつごろからですか。

丸山　ぼくは、オペラは転向なんですよ。ずっと軽蔑していましたからね。純粋のクラシック好きは、オペラは芸術じゃないと見ているんです。旧制高校的な感覚からすると、クラシックは室内楽や交響楽で、オペラは芝居だから、と思っていた。やはり戦後、イタリー・オペラがきたりするようになってからです。ただ、このオペラひとつとってみても、何かについての人間の成長がいつからだったかなんて、難しいと思いますね。

戦後『未来』という雑誌を出しましたが、あのとき、そもそもの目的は、自分の専門以外の領域に関心を持たなければいけないという戦後の空気なんです。文学者や芸術家はもっと社会科学に関心を持つ、また社会的関心を持って発言しなければいけないし、逆に、社会科学者は文化的な問題について関心を持ち、発言しなければいけないというわけですね。「未来」は、そういうことを言っていた者が同人の会だった。だから、まず隗《かい》より始めよで、演劇から始まったのです。演劇については、下村正夫とか演劇人がいるわけです。そういう人にいろいろ教えてもらう。実際に『火山灰地*』などの芝居を観て、玄人からみたらどうだったのか話を聞く。映画なら瓜生忠夫に聞く。

それから、では音楽はどうかということで、揃って音楽会へ行く。もちろんなかには好きでない者もいるわけですね。音楽については、いまでも覚えているのは、クロイツァーが第九を振ったのを聴いた。もう一つはオペラで、三越劇場で藤原歌劇団を観ました。音楽には専門家として遠山一行くんを呼んだかな*。ときには、松田智雄や内田義彦それにぼくとかの同人が、他の連中の音楽講師を務めたこともありました。第九ならまだいいんだけど、オペラのときは、なんであんなものに連れてったとコテンパン。もう参りました。その頃もうオペラを加えていたということは、そういう気があったのですね。実は、戦争中に『フィデリオ』の本邦初演を観ているんです〔一九四三年一二月〕。歌舞伎座でやりました。ふつうは高くて行けないのですが、あることがあって*安井郁《かおる》さんが辻清明くんとぼくとを招待してくれたんです。そのときはガッカリしたなあ。芝居はよく観ているでしょう。どうしても比較してしまう。観ちゃおれんのです、藤原歌劇団の演技が。しかも『フィデリオ』でしょう。修身教科書みたいなものですよ。そういう前史があって、『椿姫』を観たわけです。椿姫は、レコードで聴いてはいたんです。上巻下巻合わせて二〇枚くらいありますから、もちろん全部じゃない。そのうち上巻だけを兄貴の金で買った。だが、実際のオペラにはがっかりさせられた。だから、なんでこんなのが芸術なんだと言われて、弁解に困った。ぼく自身が半分同感だったのですね。

一九五〇年代になってイタリー・オペラがきた。それが最初の機縁ですね。それからバイロイト。そこで震撼させられたなあ。それまでは、ワグナーがまた印象よくなかった。ナチがかついだでしょう。レコードでも序曲とかある一部だけで全体がない。俗っぽい感じですね。だから軽くみてしまう。ワグナーについてはすごい偏見があったのです。全体をいきなりぱっと観たのはバイロイトだった。バイロイトの空気に圧倒されたということもあったけれど。ぼくの女房は昔から芝居好きで、音楽のなかでオペラだけが好きなんです。「あなたがオペラ好きになったのはバイロイト以後です」と言っています。ぼくに言わせれば必ずしもそんなことないのだけれど、女房はそう見ているわけですね。

戦前の新響〔新交響楽団〕の演奏会に行くと、キザなやつが多かった。いまはそんなことはないでしょうが。休憩時間のロビーで、大きな声で、聞こえよがしに「第二オーボエがどこどこで弾きそこなった」なんて、いかに自分の耳がいいか言ってるのがいたりする。それから一高の寮などにひどいクラキチ――クラシック気狂い――がいた。萩原延壽くんなどもそういう旧制高校的な教養主義にマッチしてるんです。ベートーヴェン後期の弦楽四重奏などを、こんな恰好でうっとり聴いているんですね。ぼくなどが聴くとお経みたいなんだな。全然わからない。ぼくは高校のころはベートーヴェンなんかはほとんど聴いていません。それくらい、ぼくは遅いんです。ただ歌は好きでしたね。これは一貫していた。中学のころは、「君恋し」とか「波浮の港」〔一九二八年〕とか、いまならカラオケ風の歌をよく歌っていた。ただ、シューベルトだけは好きだったけれど、クラシックの歌はだめ。むしろ反感を持っていた〔本書三一—三二頁参照〕。

のちに郵政次官になった山本博という人物がいましてね〔『集』十五、月報に「折々の丸山さん」を寄稿〕。南原〔繁〕先生の弟子でぼくの後輩に当たるんです。ぼくなどよりずっと忠実な先生の弟子で、良心的官僚の権化みたいな人物で、いまでも会うとしょっちゅう世相に悲憤慷慨している。よくあれで次官までいったものだと思うんですが、NHKにいわば天下りして、その関係で音楽会の切符をもらったりするんです。彼が、やはり郵政省にいた田中鎮雄に、ぼくの音楽好きを話したら「それはそうだ。丸山は年季が入っているからな」と言ったというんです。ぼくはびっくりしましてね。そんなはずはないのです。おそらく彼は小山忠恕《ちゅうじょ》と混同したのかもしれない。小山は本物のクラキチで、発哺《ほっぽ》の山までポータブルぶらさげて来るんだから。

譜を読みだしたのは、小山の影響です。音楽を聴きながら譜を見ている。「君わかるのか」と聞いたら「いや、目で追っているだけだよ」と。真似してみたら、聴こえなかった音が聴こえるのですね。それからSPを譜で追いながら読んでいったのが初めです。和声学などは何もやったことはない。何べんやっても面倒くさくってわからない。吉田秀和さんに「あなたのフルトヴェングラーは面白かった。もっと、あんなものを書いてくださいよ」なんて褒められたのですけどね。とんでもないですよ。

松沢　でも「盛り合せ音楽会」〔『集』三〕というエッセーをお書きになっている。

丸山　いや、あれはまあ、音楽を論じたというより、音楽をだしに使った一種の社会批評だけど。実際は、あれほど純粋じゃないんです。ちょっとウソをついたところがある。バッハとラヴェルとか、同じ音楽会に並ぶのはおかしいなんてね。宮沢〔俊義〕さんにからかわれちゃった。「君は純粋だなあ」なんて〔笑〕。宮沢さんは典型的な鳴物好きなんです。和洋問わずすごい。謡《うたい》もやるんです。助手のとき、能楽堂へ連れていってくれましたけど、ぼくは馴染めなかった。能はいまでもわからない。法学部の便所のなかでよく謡をうなっている人がいて、それが宮沢さんなんです〔笑〕。脇村〔義太郎〕さんも、和洋に通じている。川島〔武宜《たけよし》〕さんもそうです。まあ、金持ちじゃないと、だめですね。和のほうは、お座敷だからカネがいります〔笑〕。

一方では鳴物好き。他方に旧制高校的教養主義。だから、音楽の背後にある何ものかが好きなんですね。ロマン・ロランの『ベートーヴェンの生涯』です。ぼくもあれには深刻な影響を受けたなあ、今の人はバカにして読まないらしいけど。ぼくがフランス語を勉強しようと思い立ったのは、あれを読んでです。あれだけはフランス語で読んだ。助手のころです。

5　東大で学ぶ*

丸山　昭和九年、一九三四年四月に東京帝国大学に入りました。むかしは、大学というところは砂漠だと、みんなそう言っていたのです。高等学校の生活が学生生活の最後の華なんです。これから砂漠に入る。その意味では、もう学生生活は終わったというつもりで入るのですね。それは戦後と非常に違うのではないですか。あこがれの東大に入ったという思いが全然ないわけです。ところが砂漠にしては、ぼくにとって講義は非常に面白くて、正直のところ、さすが大学だと思いました。前にも言ったけれど、長谷川如是閑やなんかから大学教授の悪口をさんざん聞いていたのですけれど。

宮沢俊義先生

丸山　開講の辞というのがあって、これが一種の名物なのです。各教授が講義の冒頭で、自分の学問的立場を述べるわけです。本当は非常に難しい。わかろうがわかるまいがおかまいなしというところが、昔風なんです。だけど、その開講の辞が面白かった。もちろん、わかったというのではないのですけれど。

長老のほうでは、刑法の牧野英一先生。ヘーデマン〔Justus Wilhelm Hedemann〕というドイツの民法学者がいます。ヘーデマンはナチではないけれど、結局亡命しなかった。民法だから直接、政治的ではないのですが、「〔ドイツ〕民法典からの訣別」という有名な論文を出した。〔ドイツ〕民法典というのは、高山《こうやま》岩男じゃないけれど、フランス革命のブルジョア啓蒙思想だ、それを克服するのがナチだと言うわけです。その当時ですから、日本でもかなり反響があったのです。牧野先生の名講義。「ヘーデマン曰く、民法典よ、さようなら」と、手を上げて言うのです。大学に入った最初の学年の学生で、これから民法を習おうというのに「民法典よ、さようなら」と言うんだね（笑）。非常に印象的だった。

しかし、内容的に強烈な印象が残っているのは、宮沢俊義先生の開講の辞です。宮沢先生は非常に幸福な先生で、前年までは美濃部達吉先生がやっていて、助教授時代には一度も講義をしていないのです。教授になって初めて第一回の講義を持った。それがぼくらの聴いた講義なのです〔受講ノート一冊がある。資料番号64〕。おそらく最高の講義ではないですか。不幸なことに、その年の晩秋から天皇機関説問題が起こって、宮沢先生は、翌年の講義はぜんぶ書き改める。ぼくらは非常に運がよくて、宮沢先生の最高の講義を聴いたのです。だから、翌年以後の講義を聴いた人と印象が違うのです。

ぼくより後の人になると、非常に印象を悪くしている。宮沢先生はしょっちゅう冗談を言ったりシャレを飛ばしたりして、真面目に憲法の講義をしない、しかも憲法第一条から第四条まで飛ばす、と。実はそれが先生の最後の抵抗です。だけど、憲法の講義をやりながら、第一条から第四条を飛ばすのは何事かと、憤慨している。そういう状況だったのです。多くの人がぼくらと全く違った感じを持っている。宮沢先生はふざけてばかりいた、と。それは先生の韜晦なのです。天皇機関説問題が最高潮に達したのは翌年なのですが、その年の秋の終わりごろから始まった。そのときに宮沢先生は「こういうことが問題になること自身が国辱である」と教壇で言いました。ところが、国辱どころか、それが政治化して、岡田啓介内閣のほとんど命取りになりかける大問題になった。美濃部達吉先生はもちろん、機関説論者と見なされた一木《いちき》喜《き》徳郎《とくろう》氏は枢密院議長を辞職し〔一九三六年三月〕、金森《かなもり》徳次郎氏は法制局長官を辞職です〔一九三六年一月〕。機関説という表現自身が正確ではないのですけれど、全国のいわゆる機関説論者がみんな説を改めた。松田源治文部大臣も、議会で「まだ東大には機関説論者がいるのじゃないか」という質問に対して「残っているのは宮沢教授ぐらいのもので、あとの教授はだいたい国体の精神に立ちかえった」と答弁していましたから、宮沢さんの地位は非常に危なかったのですね。そんなわけで、ぼくはいちばんいい時の講義を聴いたと思うのです。実にすばらしかった。

宮沢さんは、日本憲法学の発達を三つの段階に分けるのです。

第一段階が、神学的段階というのです。コントの三段階説——神学的段階、形而上学的段階、実証的段階——をうまく利用しているのです。これが穂積八束《やつか》、上杉慎吉。これは神様の学問で、天皇を神化する憲法学ですから、神学的段階。

第二段階が形而上学的段階。これが自分の先生の美濃部先生なのです。なぜ形而上学的かというと、科学的認識ではない。価値判断を入れて憲法を解釈している。美濃部先生は大日本帝国憲法を実際以上に民主的に解釈されている。その動機は諒とするけれども、非民主的な憲法は、非民主的に理解すべきなのであって、それを強いて民主的に解釈しようとするのは科学的態度とは言えない。それは一種の形而上学である、と。それで形而上学的段階。

第三段階は自分の時代なのです。実証的段階。コントの実証主義というのは、自分の時代なのです。コントの三段階説を非常にうまく日本憲法学の発達の段階にあてはめている。ようやく実証的段階にきた。帝国憲法を科学的に認識する段階がきた、と。その方法的根拠はケルゼンの純粋法学であって、存在と当為の区別。つまり、認識と価値判断の区別。

これは宮沢先生がいろいろなところに書いていますけれど、その当時、『中央公論』

〔一九三四年二月号〕が別冊の付録として四人共著の『議会政治読本』というのを出しました〔番号0181387〕。その中の「憲法論」が、宮沢先生の執筆です〔本書二四二頁〕。戦後も出ているかどうか知らないのですが、非常な名著です。そこに書かれたのと同じことを言われたのです。つまり、価値判断と認識を混同してはいけないのだけれども、とくに政治家は、民衆の気に入るように、わざと価値判断を交えて言う。挙げる例が面白いんだ。美容院の主人が「奥さま、おきれいですね」と言う。きれいでありたいという欲求を巧みに利用して、「きれいです」という存在命題として言う。それにたぶらかされてしまうわけです。

憲法の規定にもそういう例がある、と宮沢先生は言う。たとえば、フランス革命憲法に「法は一般意志の表現なり」というのがある。一般意志、ボロンテ・ジェネラールというのはルソーの言葉です。フランス革命はルソーの影響を強く受けていますから。しかし、憲法に「法は一般意志の表現なり」と書いてあるからといって、その瞬間から、法律というものが一般意志の表現になるかといえば、そんなことはない。これは、法は一般意志の表現であらねばならぬという希望の表明にすぎない。憲法の規定には、往々そういう希望の表明がある。人民主権説もそうである。人民に主権があると憲法で規定した瞬間に主権が人民にあるのではなくて、主権を人民に持っていきたいという希望の表明をしている。憲法の規定には、社会的実際を反映した規定と、そうではなくて、希望の表明の規定とがある。それを区別しなければいけない。それが科学的認識ということになるわけです。

講義では言われなかったけれども、その『議会政治読本』で非常にうまいと思った例えがあります。手紙の末尾に「汝の忠実なる従僕より」と書くけれども、書いたからといって雇用関係が発生するわけではない。これはただの修辞にすぎない、レトリックにすぎない。そういう意味で、存在と希望と、あるいは存在と意欲というものを混同してはいけない。われわれは希望的観測に陥りがちだ。自分の価値判断や好悪というものから、認識を鋭く区別しなければいけない、と。横田喜三郎先生と違って、純粋法学とは言われないのですけれども。

それが処女講義なのです。こっちは純粋法学の純の字も知らないときですけれども、コントの三段階説ぐらいは知っていましたから、大学というところは大したところだなと、正直言って思いました。

一学期は大日本帝国憲法に入らないで、国家法人説の批判とか、一般国家論なのです。それは非常に面白かった。ほとんど毎回、峻烈な美濃部先生への批判なのです。それもびっくりしました。自分の先生を、かくまで公然と批判するというのは、さすが大学だとぼくは思いました。後で助手になって、国家学会の総会なんかに行くと、宮沢先生は美濃部先生には礼を厚うして対しているのです。ところが、学説となると峻烈な批判です。美濃部先生はイェリネックに拠っていますし、宮沢先生はケルゼンですから、ちょうど、ケルゼンのイェリネックに対する批判と対応しているのです。

いま言ったことと矛盾するようですけれども、ある意味でちょっとがっかりしたのは、いつだったか図書館へ行ってケルゼンの『一般国家学』*Allgemeine Staatslehre*を借り出して読んだところが、宮沢先生の美濃部先生に対する批判がそっくり出てくるのです。「国民の国家法秩序に対する地位」というところです。それは、ケルゼンのイェリネックに対する批判なのです。イェリネックは能動的地位、受動的地位、積極的地位、消極的地位という四つに分ける。それをケルゼンは峻烈に批判して、三つに区分するのです〔本書二六七頁一六行への補注参照〕。それをそっくり宮沢先生は踏襲しているわけです。だから、なんだか種本を見たような気がしたのです。

それはともかく、非常に明快な講義でして、国家法人説の批判なんか見事でした。一学期全部つぶして一般国家学の講義、二学期の第一時間目から大日本帝国憲法第一条「大日本帝国ハ万世一系ノ天皇之ヲ統治ス」から始まる。ですから、一般的な国家論の概論を一学期にやり、実際の講義は二学期から始まったわけです。もちろん、国家論の概論は次の年から全然なくなってしまう。

横田喜三郎先生

丸山　国際法は安井郁さんの担当だったのですけれども、盗聴で、横田喜三郎先生の講義も聴きました。当時すでに横田先生は身辺がかなり危なくなっていました。ぼくが高等学校一年のときですけれども、満州事変勃発の直後に、日本軍の行動は自衛権の範囲を逸脱して国際法違反である、と教室で先生ははっきり言ったのです。国際連盟規約違反および不戦条約違反である、と。それが問題になって上海へ逃げたという説があった。横田先生によると、その直後に上海で〔太平洋問題調査会の〕会議があって行ったので、別に逃げたわけではないのですね。でもそんな説が出るくらい、はっきり言われたということです。後になりますがぼくが〔大学〕三年のとき、スペイン内乱が勃発すると、横田先生は、人民戦線政府の立場に立って、フランコ将軍への援助は国際法違反であると、これも非常にはっきり言いました。正統な手続きによって選挙された人民戦線政府に対して武力をもって反抗するというのは、スペインの国内法上の違反だけではない。とくに独・伊が反乱軍を援助するのは内政干渉で、国際法違反である、と。横田先生は、そういう意味で注目されていましたから、ぼくも冷やかしに講義に出たのです。そしたらやっぱり面白かった。

横田先生は開講の辞を二、三回続けてやるのです。当時、美濃部先生と『国家学会雑誌』で「法律は当為なりや存在なりや」という大論争をやっていた。*また、田中耕太郎先生が「ケルゼンの純粋法学批判」という大きな論文を書かれ、横田先生は、それに対する反批判も書かれた。それで開講の辞で、純粋法学の意味を説明しました。無茶苦茶なんですね。これから法律を勉強しようというのに、純粋法学の神髄を説明するんですから。「君たちは、これから純粋法学に対する批判をさんざん聞くだろうから、君たちが誤らないように今のうちに純粋法学の精神を教えておく」と言うのです。いかにも横田さんらしいのだけれど。まあ、それなりに面白かった。とにかく非常に程度の高いものでした。

ぼくは如是閑なんかからさんざん悪口を聞いていた大学というものに対して、ちょっと認識を改めました。東京帝国大学というのは大したものだと、正直言って思いました。

末弘厳太郎先生

丸山　一年の時の講義で印象に残っているのは末弘厳太《いずた》郎《ろう》先生の民法です。民法は三年間ずっと末弘先生でした。*三年ごろになりますと、先生はだいぶ時局的になりまして、その点でぼくは残念だと思いました。学生として聴いた感じで言いますと、もう少ししっかりしてほしいと思ったのは末弘先生でした。かつて労働組合法案が潰れたりしたとき〔一九三一年三月〕に、最も先鋭な批評をしたのは末弘先生でした。小作法の制定、地主・小作問題についても、『農村法律問題』〔改造社、一九二四年〕という本のなかに収められていまして、もちろんマルクス主義ではないのですけれども、その当時としてはラディカルな批判をしていた。だから蓑田胸喜《むねき》なんかに、まっ先にやっつけられているわけです。しかし、ぼくらが聴いたときの末弘先生は、あの先生は頭がいいですから、右翼的ないし神がかり的な言辞はいっさいないし、民法の講義ぐらい面白い講義はなかったですけれど、非常に用心深くなっていました。

時局批判的な言葉、あるいはイデオロギー的に自由主義的、いわんや左翼的と見られる言辞は非常に慎んだです。のちに教授会に列するようになって、余計そういうことを感じたのですけれども、ぼくが学生のころからそういう傾向はありました。

そのころ銀座に一軒、帝大生がよく行く安いバーがあった。二人の姉妹がやっていまして、築地〔小劇場〕の芝居のチョイ役で出ていましたけれど、そこは帝大生ご贔屓だものので安いのです。よくそこへ飲みに行きました。そうしたら卒業生の先輩が来ていまして、「君たちは末弘なんていうのを信用してはいけない。あんなオポチュニストはいない」と言うのです。当時、右翼からやっつけられていましたし、ぼくらはそこまでひどい評価はしていなかったのですが、かつての末弘さんの言動を知る者にとっては、オポチュニストと映ったわけです。

それから、ちょっとシニカルでした。たとえば、「諸君は内務省に入ったら、社会局に入ろうなんて思ってはいけない」と。内務省社会局というのは、後に厚生省になる、つまり社会保障を扱うわけです。役人で、いわゆる進歩的な考えの人は、社会保障をもっと充実させようというほうから、内務省へ入ったら社会局なんかへ行きたがる。「それはいけない、内務省へ入ったら、これだ」と剣をこうやって……。要するに、内務省というのは警察なんだ、そういうつもりで入らなければいけないということを言いました。シニカルなところがあるのです。

また後に自分が助教授になって、先生の教授会での言動その他は非常にあきたりなく感じたけれども、少なくとも、教育者としては抜群です。あれだけ優れた講義をする人は、あまりいないのではないですか。教師というのは、面白いなと思わせなければいけない。本当にそう思いました。末弘先生の講義は民法は面白いなと感じさせた。

ご承知のように、エールリヒなんかの影響を受けて大正の終わりに帰国してから、法学部の中で穂積重遠《しげとお》先生たちと一緒に判例研究会を始められた。判例を中心にして法律を勉強するという行き方は、末弘先生ぐらいから始まったのですね。穂積先生は先輩ですけれども、末弘先生にくっついて行ったのです。条文の文字ではなくて「生ける法」をこそ探究しなければいけない。これはエールリヒの有名な言葉ですね。その「生ける法」ということで、判例を中心にして法律を学ぶという行き方、それが末弘さんによって始まった(『法律時報』二三巻一一号(末弘追悼号)参照)。

それまでは概念法学で、概念法学の絶頂が鳩山秀夫先生です。あれを凌駕するものは出ないだろうと言われた。でも末弘先生が出てこなかったら、果たして我妻《わがつま》(栄)民法というのは出たかどうか疑わしい。鳩山民法は、それほど精緻な概念法学だったわけです。末弘先生は、それを打ち砕いたパイオニアです。だから講義の時間でも、しょっちゅう判例を出して、机の上に、原告、被告とやって、それで説明していくのです。原告がこういうふうに攻めてくると被告はこういうふうにすると、実際の裁判規範として民法を説明していく。それは非常に面白かった。

法律というものの面白さは、宮沢先生からも学びましたけれど、末弘先生の民法で初めてそう思いました。たとえば、民法の条文には行為規範と裁判規範とがある。行為規範というほうは、ふつうの人でも比較的わかる。イェリネックの「法は倫理の最低限である」という有名な言葉があるが、それは行為規範のことである。それとはぜんぜん別に、裁判規範というものがある。裁判規範は、裁判するにあたって、裁判官のためにつくった規範で、これは道徳と全く無関係である、と言われて、六法全書を開かせるのです。まだ民法を習いはじめのころです。

「書面ニ依ラサル贈与ハ各当事者之ヲ取消スコトヲ得」(第五百五十条)とある。典型的な裁判規範の例で、これを行為規範として見たら、どうなるか。友だちに「おまえに、この時計をやるよ」と言っておきながら、翌日になって「いや、おれはやらない」と言う。「だって昨日、やるって言ったじゃない」と抗議されたら、民法を持ってきて、「見ろ、書面に依らざる贈与は之を取消すことを得、とあるじゃないか」と反論する。友だちは参ってしまった、と。行為規範として見ると、こういう規定は理解できない。だが、訴訟になったときに、書面がないと、やると言ったとか言わないとかといっても、口約束では裁判官は裁判のしようがない。そこで、こういう規定がある。一般の人としては、この規定から学ぶのは、もし確実に契約を履行しようと思ったら、必ず書面で書いて取っておくということだ、それを教えているものなのだと言うわけです。いかに法律と道徳は違うかという例です。そういう例を挙げて、民法の規範が裁判規範であるということを話すのです。

これは末弘先生と田中耕太郎先生との大きな違いです。田中先生はカトリック自然法ですから、法は倫理の最低限ということなのです。したがって、一切が行為規範的になってしまう。末弘先生のようにドライに、法律と道徳とを分けることはできない。最低限だけれども、どこか法律には道徳的な意味があると言うわけです。ある意味では性格の違いですけれども、それが学説の違いにもなってくる。

たとえば、末弘先生がもう一つの例を出したのは親族法の規定です。親族法のいちばん初めに「六親等内ノ血族」を親族とするというのがあります。これが貴族院でしょっちゅう問題になるのです。日本の古来の醇風美俗の精神に反する。九親等ぐらいまで親族の範囲を拡大しろ、と。そういう議論を例に出してきて、それは行為規範と裁判規範とを混同していると批判する。八親等の人と親類付き合いをしてはいけないと、民法はいささかも言っているわけではない。親類付き合いは広ければ広いほど大いにけっこう。ただ、民法で言っている親族には扶助の規定がある。扶助の権利と義務を保障する。どの範囲では扶助の要求ができるか。それを六親等にする。八親等ぐらいのが出てきて、おれを扶助しろと言っても、そこまでは法律が保護する権利には入らない。ただ、個人が個人的に面倒をみることは、法律は禁止していない。裁判に訴えてまで扶養を請求することはできませんよというのが、この規定の意味であって、そのことが、どうしても貴族院の連中にはわからないのだと言うのです。

そういう考え方は、ぼくには新鮮に響きました。法律と道徳との混同というものに対して目を見開かれた思いがし、かつ、法律とは面白いものだなと思いました。比喩が実に卓抜なのです。民法の中に「共有者ノ一人カ其持分ヲ抛棄シタルトキ……ハ其持分ハ他ノ共有者ニ帰属ス」〔第二百五十五条〕という規定があります。その規定の説明に、シルクハットの中にゴムまりをぎっしり詰めこんで、一つを取ると、ゴソゴソと広がってまた一杯になってしまう。一人が脱退すると、その分の権利は自動的に他の組合員に所属するという、実にうまい例なんです。ずいぶん後ですが、我妻先生の講義を盗み聞きしましたら、末弘先生の比喩をかなり使っていました。

岡義武先生

丸山 三年間を通じてそうですけれど、ぼくが聴講した講義では、南原〔繁〕先生の政治学史を除いては、政治学の講義に比して圧倒的に法律の講義が面白かった。政治学の講義はあまりなかったのです。矢部貞治先生が外遊したので、かわりに蠟山政道先生が政治学〔受講ノート一冊がある。番号52〕。神川彦松先生の外交史〔受講ノート二冊がある。番号18, 19〕。岡義武先生は政治史ですけれども、はじめての講義*ですから、下を向いてボソボソ言われているだけで、後の颯爽とした面影はなかった〔受講ノート二冊がある。番号53, 790-1〕。

ただ岡先生で面白かったのは、政治史と関係ないのですけれど、アジテーションをされた。岡先生は、政治史の講義を、一年ですけれども、民主主義の発展とか、社会主義とか、ファシズムとか、そういう主義別に講義をされました。後に廃されて時代順の政治史にしましたけれども、おそらく岡先生の意図は、文学部の西洋史の講義と区別して、法学部の政治史の講義はどうあるべきかということを、ずいぶん考えられてのことだと思うのです。そうなると、何々主義ですから、どうしても最初に定義を言わなければいけないわけです。先生の文化勲章受賞のお祝いがあった〔一九八七年五月〕ときに、先生に悪いかなとちょっと思ったのですが、先生に大いにアジられたという話をしました。社会主義とは何かという話をして、そうするとどうしても、資本主義とは何かという話になるわけです。岡先生は、資本主義の需要というのは有効需要であるという話をされる。つまり、購買力を持った需要であって、社会的に必要な需要ではない。橋の下の乞食が一片のパンを欲しても、それは需要にならない。キツネの襟巻をして銀座を歩いている貴婦人が資生堂に立ち寄ってダイヤモンドを買うと、それは需要になる、と。そういう例をあげて、需要というのは社会的必要とは違うのだ。購買力を持った需要だけが需要なんだと言う。その当時としては相当なアジです。世の中がもっと反動化してからも、先生はその調子でやられたので、みんなびっくりしたらしいのです。戦争中でもそうだったのですから、たいへんなものですよ。緑会の遠足のときでしたが、学生が「この間、〔「紀元二千六百年記念」で〕陛下が行幸されたときに、岡先生が説明に当たられたそうですが、あれをやったのでクビがつながったって本当ですか」と聞くんです。天皇が明治文庫に来たとき、法律と政治から一人ずつ出て、政治は岡先生が当たったのです。題は穂積重遠学部長がつくったのですが、「憲法発布万民歓喜の状況」というもので、錦絵などで説明したんだそうです。ぼくは戦争中の講義は聴いていないけれど、学生の間にそんな話が伝わるほど、それほどラディカルだったのですね。戦後、ぼくが復員してきたら、逆に天皇制打倒の風潮を憂えていました。過ぎるとまた反動がくる。自分はイギリスの立憲君主制が理想だと思うと、寒々とした研究室で語っていました。天皇制打倒の声が盛んなときに穏健になられた。

田中耕太郎先生

丸山　二年になりますと商法がはじまります。田中耕太郎先生です。田中先生は、末弘先生と対照的で、まったく講義は下手なのです〔受講ノート一冊がある。番号61-1〕。ボソボソ言って、非常に眠いんです。自我の強い人ですから、「雄弁な人というのは、自分は信用しない」と、よく言っていました。

先生は商法概論、岩波書店から出ている『会社法概論』を教科書に使う。その部厚い教科書で説明されるのですが、講義そのものよりも、先生の商法理論は、ぼくには非常に面白かった。商法の一般理論を構築しようというのは、ほとんど初めてなんです。田中先生が亡くなったときに、『ジュリスト』で追悼の座談会〔「田中耕太郎先生を偲ぶ――学問と思想」『座談』八〕があって、ぼくも出たのですけれど、田中先生のそういう側面を、その後の商法の人たちがほとんど問題にしていないのに、ぼくはむしろ驚きました。いまの人にとっては、田中先生の商法というのは、ただ古いのです。ぼくにとっては非常に面白かった。たとえば、民法と商法はどこが違うかという理論づけです。商的色彩という特別な言葉を発明して説明するのです。それから、有名な会社法については、組織法と行為法の区別。これは田中先生が考えた言葉です。そういう言葉の解釈にもまして商法の一般理論を自分で考えられたところが大したものだと思うのです。またこのごろ、そういう試みが星野英一くん以下、なされているようですけれども、伝統的にいうと解釈法学一辺倒ですから。

田中先生は、一高の岩元禎《てい》先生に学んで深甚の影響を受け、哲学に進もうとした。ところが、その岩元先生に、哲学なんていうのは専攻するものではないと叱られて、商法をやれと言われた。* どうして岩元先生が商法をやれと言ったのかわからないのですが、岩元先生の示唆で商法をやったのです。そういう哲学青年だった。もちろん宗教の問題もあるでしょうね。立場として、非常に思想的なものを持っている先生です。それが自ずから商法の理論にも表れた。

会社法の説明のときに、参考文献をずっと挙げる中で、ヒルファーディングの『金融資本論』をちゃんと挙げました。「ヒルファーディングはオーストリーのマルクス主義者である」。そして例の口調で「マルクス主義は、なにもかも悪いわけではなーい」と。それに非常に感激したのが大内力くんなのです。大内力くんは経済学部で、ぼくよりもっと後ですけれど、同じようなことを言われたのです。大内力くんに言わせると、その当時、経済学部では、マルクスのマの字も言わなかった。マルクスのことを言ったのは、法学部の田中先生だけだと言うのです。ぼくの場合は、田中先生が「これは非常にいい本だ、ぜひ読め」と言われた、それが一つのきっかけになって、『金融資本論』の読書会をやったのです。

法学部の講義

松沢　安井郁さんは当時は。

丸山　安井さんは非常にキザで（笑）、ぼくは嫌いでした。ぼくが聴いたときは処女講義に近かった〔部分的な受講ノートがある。番号6〕。開講の辞では「私の学生時代と現在との違い」というのを話しました。自分の学生時代には、法学部には平野義《よし》太《た》郎《ろう》教授、経済学部には山田盛太郎教授がいて、マルクス主義の全盛時代だった。いまやそういう教授はみんな去り、要するに、マルクスの時代ではなくなった、と。価値判断を入れているわけではないのだけれども、カール・シュミットの「広域圏の理論」とか、結局、大東亜共栄圏とちょっと似てくるわけです。そういうのを紹介されて、国際法学が認識としては学問的に普遍性があるけれども、対象としては民族的制約および時代的制約を受ける、と。非常にうまい表現ですね。ただし、資本主義的国際法から社会主義的国際法へ、いま過渡期にあるという意味で、〔ソ連の法学者〕パシュカーニス〔E. B. Pashukanis〕の『過渡期国際法』なんかの紹介もしました。

なにしろキザなので閉口しました。音楽好きなのはいいのですけれど、ダベるというのは自然にダベる、自然に脱線するものでしょう。パッと講義をやめて「これからフーゴー・ウォルフの話をします」。これがダベりなんです(笑)。それと、学生に取り巻きがいて、しょっちゅう家へ呼んでレコード・コンサートをしている。取り巻きは、ほとんどが外交官になりました。変な話だけれど、そういう連中は、だいたい優をもらっているのです。助手になって、ぼくは音楽が好きなものだから、よく家へ呼んでレコードを聴かせてくれて、そういう意味では感謝していますけれど。

植手　政治学の先生では、さっき名前が出てこなかったのは高木八尺《やさか》さんだけですね。

丸山　高木先生の講義は聴かなかった。アメリカ憲法および外交史ですけれど、どうして聴かなかったのか、いまでもわからない。これは当時、特別講義なのです。だから単位にならない。ぼくはヨーロッパ志向で、アメリカに対する関心がなかったということもあるのでしょうね。高木先生と接するようになったのは助手になって以後のことで、先生の学問はわからないけれども、人間には非常に傾倒しました。

植手　先生が講義を聴かれたころ、法律学が、日本の学問のなかで、いちばん進んでいたというか、いちばん活気があったのではないですか。

丸山　そうですね、末弘先生というのは、ちょっと皮肉な先生で、穂積、末弘、我妻と三人が、加わったか作ったかした会社があって、これは日本一の株式会社だと笑って言っていました。公務員だから取締役にはなれないはずだけれど。たいへんな自負なんだ。ただ、法律学の隆盛という場合に忘れてはならないのは、東大法学部と京大法学部とが並び立って拮抗していたということです。それが崩れた原因のひとつは京大事件です。京大事件なかりせば、京大法学部というのは大したものだった。末川博先生以下、偉容を誇っていた。佐々木惣一先生が憲法でしょう。美濃部に対する佐々木がいる。末弘に対する末川がいる。東西相対して偉容を誇っていた。それが壊滅的打撃を受けたのです。これはという教授が、ほとんど退陣してしまった。東大法学部は、それで俄然光ってしまったのですね。なんといっても法学部の本命は法律であって、その法律は当時、全盛時代と言っても過言ではないでしょうね、法学部の法律は。その後は知りませんが。

だから助手になるとき、南原先生がぼくの成績を見て、「君は法律のほうが成績がいいね。比較的政治に近い方が良が多いじゃないか」と言ったのを覚えています。政治学科の学生には商法は選択科目なのですが、ぼくは商法は優、社会政策とか社会学が良なのです。南原先生は笑っていましたけれど。実際そうなのです。民法商法に興味を持った。政治学の勉強は独学みたいなものです。

植手　先生は、大内〔兵衛〕さんが亡くなったときの追悼の座談会〔「大内兵衛先生――人と学問」『座談』八〕で、少数の面白い授業には出て熱心に聴いたけれども、あとはあまり出ていないとおっしゃっていますが、いまのお話ですと、ぜんぶ聴いておられるじゃないですか。

丸山　いやいや、入ったばかりのことを話したわけです。初めは面白かった。刑法なんかは三、四回出てやめてしまいました。初めは一応みんな聴くわけです。それで選んで落としていくでしょう。なぜ宮沢先生の種本がケルゼンの『一般国家学』だとわかったかというのは、講義ぜんぶには出ないでそのかわり図書館に行って直接読んだからです。ぜんぶ講義に出ていたら、そんな余裕なんかないです。講義にほとんど出ていないし、高文の試験〔高等文官試験〕を初めから受ける気がないものだから、図書館へ行って原書をさかんに読みました。結果としては非常によかった。学者になるつもりは毛頭なかったけれども、そのときに、好きだから政治思想史とか政治学はラスキとかヘルマン・ヘラーとかを読んだのはよかったと思います。

植手　そういう本も、講義の参考文献で挙げられていたのですか。

丸山　もとは、講義の参考文献で聞くわけです。面白そうだから中央図書館で借りて読む。当時は、どの先生も参考文献は洋書ばかり挙げるのです。

ラスキとの出会い

松沢　ラスキは、本が出てすぐお読みになったのですね。

丸山　一つには、例の緑会の懸賞論文を書くときです。懸賞論文の課題が「政治学に於ける国家の概念」ですね。そうすると政治学の文献としてあまり適当なのがないのです。ラスキは『理論と実際における国家』〔*The State in Theory and Practice*, 1935〕、まさにステートでしょう。それから『近代国家における自由』〔*Liberty in the Modern State*, 1930〕。これは確か助手になってから〔一九三七年版を〕読みました。ラスキがマルクス主義に急転回したときなのです。これには、新しい長い「イントロダクション」が付されていて、自分が多元的国家論を捨ててマルクス主義になった思想的背景が述べてあります。*A Grammar of Politics*〔1925〕は、あまり厚いので、学生のときは読みませんでした。『危機に立つデモクラシー』〔*Democracy in Crisis*, 1933〕は、二年のときの緑会の懸賞論文が、蠟山先生が出題した「デモクラシーの危機」。これを書いてやろうと思って、デモクラシー関係の書物をずいぶん読んだとき。まさにそのときに、ラスキが『危機に立つデモクラシー』を書いたわけです。ラスキがマルクス主義かどうかは怪しいのですが、ある時期から、自分ではマルクス主義と思っていた。ラスキがそういう意味でマルクス主義になってから以後の本ですね。『危機に立つデモクラシー』は明白にブルジョア・デモクラシーの批判ですから。ぼくはマルクス主義に対する関心と、国家論を問題にしていたという意味で、ラスキを読んだのです。学生時代には、ラスキとヘルマン・ヘラーぐらいです。あとは、あんまり覚えているのはない。

このあいだ、ローザ・ルクセンブルクの座談会〔「映画『ローザ・ルクセンブルク』をめぐって」『座談』九〕のときに、ちょっと言ったけれども、河合栄治郎さんの「ドイツ社会民主党史論」は特別講義だけども、最も感銘を受けた一つです〔受講ノートがある。番号122.「文庫アーカイブ」で画像の閲覧可能〕。一年のときの特別講義は「自由主義」。それはぼくは聴かなかった〔ただ丸山文庫には、ごく一部だがこの講義の受講ノートらしきものがある。資料番号153-2. 画像閲覧可能〕。二年のときに「ドイツ社会民主党史論」。これは本当によかった。ほとんど欠かさず出ました〔本書一五八頁以下参照〕。とくに、いまでも覚えているのはラッサール論です。ラッサールというのは、いろいろな意味で河合さんと似ているのです。ドラマティックで、キザで、表情が大げさで。最後は伯爵夫人と恋愛事件を起こして、その旦那と決闘して死ぬんです。今でも芝居にしてもいいくらい、ラッサールは面白い。ラッサールのことを話すと河合さんは熱が入るのです。ラッサールの「魂の告白」"Seelenbeichte"を紹介する。自分の精神的遍歴を述べているものです。「私は一八歳にして断固とした社会主義者になった」とか、表現がキザなのですが、ゾフィーという少女と恋愛をする。河合さんはそういう話が好きなんです。少女趣味があって、しょっちゅう自分の家にもお嬢さんたちを呼んで語り合ったらしい。ゾフィーに求婚したラッサールの恋文があります。それが「魂の告白」。そこに、ラッサールは書いています。「あなたはよく知らないかもしれないけれども、自分は社会主義者だ。社会主義者に待っているのは貧困と窮乏と牢獄と、最悪の場合には絞首台である。あなたは私と結婚することによって、あなた自身の身の上を噴火山の上に置くのか」。これが恋文なんだ。ゾフィーが一週間待ってくれと言って、一週間待たせて断る。ラッサールは振れてしまう。河合さんは、ゾフィーには貧困と窮乏と牢獄と絞首台に運命づけられた男と結婚する勇気はなかったのだろうと言いました。河合さん曰く、ここにはラッサールの長所と短所が非常によく出ている。短所から言うならば自己顕示だ。社会主義運動はかなり危険になってはいたけれども、はじめから絞首台という最悪の事態を予想するとは。長所は、これから結婚しようとする、自分の恋している少女に対して、きれい事を書くのではなくて、こういう生涯が待っているのだと偽らないで率直に言ったのは、彼のいいところだと言うのです。ラッサールは、安井〔郁〕さんじゃないけれども、キザで、かつ美男子だから非常にモテるのです。河合さんはよくマルクスと比較しました。ラッサールのほうがはるかにスマートなんです。ぼくは、その講義が終わったとたんに中央図書館に飛んでいって、ラッサール全集を借りて、その恋文のところを読みました。そういうふうに、中央図書館は利用しました。*

松沢　ラスキは、どの先生の講義で参考文献として挙げられたのですか。

丸山　蠟山先生です。蠟山先生のそのときの立場は多元的国家論ですから。先生の『政治学の任務と対象』を教科書に使ったのです。講義自身は実に眠かったけれども。あの中にも、多元的国家論時代のラスキはかなり詳しく紹介されています。

蠟山先生の講義で面白いと思ったのはカール・シュミットのことです。カール・シュミットの『政治的なるものの概念』について蠟山先生の説明は見事だった。政治的なるものの概念というのは、有名な友敵関係の決定でしょう。その敵というのは、実存的に相手の物理的存在を抹殺してもいいような存在なのです。相手の物理的存在を抹殺する、つまり殺してしまうということを正当化する論理は政治以外にない、と言うのです。経済ではそういう論理が出てこない、取引だから。極限状況においては相手の物理的存在を抹殺する。それが政治的なものの特色で、誰が友で、誰が敵であるかを区別し決定するということに政治的なものの特質がある。友敵関係を区別することのできない国家は、統一国家とは言えない、と言う。そこからワイマール体制の批判になって、いまのワイマールの政府は友敵関係の区別ができない。友敵関係を区別する主体が政党ごとにたくさんある。したがって、これは一つの国家ではなくて、多くの国家が一つの国家のなかに存在しているのと同じだと言って、ワイマール体制を批判するのです。蠟山先生は、それを紹介して、カール・シュミットは多元的国家論の武器をさかさまにして、多元的国家論を批判した、と言うのです。それは見事です。つまり、国家的なものから政治的なものを説明するのではなくて、友敵関係の対立という政治の特徴からして、逆に国家を説明していく。そこからいかにワイマールが統一国家の体をなしていないかということを説明するわけです。多元的国家論と同じなのです。国家を前提にして政治を説明するのではなくて、政治的なものから国家を説明していく。相手の刃を奪って、逆に相手の胸元に刺したのがシュミットだと言うのです。

ぼくがカール・シュミットに非常に興味を持ったのは、蠟山先生です。ずいぶんサボってあまり教室に行かなかったけれども、たまたま聴いていたときこの議論に出会ったのです。

松沢　先生が、ラスキとの出会いについて、まとめてお書きになったものはありますか。

丸山　例の二つの論文がありますね〔「西欧文化と共産主義の対決——ラスキ「信仰・理性及び文明」について」『集』三、「ラスキのロシア革命観とその推移」『集』四〕。それを除いては、小椋《おぐら》広勝さんとかを含めて座談会をやりました〔「現代革命論——ラスキ『現代革命の考察』をめぐって」『座談』二〕。ぼくは反ファシズムということで共感を覚えたので、ラスキに学問的にはそんなに惹かれなかった。親父〔丸山幹治〕が『ネイション』という雑誌を取っていまして、それに載った"Why I am a Marxist."というのを読んだ。一九三五年か三六年、そのころです。それ以降になると『ネイション』の購読が難しくなりますから。だけどマルクス主義の理解が非常に薄っぺらなんだ。英米のマルキストというのは、そんなものなのですね。だから、なんだ、この程度か、と思ったのを覚えています。そんなに理論的に感銘を受けたということはない。ラスキの理論のそれまでの問題は、多元的国家論では国家の階級性というのを説明できないということです、簡単に言えば。ラスキはイギリス人だけあって、最も先鋭化した『理論と実際における国家』でも、ロシア革命を論じたところでは、レーニンの戦略、戦術は、ロシアという歴史的条件のもとでのみあてはまるということを非常に詳細に書いています。普遍化できない、と。それに対する、ラスキの「同意による革命」という言葉は、『現代革命の考察』〔*Reflections on the Revolution of Our Time*, 1943. 笠原美子による邦訳は一九五〇年刊〕で出てきたのですね。そのあとに、中野好夫さんが、『信仰・理性・文明』を岩波の現代叢書で訳したいと言って、意見を聞きにきました。それで訳したのです〔一九五一年刊〕。ぼくより、ラスキに惚れていたのは吉野源三郎さんだな。

――おそらく中野先生に持っていったのは吉野さんですね。

丸山　かもしれない。ラスキは非常に悪文だと、中野さんはあきれていたけれど。

松沢　ラスキの文章については、ジョージ・オーウェルが *Politics and the English*

Language〔1946〕で、悪文の典型だとして、長々と引用して酷評していますね。

丸山　そうそう。こっぴどくやっつけている。オーウェルが発表したときから知っていました。イギリスで聞いたのですが、ラスキは秘書に口述〔して筆記〕させるんだそうです。ポケットに手を突っ込んでベラベラしゃべって、それを秘書がタイプに取る。文章を整えたりなんかしないのです。だから、いい文章ではないのです。とくに文学者に言わせたら。そういえば福田恆存《つねあり》が「社会科学者の文章*」というのを、むかし書いたことがありますね。ラスキがいかに悪文であるか、福田恆存のあれを思い出した。

松沢　ラスキにはどういうことで関心をお持ちになったのですか。いろいろな側面がありますね。

丸山　よく覚えていませんが、覚えているのは蠟山先生の講義に出てきたことと、やはり如是閑です。それはただ名前だけですけれども。如是閑はドイツ観念論がいちばん嫌いで、イギリスのラスキ、コールなんかを読まなければいけないと言いました。

ずっと後の段階ですけれども、多元的国家論でもフォレット〔Mary Parker Follett〕という学者がいるのです。彼女はすごく頭がいい。多元的国家論では、彼女の *The New State*〔1918. 番号 0180190〕が最高だと思うな。あれに比べると、ラスキはちょっと魅力が落ちます。コール〔G. D. H. Cole〕は別の意味で面白い。コール〔G. D. H. and M. I. Cole〕の *A Guide to Modern Politics*〔1934. 番号 0181743〕という本を愛読しました。丸善で買ってきたのは助手のころかな。コールは労働党の実践家であって、アカデミックな学者ではないでしょう。だからわかりいいのです。ぼくは「政治の世界」〔『集』五〕の中にちょっと引用しましたけれども、「あなたは政治が嫌いかもしれない。しかし、いくら逃げても、政治のほうがあなたをつかまえる」という有名な言葉は、コールが、その中で使っています。* 非常に流麗な、読みやすい、ほとんど字引を引かないで読める文です。

松沢　戦後の非常に重要な時期に「科学としての政治学」〔『集』三〕をお書きになって、そこではポリティカル・サイエンスの問題が出てくるのですが、他方ではポリティカル・セオリーに関心を持っていらっしゃる。先生がポリティカル・セオリーへの関心を養われるのに肥やしになっている思想家は、どういう人だったろうかという関心から、ラスキについてうかがったのです。ラスキに打ち込まれたのは、大学時代に初めてラスキをお読みになったころから、すでにそうだったのか、あるいは、もう少し後になってからなのか。

丸山　戦後の話になってしまうけれども、敗戦の年の一一月に青年文化会議が結成されました。青年文化会議で順番に報告することになっていて、ぼくが、『信仰・理性及び文明』を読んだばかりだったものだから、報告したのです。あの本は、ファシズムの重圧から解放され、可能性をはらんだ希望に満ちた未来というか、そういうことから、ぼくに非常に訴えました。戦前の学生時代に読んだときよりも、むしろ戦後の日本の状況の中で、ぼくに波長が合いました。ぼくの知らないクラパム〔J. H. Clapham〕という経済史の学者が出てくるのです〔同書第一〇章「新価値の源泉」〕。クラパムの経済史をラスキがぼろくそに言っている。ぼくはそれをただ紹介したら、青年文化会議だから大塚久雄さんが出ていて、ラスキの言うとおりだ、と。クラパムなんていうのは、いまは大家になっているけれども、ぜんぜん問題にならないと大塚さんが言ったのを覚えています。要するにラスキの言っているのは、古いアカデミズムに対する攻撃なのです。くそ実証主義であって、それ以上なんにもないという例として言っている。アカデミズムの堕落を、あの中でずっと言っているわけです。戦争中の大学は何をしていたのかという、ぼくの感じと波長が合ったということは確かでしょうね。だから、ラスキに感激したのは、ずっと前から読んでいたにもかかわらず、むしろ戦後でしょうね。一つは、学生時代は生意気だから、ラスキのマルクス主義の理解なんて浅薄なものだという感じのほうが強かった。ただ、反ファッショですから、そういう意味では共感がありました。

その後、イギリスへ行ったら、ぜんぜん誰もラスキのラの字も言っていないので、びっくりしました。萩原延壽くんもショックを受けたらしい。ラスキは、急速に忘れられてしまった。また最近ちょっと見直されているらしいけれど。

松沢　先生は『信仰・理性及び文明』に共感を示されていますけれど、その共感関係というのは、どこまで遡ることができるのでしょうか。学生時代にはそんなに感心しなかったとおっしゃる事情はわかりました。そうしますと、逆にうかがいたいのは、先生が大学をお出になってから、あるいは、出る前から、先生の政治の信条としてのリベラリズムを培っていたものはなんであったろうという問いが出てくるのですが。

丸山　なぜ『信仰・理性及び文明』に惹かれたかというのは、彼はそれまで文明論を書いていないのです。多元的国家論とか階級国家論とか、狭いのです。

松沢　それは、日本のマルクス主義理論を知っていれば、あまり面白くない、ということになるわけですね。

丸山　面白くない、国家理論としてみると。『信仰・理性及び文明』はものすごく広くて、ある意味でジャーナリスティックな本でしょう。現代文明の根本的な腐敗というものを、文明論的に書いているでしょう。それは、ぼくにとっては初めて読むラスキです。国家論や政治論のラスキではなくて。この本がなぜぼくに訴えたかと言えば、その素地はぼくには前からあったと思えます。その素地はなにかと言えば、さっきのケルゼンに帰るのですけれど、認識と価値判断を峻別することに対する懐疑がいつもあった。社会科学は、価値判断を完全に排除して成り立つのかというのは学生時代からの疑問で、したがって南原先生に対する疑問でもあった。これは南原先生に対する誤解なのだけれど、南原先生の依拠している新カント派に対する疑問なのです。当為と存在の峻別に対する疑問。当為を峻別した完全な認識というのはできるのかという、まさにぼくが南原先生に提出した論文で言っている疑問です。社会科学では、認識主体と認識客体とは分離できないのではないか。認識すること自身が一つの実践になるのではないか。その宿命を負っているのではないか。影響といえばマルクス主義の影響になってしまうのかもしれませんけれども、その問題は学生時代から、ずっとつきまとっています。

それでラスキに来るでしょう。そうすると、実証主義の権化みたいに見えたラスキが、単なる科学的認識、単なる実証的認識の腐敗を痛烈にやっつけているわけです。それが、ぼくにとっての新しいラスキだったと思うのです。なにもラスキに限らないのだけれど、価値判断の問題を、文明論の中でですけれど、大胆に入れてきたということです。

6　東大で学ぶ(続)

必須・選択・随意科目

植手　当時の東大法学部規則から政治学科の講義科目を抜き書きしてみました。先生がお聴きになった講義を思い出していただくために。

丸山　政治学科の第一学年の必須科目が憲法、経済学〔田辺忠男教授の受講ノート三冊がある。番号 46-1, 2, 3〕。民法第一部つまり総則と債権の総論部分。国際公法の第一部、平時国際法。それに政治史、これは岡義武先生でした。他に選択として牧野〔英一〕先生の刑法を聴きました〔受講ノート一冊がある。番号 153-1〕。しかしこれは試験は受けませんでした。

岡先生は、ヨーロッパを中心にして、二学期に日本のことを少しやられたかな。自分は講義は主としてヨーロッパで日本のことを十分にやれない。自分が勉強しているのは本当は日本のことだ、と。そして「日本の政治史について論文を提出したら、試験の際、考慮する」と言われたので、ぼくは優を一つ稼ごうと思って、一学年の一二月から一月にかけて勉強して書いたのが、「維新後における秩禄処分とその影響」という大学時代の処女論文です〔『別集』一〕。岡先生に返してもらったから、どこか探せばあります。副題が「武士の階級分化過程についての一考察」です。高等学校二年のときに「日本資本主義発達史講座」が出はじめた。そのときは読まなかったのですが、大学に入ってから精読しました。だから、その論文を書く場合に、非常にいい材料になった。尾佐竹〔猛《たけき》〕さんの本なんかはもちろん読んだし、明治維新史の基本史料もかなり読みました。ずいぶん勉強になりました。岡先生が論文を出した学生を一人ひとり呼んで批評をされました。先生はぼくをマルキシストと思っていたね。先生の小さいメモが中に挟んでありまして、「立場一貫」と最初に書いてあったことだけはよく覚えています。そのメモを見ながら、かなり長く批評をされた。実に親切です。「こんど出された論文の中で、二篇ずば抜けて優秀なのがある。君のと、もう一つは中川くんのだ」と激賞されたのです。中川〔融《とおる》〕氏は外務省に入りました。彼はどういうことを書いたか知らないけれど。

ただし、征韓論と自由民権の関係が書かれていないとか、こういう点に問題があると、いろいろ批評をされました。ぼくなりに反駁したのを覚えています。それが、ぼくが明治維新史を勉強するきっかけです。出したのが一月ごろで、三月一日から試験でしょう。そのために、ほとんど試験勉強ができない。卒業科目は最小限度一八科目は取らなければばいけないのです。だいたい一年は少なめに受けるのですけれど、ふつうは五科目は受けるのです。それをぼくは憲法と政治史と民法と、三つだけしか受けられなかった。あとで助手を志望したとき南原繁先生に「なんでこんなに少ないんだ」と言われたのを覚えています。実際は岡先生の論文を書いたからなのですね。

松沢　第二学年の必須科目は、民法二部、国法学(野村淳治教授の受講ノート一冊がある。番号20-1.「文庫アーカイブ」で画像の閲覧可能)、行政法一部(杉村章三郎助教授のごく一部の受講ノートがある。番号59)、国際法二部、そして政治学と外交史ですね。

丸山　政治史は一年の必須で、二年は神川彦松先生の外交史。政治学は、本来ならば矢部貞治先生なのですが、一学年の終わり三月ごろ、矢部先生がヨーロッパに留学される。それで、ぼくらのときは臨時に行政学の蠟山政道先生が担当したわけです。眠くてしょうがなかった(笑)。戦後間もなく昭和二一年(一九四六)頃だったでしょうか、緑会で話してもらったことがあります。蠟山先生は平賀粛学事件で辞めたでしょう。辞めたときのいきさつがあって(本書二二八頁参照)、翼賛議員になったせいもあって、東大法学部は非常に冷たいわけです。ぼくは相当苦労してきてもらった。それで、ぼくが先生を学生に紹介したときに「先生の講義は退屈だった」と言ったんです。そのあとで、先生は「矢部くんが行ってしまったので、急に政治学をやらなければならなくなって、他の講義を担当するのは非常に辛かった。いい加減な講義を君がそう思っても無理はない」

と、しきりに言っていました。蠟山先生は自分の『政治学の任務と対象』を教科書に使いました。自分の経験でもよくわかるのです。本来の自分の講座ではないのを担当させられるのは閉口するものです。『政治学の任務と対象』のおしまいのほうは国際政治学です。だから、その当時から国際政治学も政治学の体系の中に入っているのです。厚い本ですから、そこまで行かないうちに終わってしまう。先生は途中まで『政治学の任務と対象』に即してやって、そこで書きたりなかったのは、あとはノートによる講義となる。その部分は非常によかった。そのなかでぼくの記憶しているのは政党論です。

神川先生の外交史――外交史は必須ですから受けざるをえない。神川さんの講義の総論のところは出たけれど、いざ本論に入ったあとはろくに出席していない。神川さんは本論をビスマルク辺から始めるのです。参考書があげられたから、図書館で借りて見たら、神川さんの講義はほとんどその一つの翻訳なのです。ぼくは大学教授に対する不信感を強めました。『ビスマルクから第一次大戦まで』〔Erich Brandenburg, *Von Bismarck zum Weltkriege: Die deutsche Politik in den Jahrzehnten vor dem Kriege*, 2 Aufl., 1925〕という有名な本なのです。ろくに出なかったから、全部がそうかどうか知りません。それでうんざりしてしまって、出なかったのですけれど。最初の総論は違うでしょうね。民族主義について、こういう考え方、帝国主義について、こういう考え方、レーニンの帝国主義論、カウツキーの帝国主義論、ホブスンの帝国主義論とか、そういうふうに説明しました。あれは神川さんが自分でやったのでしょうね。
　商法が二年になると出てくる。商法総則と会社法。田中耕太郎先生です。これは選択科目なのだけれど、ぼくはずっと聴きました。講義はまずいのですけれど、商法の理論化に田中先生のオリジナリティが出ていて、面白かった。三年になると、商法は手形法、小切手法、海商法で、石井照久さんと鈴木竹雄さんと両方でやっていた。これはちょっと聴いたけれど、結局、試験は受けませんでした。ほかに経済政策というのがあったような気がしたのだけれど、よく覚えていない。

植手　昭和一〇年の一月に経済政策が新しく選択科目になったと書いてあります。

丸山　三学年は、必須の民法は第三部で親族法と相続法。この年〔一九三六年〕にオリンピックがあって、末弘厳太郎さんがオリンピック委員長でしたから、三カ月か四カ月、休講になりました。そのせいでしょうね。講義自身が非常に慌ただしかった。あとで聞いたら、教授会でだいぶ問題になったらしい。大事な民法をそんなに休んでいいのかと。全体として名講義だけれども、このときはいちばんお粗末です。いまでもぼくは、親族法、相続法は、民法では弱い点だな。
　必須科目について言うならば、財政学は大内兵衛先生。岩波書店から出ている『財政学大綱』をテキストに使った。上と中しか出ていなかった。それが終わってから、蠟山先生の場合と同様、純粋にノートによる講義になるのです。ノートになって地方財政論。

まだ本にしていないときです。これは名講義だった。ちゃんと筆記できるように口授するわけです。いまでも取ってあります〔受講ノート二冊がある。番号65, 66〕。

第三学年の選択科目としては、南原先生の政治学史〔受講ノート三冊がある。番号34, 35, 36〕。戦後ある時期以後、必須になったけれど、このころは、南原先生の持論で、必須にしなかったのです。選択だと好きな人だけが聴きにくるので、そのほうがいいと。ぼくは助教授になってからわかるのだけれど、必須だと格が上だということで、必須にしたがる教授が多いのです。南原先生は逆で、この科目は選択であるべきだと強く主張された。三年で南原先生の「政治学史」の講義が始まると、間もなく先生が演習をやるという。当時、演習というのは法学部では誰もやっていないのです。*ヘーゲルの原書を使う。参加者は一五名以内。いまから丸善に注文するから希望者は申し出ろという。ドイツから取り寄せるわけですから、届くのに一カ月ぐらいかかりました。ヘーゲルのラッソン版の『歴史哲学の序説』。それで演習に参加しました。

そのほかに、中田薫先生の法制史。西洋法制史と日本法制史と両方をやられる。矢内原忠雄先生の殖民政策。本来の政治というのは非常に少ないのです。殖民政策みたいに経済が加わっているのが政治学科の特色なのです。河合栄治郎先生の社会政策、綿貫〔哲雄〕さんの社会学〔部分的な受講ノートがある。番号521-1. 画像の閲覧可能〕。それに、全く面白くなかったけれど有沢広巳さんの統計学〔受講ノート一冊がある。番号21〕。もう一つは江川英文さんの国際私法です。

必須、選択の他に随意科目というのがありました。成績は付くけれども、単位にならないというのか、一八科目の中に入らない。その随意科目が蠟山先生の行政学〔補講の受講ノートがある。番号 521-3. 画像閲覧可能〕。辻清明くんは初めから行政学で、ぼくといっしょに助手になって蠟山先生についたのです。あとは末弘先生の労働法が随意科目。労働法が随意というのは、いまから見るとおかしいようだけれど、当時の日本では労働組合法一つないわけでしょう、だから随意なのです。ぼくは面白かった。この講義で〔H・〕ジンツハイマーとか、いろいろな人の名前を覚えました〔番号 153-3 のノートはこの講義の受講録と思われる。画像の閲覧可能〕。

河合栄治郎先生の特別講義

丸山　一年のときは、後との関係で言いますと、経済学部で毎年、河合栄治郎さんの特別講義があったのです。これは単位にならない。経済学部でも単位にならない。ただ講義するというものです。一年のときの河合さんの特別講義が「自由主義」。

その第一年の秋の終わりごろから天皇機関説問題がやかましくなって、昭和一〇年(一九三五)にかけて岡田内閣を揺るがす問題になった。昭和一〇年の二月一八日に美濃部達吉先生が、貴族院で菊池武夫の攻撃を受けて、貴族院議員ですから二五日に反駁の演説をした。そのとき拍手をしたのが小野塚〔喜平次〕先生なのです。小野塚先生一人しか拍手をしないものだから、原理日本社の雑誌に「小野塚けしからん」と書かれました。美濃部先生の貴族院演説は非常に説得力がありました。だけど、大勢いかんともしがたく、四月九日不敬罪。先生の主要著書はぜんぶ発禁になって、全国の帝大の憲法の担当教授は、天皇機関説から、ほとんど転向しました。このまえ言ったように、宮沢〔俊義〕先生も翌年から、憲法第一条から第四条までは講義しない。小田村〔寅二郎〕とか右翼の学生は、帝国憲法を講義して第一条から第四条まで講義しないとは何事かと、またやっつけている。そういう時に「自由主義」の特別講義をした。

二年のときには、河合さんの特別講義「ドイツ社会民主党史論」に精勤しました。そのときのきれいなノートが、いまでも取ってあります〔本書一四一頁〕。この講義には非常に教わることが多かった。

河合さんという人は第一外国語は英語で、あまりドイツ語ができなかったらしいんです。この前後からドイツ語の勉強をはじめた。偉いものです。齢四十いくつになってドイツ語の勉強を始めて、原典でいろいろ読んだ。こんな厚い原書をいっぱい教室へ持ってきて、それを見ながらやるのです。

修正主義論争などは詳細に扱った。修正主義論争では、ローザ・ルクセンブルク激賞です。カウツキーとローザとベルンシュタインの三つ巴の論争について、マルクス主義の立場に立つかぎり、ローザの立場がいちばん正しいと言う。日常闘争と究極目標とを結びつけるのがマルクス主義の課題であり、カウツキーは究極目標だけ言い、ベルンシュタインは日常闘争が全てだ、と。「運動が全てであり、究極目標は無だ」というベルンシュタインの有名な句も、それで教わったのです。

同時に、すでに一九世紀末においてSPD〔ドイツ社会民主党〕は変質していたと河合さんは言っていた。ニュー・ミドルクラスが勃興して、ドイツ社会民主党の基盤である労働組合自身は変質していった。実際、ベルンシュタインの修正主義は、彼がただイギリスに留学したから修正主義を唱えたのではなくて、実際はドイツ労働者階級の状態の反映なのだと。鉄鎖の他は何物も持たないプロレタリアの党ではなくなったということです。修正主義がSPDの大会で大差で否決されて、彼は非常に罵られる。そのときに、ベルンシュタインの友だちが、名前は忘れたけれども、手紙をやった。それを河合さんがドイツ語で引用するのです。「愛するエドよ」――エドゥアルト・ベルンシュタインですから――「みんながやっているんだ。ただ口に出して言わないだけだ」と。実際はおまえの言っているとおりになっている、だけど、みんな口に出してはラディカルなことを言っているのだと。ベルンシュタインは忠実に自分の所信を、マイノリティの意見として述べた。彼は所詮、マルクス主義政党であるドイツ社会民主党のなかでは孤立する運命にあったと河合さんは言うのです。

河合さん自身が、このころまでに、思想善導教授という、マルクス主義を第一の敵とした以前の立場から離れて、国家主義を第一の敵とするというふうに変わっていった。河合さんの自由主義は一貫しているのだけれども、主要敵をマルクス主義から国家主義に移した。後に発禁になる『ファシズム批判』〔一九三四年〕に類するものをどんどん書き出すのです。ぼくはこの講義で河合さんを再認識しました。

松沢　河合先生は、そういう特別講義をしばしばなさったのでしょうか。

丸山　その前はよく知らないのですが、毎年していました。ぼくは偉いと思うのです。「ドイツ社会民主党史論」は準備するのは大変です。すごく原資料を持ってきて、それを読む。ＳＰＤのプロトコールだから、こんなに厚いのです。

松沢　先生は、河合先生に個人的にお会いになったことはありましたか。

丸山　ええ。ただむこうは覚えていないでしょうね。助教授になって、小野塚先生の政治学研究会に加えられて、この会のメンバーとして同席しただけですから。

また経済学部のことなんだけれど、法学部にはないのだけれど、経済学部では原書講読というのがあるのです。河合さんが原書講読で、「ホーム・ユニバーシティ・ライブラリー」で出ているアーネスト・バーカー*の『イギリスにおける政治思想《ポリティカル・ソート》――ミルからスペンサーまで』を使ってやった〔本書二七〇頁参照〕。ポリティカル・ソートだから面白いと思って出ました。

経済学部の中では、河合さんは経済学を知らないと、よく悪口を言われていました。河合さんは、いわゆる経済学というのはボタン学問だというのです。ボタンを押すとヒュッと答えが出てくるという。あんなものは意味ない。哲学というか、思想と関連づけなければ意味ないのだということを講義でも言いました。経済学をあんまり知らないことを自認しているんですね。河合さんはマルクス経済学のことを言っているのではない。近代経済学です。マル経に対しては真正面からの批判になってしまうわけですから。経済学部だけれど、『ポリティカル・ソート・イン・イングランド』をテキストに使っているというのは面白いと思うんだ。ときどき学生に当てる。「ステート・オブ・ネイチャー」と言ったら、経済学部の学生が、自然の国家と訳した。そうじゃない、自然状態だと河合さんが直したのを覚えています。読んできたかどうか試すために、ときどき当てるのです。

植手 先生は結局、大学時代に河合さんの授業の時間がいちばん長くなってしまいますね。

丸山 河合さんの正規の講義よりも、特別講義とか原書講読に出たのです。講義は社会政策です。『改訂社会政策原理』という本が日本評論社の「経済学体系」で出ているのです。それを見れば、だいたいわかるわけです。だから河合さんの正規の講義は、ときどき覗いてはみましたけれど、あまり出なかった。

緑会懸賞論文

丸山　二年のときの、ぼくにとっての大きな思い出は、蠟山先生出題の「デモクラシーの危機を論ず」という緑会懸賞論文です。ぼくと同期で高等学校のときから知っていた国文学の猪野謙二と、東北の越河《こすごう》〔現在の白石《しろいし》市越河〕という村の山寺〔定光寺〕にこもったのです。急行も止まらないところです。その次の白石駅には急行が止まる。白石は、いろいろな温泉へ行く根拠地で、城下町です。その手前の越河は一寒村にすぎない。そのお寺で猪野と一夏を過ごしたわけです。あまり飯がまずいので、ときどき仙台まで栄養補給に行きました。庫裏《くり》の端の一部屋に寝るのですけれど、反対側の端には、お寺の夫婦が寝ているのです。

面白いから懸賞論文を書こうと思って、このときに集中的にデモクラシーに関する本を読んだ。すでに、高等学校三年のときにナチが権力をとっているでしょう。そこで英米ではデモクラシーの危機ということが、さかんに言われた。コミンテルンの人民戦線の時代に入っていますから、ファシズムに対する統一戦線という意味もあって、デモクラシーが盛んに論じられたわけです。論文は、結局は出せなかったのですが、ラスキの

『デモクラシー・イン・クライシス』とか、ブライスの『近代民主政治』*Modern Democracies*, これは訳が岩波文庫で四冊ありましたが、読みました〔番号0189188-0189191〕。

松沢　そういう本は、どういうふうにしてお調べになったのですか。蠟山先生の講義かなにかに出てきたのですか。

丸山　そうですね。政治学の講義でしょうね、おそらく。ラスキが左翼化した時代ですから、左翼化する前の『グラマー・オブ・ポリティクス』などを引用するわけでしょう。だけど、この時代からラスキは変わっていると、蠟山先生の講義で言われた。それで『デモクラシー・イン・クライシス』と『理論と実際における国家』〔*The State in Theory and Practice*, Allen & Unwin, 1935. 番号0181976. 書込みなど精読ぶりを示す〕と、ラスキについてはその二つを読みました。よく猪野が、「おれが仙台へ行って遊んでいるあいだに、丸山は『モダン・デモクラシーズ』を読んでいた。丸山とおれとの違いだ」なんて言っていますけれど。

松沢　こういう本は、丸善へ行ってお買いになるのですか。

丸山　原書はほとんど丸善です。そんなに金がないから、たくさん買えませんけれど。三年のときに、二年のときに書けなかった緑会の懸賞論文が、こんどは南原先生が出題して「政治学に於ける国家の概念」です。

それに応募したのです。これも前に言ったかもしれないけれども、そのときに、磯田

〔進〕くんは一年上なのですけれど、最初に、カール・マンハイムのあらゆる思惟の社会的被拘束性、あらゆる思考が社会的に拘束されているという命題が引用されている。磯田くんがマンハイムを知らなくて、「マンハイムというのは、どういうやつなんだ。なぜ、あれを引用したのか」と聞いた。「あれは逃げでね」とぼくは答えました。マルクスをいきなり持ってくるのは、まずいので、知識社会学でもってちょっと煙幕を張ったのだということを言いました。半分は本当で、半分は嘘なのです。つまり、ぼくはマルクス主義者ではない、マルクス主義者と自分は思っていないから、自分の立場に都合のいいものは、マルクスでなくても引用するので、マンハイムだっていいわけです。したがって、後のほうの文献引用では、マルクスの『経済学批判』もちょっと引用した〔「政治学に於ける国家の概念」注(8)参照。『集』一〕。いきなり、のっけから引用にカール・マルクスが出てくるのは、どうもまずいので避けたということです。

それで、磯田くんから激賞されたのです。法律学でも、自分はマルクス主義法律学の建設に向かって努力するから、君はマルクス主義の政治学。あれは記念碑的な一歩だと磯田くんから激賞の言葉を受けました。しかし、反ファシズムということが基調になっていることは事実ですから、法学部の三年の一二月に、法学部の助手に志願したときも、すでに、そのころ『緑会雑誌』〔八号〕が発行されて、あの論文が一般の学生の手に渡っていましたから、あの論文が問題なく法学部をパスするようだったら、法学部に残ってもいいという傲慢な言辞を吐いたことがあります。当時の左翼の学生からは、よくぞ言ったと褒められました。あの論文では、日本のことは何も言っていないのです。一般論としての反ファシズムです。南原先生には方法論の点で、あの論文についてさんざん突っ込まれましたけれど。

そのころ、二年と三年のときに、一生懸命勉強して緑会の懸賞論文を出そうとしたことは、ぼくにとって非常によかった。国家論と政治学は、ほとんどこの機会に読みました。英語またはドイツ語、および日本語も含めて。その後、日本政治思想史をやっていたから、漢文の勉強のほうが忙しくて、なかなか政治学の勉強ができないのです。だから、学生のときにそういう勉強をやっておいたのは、非常によかった。高文〔高等文官試験〕を受けなかったことも、非常に役立ちました。政治学といっても、アメリカ政治学ではなく、ラスキやなんかは別として、むしろドイツの国家論が主ですけれど。卒業まぎわに、助手になることが決まってから、南原先生の演習で一緒だった友だち〔武藤一雄〕に、お祝いということで、メリアムの『ポリティカル・パワー』*をもらいました。読んだら難しくて、変な言葉が出てきて、さっぱりわからない。新しいアメリカの政治学というのは、ぼくには、戦前のは、ほとんど入っていないと言っていいでしょうね。メリアムなんかは最新の政治学だったわけです。ぜんぜんわからなかった。パースナリティ・アジャストメントなんて、どうしてパースナリティの調整なんてことが政治の問題になるのか、ぼくには全く見当がつかなかった。政治は政治的支配であるということは、ぼくにとって自明の理だったのです。だから英米系統としては、わずかに蠟山先生の政治学で、多元的国家論を学んだことくらいです。

試験準備というとおかしいけれど、このまえ植手くんが、よく講義に出たと言われたけれど、少数の講義に集中して出て、あとはほとんど出なかった。そのわりに成績がよかったのは、狡いといえば狡いんだな、ちょっとコツを覚えたのです。中央図書館へ行って原書を読む。たとえば憲法でいうと、ケルゼンの『アルゲマイネ・シュタートレーレ』〔『一般国家学』〕をよく読みました。それで、試験の答案にその中のことを使うわけです。あとで教師になってわかるのだけれど、教師というのは同じような答案ばかり見て、うんざりしている。その中で少し変わったのがあると、ちょっと甘くなってしまう。

――どういう問題にケルゼンを使ったのですか。

丸山　大臣の副署というのが試験問題に出たのです。あれは元来、絶対君主の権力を抑制するためなのです。副署というのは、おれが副署しないと効力を発しないという意味を持っているのです。恭順の意を表すのではない。ケルゼンによると、恭順の意とはむしろ逆なのです。たとえば、そういうことを書く。そうすると、ずっと同じような答案を見ているから甘くなる。そういう手をよく使いました。いつも成功するとはかぎらなかったけれど。国際法もずいぶん勉強したのだけれど、安井〔郁〕さんには成功しなかった。国際法は一部が優で、二部が良だったかな。国際法も、そのころウィーン学派でフェアドロス〔Alfred Verdross〕というのがいて、ケルゼン学派の国際法でした。それなんか中央図書館で読みました。

このころの勉強は、極端に言うと、こんど福沢を書く場合にも役に立っています。国際社会の組織化過程。国際連盟規約の第一六条、第一項の画期的意味というのは、学生のころ覚えて、まだ覚えているので『「文明論之概略」を読む』の第二〇講に使った〔岩波新書、一九八六年、『集』十四〕。制裁条項ですね。日本の満州の軍事行動に対する国際連盟の制裁。そのまえエチオピアの制裁があったから、制裁というのは時論としても鮮明だったけれど、そのことの意味です。国際社会の組織化とともに国家主権が制限されてきて、主権国家の行為が国内犯罪と似たような扱いを受けることになる。それが国際連盟による主権国家に対する制裁です。

この点、フェアドロスが非常に面白かった。戦争というものは決闘に当たる。つまり、紛争解決方法としては、どこの社会でも、当事者同士の解決が初期の段階であって、復讐とか決闘が紛争解決の方法になってくる。それが、社会が組織化されてくると、より上級機関が紛争解決をするようになる。それを国際社会の発展過程に適用したのです。ぼくは非常に面白い、なるほど戦争はこういうふうに見るものかと思いました。学生時代の勉強は、何十年たっても役に立つものです。

植手　他の学生で、そういうふうにドイツ語や英語の本を、図書館で読んでいる人は、かなりいましたか。

丸山　よく知らないけれど、経済学部のほうが、原書に接する機会が多いのではないですか。演習があり、一種のアサインメントがある。それから原書講読があるでしょう。法学部では特別のことがなければ、ないんじゃないですか。ぼくが中央図書館によく通ったのは、懸賞論文のためと、あまり勉強をしないで要領よく優をかせぐためでした。むしろ一般学生は、たとえば、民法では大審院の判例を借り出して、「青木堂」の二階で判例のディスカッションをやる。それがふつうでした。法律の勉強には非常にいいわけです。前に言ったように、ぼくは法律も面白いと思ったものだから、高文の試験準備の会なんだけれど、そういうときには一緒に加わってやりました。

松沢　それは一高から持ち上がりの友人と、ということになりますか。

丸山　持ち上がりの友だち。亀田喜美治やなんかと一緒です。大審院の判例集を中央図書館で開いてみると、線が引っぱってあるんです。高文を受けた連中が読んでいるから。ケルゼンの『アルゲマイネ・シュターツレーレ』なんてきれいで、なんにも線がない。

植手　先生のお話を前から聞いていたから、その当時の学生さんは、みんな横文字の本で図書館で勉強していたのかと思ってしまいました(笑)。それにしても「日本資本主義発達史講座」というのは偉大な効果を持っていたわけですね。ふつうだったら、たいてい日本のことなんか勉強しないわけでしょう。あれが出たから勉強する人が出てきた。

丸山　それはそうです。画期的です。刊行しはじめたころから、左翼の学生が、必読文献と言っていましたから。あれは日本資本主義の特性〔を問題にした〕でしょう。労農派では面白くないんだ。資本主義の一般法則を日本にあてはめただけだから。半封建的な土地所有関係を基礎にして初めて非常に早期に独占資本主義ができたというのは、ぼくにとっては、他にない斬新な見解に思えました。

東北へ一夏行ったことも役立ちました。たとえば信州に行っていたらわからない。ぼくの知っている松代《まつしろ》の在の清野《きよの》の農村なんて、ものすごくレベルが高いのです。みんな『信濃毎日新聞』をとって読んでいますし、政友会だ、民政党だと大騒ぎです。農民は冬は暇だから炬燵に入って政治談義です。こういう信州の農村が例外なのです。東北へ行ったらちょうど逆。実に見事に耕地整理が行われている。地主はほとんど隣の白石の町にいる。だいたい銀行経営で不在地主なのです。農民は全部小作で字が読めない。その代わり一種の自治区で、一票五〇銭で容易に買収される。取り締まろうとする駐在所の巡査が、夜中に農民に襲われて田んぼに放り込まれてしまう。そういう意味では農村共同体が強くてどうにもならない。その中のインテリは、山路愛山の＊「日本帝国の四本柱」じゃないけど、村長と巡査とお寺の坊さんと小学校の先生くらい。ぼくはびっくり仰天した。そうすると、講座派の分析が余計ピンとくるのです。封建的地代をテコにして、日本の資本主義は急激な高度成長が可能になったと。

三年のときの財政学で大内兵衛さんは、もうすでに、明らかに日本資本主義論争を意識していました。「日本の農民は過小農である」「いかにミゼラブルであっても農奴ではない」と繰り返し言いました。『財政学大綱』の上巻が出たとき〔一九三〇年〕、向坂《さきさか》逸郎さんが批評を書きました。そのころ、すでに九州大学を追われていましたね〔一九二八年〕。大内さんは自分の先生だけど、残念ながら教科書風で、大内教授の本当の特色が出ていない、というようなことが書いてあるのです。* それで中巻の序に大内先生がちょっと自嘲的に「『教授風』は今や私の本質となった」と書いています〔一九三一年〕。今は一冊になってしまったから、どこまでが上巻かわからないけれど、* 中巻のほうがずっとラディカルです。「支配階級のソプラノである」なんていう言葉が出てくる。試験問題も、いまの消費税問題ですけれど、「間接税の労働者階級に対する影響を論ず」というのです。

松沢　吉野作造や河上肇は、先生の世代にはあまり影響はなかったのでしょうか。

丸山　ぼくは河上さんには関心があった。吉野さんは歴史的人物で、あまり遠くて、よく知りませんでした。河上さんは捕まるときでも転向したときでも、新聞に大きく出たからね。有名な「たどりつきふりかへりみれば山川を越えては越えて来つるものかな」という歌があるでしょう。あれが出たのはぼくが助手のころでした。*南原先生が非常に感慨深そうに「河上さんの気持ちはよくわかる」と言ったのを覚えています。ただ、如是閑は河上さんをよく知っているのだけれど、如是閑のところでは、どういうわけか、河上さんの話はとくに出なかった。大山郁夫のほうが、親父〔丸山幹治〕との関係で近いわけです。ぼくは、大山さんがアメリカに出るとき東京駅まで見送りに行ったくらいだから〔一九三二年三月〕。『マルクス主義』という雑誌を見たら、志賀義雄*が河上さんをコテンパンにやっつけていた。河上さんにさえそうだから、大山郁夫なんかに対しては、ほとんど罵詈雑言です。疑似左翼は右翼よりなお悪いという見方は、戦後にもありますね。

学内講演会

丸山　ところで、『東京大学百年史』というのは、ぼくは持っていないのだけれど、植手くんがつくってくれた抜き書きメモ〔部局史一第一編法学部〕を見ると、よくまあ、いろいろなことが書いてありますね。まさに昭和九年(一九三四)、ぼくが受けたときの作文の問題は、「学而不思則罔、思而不学則殆〔論語、為政。学んで思わざれば則ち罔《くら》し、思うて学ばざれば則ち殆《あや》うし〕の語につきて所感を述ぶ」というのです。出題はどうも末弘さんらしい。末弘先生が試験場の教室へ来て問題を読むのです。ぼくらのとき、昭和九年から作文が加わった。それまでは外国語だけだったのじゃないですか。英、独、仏の試験に作文が加わった〔それまでは、欧文和訳と和文欧訳。和文欧訳を廃止して、邦語作文を新たに加えた〕。ただし作文は採点に主観が入るというので、全体の比重がすごく低い。よく覚えていないけれども、一〇パーセントぐらいなのです。ほとんどは語学なのです。

植手　昭和九年は、はじめての作文出題だから『東京大学百年史』に問題が載っていたのですね。載っていないときのほうが多い。

丸山　そうでしょうね。戦後だと、フランス革命とか、いろいろな問題を出しました。ぼくも試験委員になって「性善説について」というのを出したことがある。

――さっきの作文では、先生はどういう答えを書かれたのですか。

丸山　合格するということを考えたわけではないけれども、図らずもそういうことになったのです。「学而不思則罔、思而不学則殆」でしょう。「学而不思則罔」というのは、左翼思想の欠点。そこが戦後とちょっと違っていて、当時の左翼は、よく勉強はするけれど、思うという点が足りない。自分の問題と結びつけて勉強したことを反省するという点がないので、そこをファッショに突かれた。それは左翼の盲点だ。「思而不学則殆」というのは国家主義者の欠点だ、ただ民族的自覚とか志ということを言うばかりで勉強していない。それが国家主義者の欠点というふうに、現代に引きつけて書いたのを覚えています。試験場を出たら、一年先輩の佐藤エン兵衛(佐藤一郎、通称「エン兵衛」で通っていた)に会って、こういうことを書いたといったら、「それは非常にいい、法学部の先生は大体リベラルだから」と言われた。リベラルというのは、今でも覚えています。

植手　入学試験からしても、後を予告したような解答を書かれたのですね。

丸山　それは言い過ぎですよ(笑)。一四三三名のうち合格六五四名とあります。ぼくは覚えていないけれど、この年は一高からの合格率がよくて、六五四名のうち百二十何名が一高です。ぼくがいた文乙は二二人が受けて一八人合格。すごく率がよかった。ただし一高の伝統に従って、トップの小山忠恕は経済学部。一番は法学部へ来ないのです。二番の河野六郎は文学部言語学科。これは無試験。文学部で試験があったのは西洋史と英文学科だけで、あとは無試験です。二番が無試験のところへ行くのですよ。三番以下がだいたい法学部へ来るのだな。ちょっと世間のレッテルと違う。いつごろからか知らないけれども、戸坂潤や三木清あたりかららしい。ぼくの一年上のトップは京大の哲学へ行きました。一高のトップは京大の哲学へ行くという伝統がずっとあったのです。二番が、東大の印度哲学。中村元さんがぼくの一年上で、印哲です。

『東京大学百年史』からのメモに従って記憶を述べます。緑会の新入生歓迎会とか五月祭は覚えていない。ぼくが覚えているのは緑会の秋期大会です。そのころ小石川植物園でやっていました。このときに、いろいろな先輩を呼ぶのですが、法学部出身ということもあって、小野塚喜平次総長が来て、鳩山一郎文相と並んだのです。小野塚さんが、鳩山さんの前で、滝川事件のやや内幕めいた話をすっぱ抜いたのです。もっとも本当のことは言わないでしょうが。「いま偉そうな顔をして、あそこに座っているけれども」「あのときは困って」云々と言ったのだけは覚えている。鳩山文相は終始苦い顔をしていました。

二年になって、六月一七日の緑会の講演会に、平野義太郎さんが来ました。ご承知のように、平野さんは三・一五事件で法学部を辞めているわけです。テーマが「日本経済の特質」ですね。すでに「日本資本主義発達史講座」に書いて、その後、岩波書店から本にした『日本資本主義社会の機構』〔一九三四年〕の内容を話したのです。講座派の日本資本主義論の説明ですが、いろいろ具合が悪いと思って「日本経済の特質」としたのですね。非常に難しいけれど、平野さんの説明はわかりよかった。その当時の講演会というのは、誰か教授がいなければいけない。このとき末弘先生が臨席していました。

六月二四日の如是閑の「日本の思想と文化」は、三一番教室の後ろのほうで聞いていたのですが、その内容は忘れてしまいました。このときは蠟山先生が臨席。蠟山先生が如是閑のことを「翁《おきな》は」と言うのです。取り巻きの直弟子というとおかしいけれど、大内先生も含めて東大社会科学研究所の嘉治〔眞三〕さんの兄弟*とかはみんな「翁は」です。翁というのが通称なんです。かえって、兄貴〔丸山鐵雄〕やぼくは、親父の関係で「長谷川さん」と呼んでいました。

九月〔二五日〕の講演会、三木清の「現代文化の哲学的基礎」は全く忘れてしまったけれど、終わったあとのコンパだけ覚えています。講演会のあと緑会の委員会室で、ちょっとコンパをやるのです。三木清は、それで覚えているのです。

二年のときの緑会の講演会は、あとは覚えていないのですが、経友会の講演会〔一〇月九日〕に、森戸辰男さんが来て、「大学自由の問題」という講演をしました。当時、滝川事件以後、大学の顚落論がやかましかったのです。このとき、経友会の弁論部長は河合さんですから、河合さんが臨席している。森戸さんの論敵です。森戸さんが「大学の顚落」を批判したのに対して、顚落していないという反駁を、河合さんが『帝国大学新聞』に書きました。すでに両者のあいだに論争があったのです。*それで経友会の委員が呼んだのだろうけれども、河合さんは偉いですね。よろしい、といったのですね。講演が終わったあと、本郷通りの喫茶店の二階で茶話会がありました。そのコンパのとき、真ん中に森戸先生が座って、こっちに大内先生、反対側に河合先生が座って、三人並ぶわけです。学生が周りにいる。河合先生が「自分と立場は違うけれども、よく来てくれた」と挨拶をして、大内先生が「河合くんに感謝する」と言った。河合派と大内派は経済学部のなかでは対立しているんです。河合さんは実際に土方〔成美《せいび》〕派と組んでいて、大内さん、矢内原さんはマイノリティだった。そのときに、ばかな学生がいて、森戸さんではなくて大内先生に「先生は日本の国体をどう思いますか」と言った。そうしたら、ちょっと顔色を変えて「君にそんなことを答える必要はない」と言いました。それだけが非常に印象的です。

戦後の森戸文相〔一九四七年六月―一九四八年一〇月在任〕は、ふっくらとして、つやつやした顔をして、全然かつての面影がないんです。そのときはヨレヨレのネクタイをして、それだけでも偉いなと思いました。この講演も、あの人は一高の弁論部ですから、うまいんです。「大学の顚落」を限界効用説から説明するのです。最初、マルクス主義の運動を取り締まった。次にマルクス主義の思想を取り締まった。次にマルクス主義の思想より、運動の土壌となる思想を取り締まった。それで自由主義が取り締まられるようになった。これを限界効用で説明するのです。その比喩もうまいのです。マルクス主義を取り締まっているときは、自由主義者は自分たちには縁がないと思っている。しかし限界効用だから、結局、自由主義を取り締まるようになる。それが現段階であると言った。大学は、なんら反撃をなし得ないというのが、「大学の顚落」というゆえんなのです。

ついでに言いますと、二年のとき、経友会の講演でぼくが印象が深いことが二つあるのです。一つは、自由主義論争というか、題は忘れたけれども〔「自由主義とその批判」が題〕、自由主義をテーマにした講演会〔六月一一日〕。左からの自由主義批判として戸坂潤、自由主義者として清沢洌《きよし》、右が大串兎代夫〔正しくは藤沢親雄《ちかお》〕だったと思います。大串氏もあんまりファナティックではないけれど。その三人を代わりばんこに発言させるわけです。これも河合さんが列席していた。

松沢　一種のパネル討論みたいなものですね。

丸山　まあそうですね。戸坂潤は皮肉たっぷりに自由主義批判をやる。清沢さんは、河合さんとちょっと立場が違って、心構え論なのです。自由主義というのは世界観ではなくて自分の心構えの問題であるという。それは河合さんと非常に違うのです。三人でやったのは印象的でした。時代の背景という意味でも非常に面白い。

もう一つは、やはり経友会が尾崎咢堂《がくどう》〔行雄〕を呼んできたのです〔同年五月二日、題は「日本の前途」〕。咢堂がすでに『改造』に「墓標の代りに」という、××だらけの論文を載せていたのです〔一九三三年新年号〕。咢堂は、この段階では非常に睨まれていました。イチョウ並木の下に車が着いて、咢堂が降りてきたけれど、ボディガードが四、五名、周りを取り囲んでいるのです。そういう雰囲気でした。

咢堂の講演は痛快をきわめた。要するに復古主義批判です。学生はヤンヤの大喝采でした。二つぐらいしか覚えていないけれど、一つは、神代の礼讃に対する批判です。神代がよかったと言うけれど、神代から明治の終わりまでで日本の人口は三〇〇〇万。明治維新から今日まで日本の人口は六〇〇〇万。神代から何千年かかって、ようやく三〇〇〇万に達したのを、わずか何十年かで日本の人口は倍になってしまった。というのは、いかに御一新後の日本によって、日本の今日はあるのか。神代以来、いかに停滞していたかを示す、と。半分冗談なんだけれど。

それから、電撃のごとくぼくを襲ったのは、咢堂が「われわれの私有財産は、天皇陛下といえども、法律によらずしては一指も触れさせたもうことはできない。これが大日本帝国憲法の主旨だ」と言ったことです。ぼくは目からウロコが落ちる思いがしました。ぼくは社会主義の洗礼を受けているから、なんとなく私有財産というのは悪という感じでいるわけです。ところが、天皇陛下といえども、法律によらずして、私有財産に一指も触れることはできないと言う。そういう議論は聞いたことはないのです。日本の左翼も私有財産攻撃でしょう。いかなる権力も侵すべからざる権利としての私有財産というのはヨーロッパ的ですね。なるほど、そういうものかと思ったので強く印象に残っています〔本書二〇八頁、二五六頁、二六五頁参照〕。咢堂というのは本当の自由主義者、数少ない自由主義者だと思いました。

松沢 講演のことで、ちょっとおたずねします。先生の学年の前後の方の在学中に、猪俣津南雄《いのまたつなお》氏が来て、「窮乏の農村」という講演を二五番でやった。それは今岩波文庫に入っている『踏査報告窮乏の農村』の原形だと、うかがったことがあります。先生はご記憶はありませんか。

丸山 ああ、一年のとき、猪俣津南雄が来ました〔一九三四年一〇月一二日、経友会主催

「日本の前途」」。

松沢　農業恐慌のまっただ中の全国農村を足で歩いて調査してきて。

丸山　猪俣津南雄の講演も面白かった。緑会や経友会の委員は、わりあい進歩的なんです。そういう非時局的な人を連れてくるのです。三年のときですけれど、河上丈太郎が来ました(一九三六年六月三日、経友会主催「我国議会政治の現在と将来」)。河上さんはそのとき社会大衆党で、社会大衆党もかなりいい加減なものだったけれど、演説はうまかった。河上丈太郎が、満州の戦争の拡大反対のデモをやるべきだと言ったのだけ覚えている。

二・二六事件

丸山　二年の終わりのときに二・二六事件が起こったのです。昭和一一年(一九三六)二月です。第一報は、NHKにいた兄貴から午前中に入ったのです。岡田首相以下ぜんぶ殺されたというのです。まだ戒厳令が出ていなかった。それで本郷にすっ飛んで行ったのです。そうしたら三月一日から試験ですから、「試験は予定通り実施するにつき学生は平静に勉学すべし」という告示が出たのです。ぼくはてっきり試験がキャンセルになると思った。シメタ、と思って大学へ行ったら、法学部のアーケードのところにこの告示が出ていたので、ちょっとがっかりした。

二・二六事件の日は大変な日でした。何がどうなるかわからないという感じで、学内も人影が少ないし、図書館の中で、あちこちでゴソゴソと小さな声で学生が話している。本郷通りは水を打ったように静かでした。ぼくは本郷通りをずっと歩きまして、街の反響を聞いて回った。* 商店の中へ入って買物なんかしながら、あるいはしなかったにしても、「どうですか」なんて聞いたのです。ぼくの印象では、何が起こるかわからないという不安が第一。次には決起した将校に対する怒りです。二・二六に対して大方は批判的だった。とくに高橋蔵相はダルマと言って人気がありました。「あんないいおじいちゃんまで殺さなくてもいい」という素朴なものだけれども、批判が多かった。

高等学校二年〔一九三二年〕の五・一五事件のときは、犬養首相が暗殺されたのですけれども、ぼくが知るかぎり、軍人に対し非常にサポートが多かったのです。新聞を含めてそうでした。一般の空気がかなり同情的というか。二・二六は五・一五よりもっと大衆的規模の行動で、三〇〇〇〔千四百余〕の兵士を動かしているわけですから、ぼくはもっと共感があるかと正直のところ思ったのですが、違った。もちろん世論調査したわけではないからわからないのですけれども。なぜかというと、一つは軍の政治関与が非常に進んだことに対する漠然とした不安というか、そういうものがあったと思います。どうなるのかわからないという不安が第一だと思うのです。

私の兄はNHKにいたものですから、NHKからすぐ、反乱軍の首脳部が立てこもっている山王ホテル前に出かけていった。NHKの腕章をつけていますから、銃剣の警戒線も突破できるわけです。よくニュース写真にありますけれど、山王ホテルの前に尊皇倒奸という旗がひるがえっていて、その前に野中大尉とか安藤中尉とか青年将校が代りばんこに出ていって、遠くから取り巻いている群衆に対するアジ演説をする。兄貴が見た話ですけれども、群衆のなかのおばあさんが手を合わせて、「軍人さん頼みます、財閥をやっつけてください」。だから、兄貴の見た二・二六事件と、ぼくの見た二・二六事件とは、民衆の反応が非常に違うのです。その晩、隣の寝床に寝ていて大激論になってしまったのです。兄貴は「あれは根本的には進歩的だよ」と言う。ぼくは「いや違う。いかなるファシズムも初期においては急進的だ。反資本主義的なことは、どんなファシズムも初期の段階では言うのだ」というので大激論をしたら、隣の部屋に寝ていたおふくろに「あなた方、いい加減に寝なさい」と怒られて、寝ましたけれど。そういう意味では、直接の見聞がそれだけ違う。

東大の中では美濃部先生が、その一週間ぐらい前に右翼に狙撃されて〔二月二一日〕、それで東大病院に入院していたのです。決起将校がこっちへ向かって来るという噂が広まったのでよけい緊張した空気に包まれていました。あとで聞いたのですけれども、宮沢〔俊義〕、横田〔喜三郎〕、末弘先生など、田中先生はどうだったか知らないけれど、当時の右翼、蓑田胸喜《むねき》なんかが名前を挙げてやっつけていた人には、警察から、身辺の安全を保証できないから自宅にいないようにという電話が直接かかってきたらしい。末弘さん〔別の回顧では「横田先生」とある。『話文集』続1、二五四頁〕は、変装というとおかしいけれど、無帽主義だった人が、その日は、顔を隠すために帽子をかぶって研究室へ出てきたという逸話が伝わりました。翌日戒厳令が出ますと、三人以上の集会禁止。学生も集まれないのです。戒厳令が六カ月ぐらい続いたんじゃないですか〔七月一八日解除〕。

事件の真相はよくわからない。ぼくは、南原先生の『政治理論史』の解説に書いたけれど〔「南原繁著作集第四巻 解説」『集』十〕、政治学史は三年の選択科目だから、四月から始まります。先生は開講の辞で二・二六に触れました。事件から二カ月近くたったときです。青年将校の決起の動機は、皇軍を私の兵に化するということに対する憤慨である。しかし結果において、青年将校は皇軍を私兵化した。これは、自分の思想を根底から突きつめなかったことに原因があると先生は言われた。だから、政治哲学を勉強しなければいかんということです。そういうことに言及したのは珍しいのではないですか。

そのあいだに、例の阿部定の事件が起こって〔五月〕、みんなニヤニヤッとして、ちょっとホッとする。そんな事件がちょっとした息抜きになるというのは、いかに重苦しい空気だったかということです。

二・二六の直後〔三月九日〕に発行された『帝国大学新聞』には、河合さんが「二・二六事件の批判」というのを投稿して、＊ぼくらはすぐ買って読んだ。一部の軍人が武器を持つことによって、他の一般国民よりも優越的な発言権を持つということは、憲法の主旨に反する。しかず、全国民に武器を分配せんには。南原先生はああいうことは言わない。いかにも河合さんらしい。大変なラディカルな発言です。実に立派なものだ。あれは、河合さんが睨まれる最大原因でしょうね。寂として声なきときに、河合さんだけでしょう。戒厳令になったから、もちろん何も言えなくなり、何も批判は出てこないのだけれど。

南原先生の開講の辞は、事件から二カ月くらい後です。当時、東大には陸軍経理学校からの聴講生が来ている。講義に出ているから、話したことはないけれども顔は知っています。講義が終わったら、つかつかと先生のところへ出てきました。ぼくは、何か起こるのではないかと思って、後に付いて行きました。そうしたら先生に質問をして、先生がそれに答えていました。「先生のお言葉に非常に感激しました」というのが最初に聞こえたので、ぼくは、これは大丈夫だと思いました。

松沢　軍服を着て、来ているのですか。

丸山　いえ。みんな平服で来ているのです。

築地小劇場

丸山　二年のときか三年かわからないのですが、学内事件としては、東大演劇研究会が弾圧された事件がありました。文学部学友会が築地小劇場を借り切って、各学友会・演劇研究会が後援したのです。ハイエルマンスというドイツの自然主義の戯曲家の『天佑丸』という芝居で、新協劇団です(一九三六年五月一九日。丸山は法学部三年)。ぼくは築地の常連だったから、もちろんそれにも行きました。漁村の階級対立を描いていて、伊達信がやっている漁師の親玉と網元が対決する緊迫した場面があるのです。そしたら後ろのほうから「ヤッツケロ」と野次がとんだ。学生課がそれに目をつけて、演劇研究会は謹慎です。東大の総見《そうけん》だから、もちろん学生課も築地へ行っているわけです。学生を煽動する目的でやったということなんですね。おそらく幹部は捕まったか、取調べを受けたのでしょう。

松沢　築地小劇場の常連とおっしゃいましたが、いつごろから築地においでになっていたのですか。

丸山　高等学校の終わりごろから大学時代です。大学へ入りますと築地へ行く仲間は大学のなかでできる。非常な少数ですが、同志がいました。経済学部や文学部のものと築地へ行ってしょっちゅう演劇の話をしている。法学部で築地へ行っているのは、ぼくの範囲では知らなかった。ローザ・ルクセンブルクの読書会をやった連中は、だいたい築地の常連でした。中条百合子さんなんかは築地で見かけた。「あれが中条百合子だ」と言われたのを覚えています。観客も含めて連帯意識というのか、一種の雰囲気があった。ここでも、兄貴の見えざる影響は非常に大きいのです。兄貴は左翼劇場時代から見ているのです。左翼劇場がその後、新協劇団と新築地劇団になるわけですね。新築地劇団が『西部戦線異状なし』をやって、これが大当たりをしたものだから松竹が買うのです。満州事変直前です。ちょっと考えられないけれど、レマルクの原作よりもはるかに左翼化した『西部戦線異状なし』を、なんと帝劇でやったのです〔一九二九年〕。それを兄貴は観に行っている。ぼくはそのころはあんまり行っていない。通い出したのは大学から助手の時代です。だから、新劇がだんだん変質していく過程もよく観ているのです。非常にひどいものは絶対やらなかった。しかし、だんだんイデオロギー色が薄まっていって、戦争中だけれど、新協劇団が長田秀雄の『大仏開眼』という芝居をやった〔一九四〇年〕。そのときすでに相当変わっていました。藤原氏と橘氏の抗争を描いているのです。大仏師とその恋人とが、藤原氏と橘氏との抗争の犠牲になる。大仏の大きな掌が舞台の上に出ているのです。その上で、恋人が気が狂って舞うのだけ覚えています。ある程度、史実に即しているのです。奴隷が出てきて、大仏をつくるために尻をひっぱたかれて、舞台をゾロゾロと綱を引いていくところが出てきました。同時に、大仏開眼のお祝いで花を持って舞う。ぼくは、「新劇もレビューになっちゃったな」と言ったのを覚えています。レビュー化したというのはカモフラージュですが、新劇の後退の一つの表れです。新協劇団の本庄陸男《むつお》の『石狩川』はよかった〔一九三九年〕。明治維新後、伊達藩の士族が食えないものだから移住する。悲惨な話です。滝沢修なんか名演技でね。もちろん『夜明け前』〔一九三四年〕や、有名な『火山灰地』〔一九三八年〕は観ました。築地はいつも警官が臨席していました。

話はちょっと後になるけれど、たしか助手の時代に、再建して舞台を大きくするということで、株を募集したのです。一株一〇円なんです。一〇円といっても、助手の月給は六五円ですから相当大きいけれど、磯田進くんと、一株株主になろうと言って奮発しました。一株持っていると一年に一度、招待券が来るのです。築地というのは悪く言うと一種特有のスノビズムです。本当のインテリは築地に行くのだという、そういうスノビズムがありました。

新劇も戦後急速に関心を失った一つです。ほとんど観ていない。一九六二年に『久保栄研究』という雑誌で、宇野重吉や本多秋五と、新劇の思い出みたいな話をしたことがあります〔「「新劇」について」同誌六号。丸山の発言だけ「丸山眞男発言抄」『座談』四に収録〕。そのとき、築地で上演したリストをもらった。戦後、ほとんど行っていないということと、戦前はほとんど観ているということがわかってびっくりしました。もちろん戦後初演の『林檎園日記』(一九四七年)などは観ましたが、たとえば『火山灰地』など、戦前あれだけ感銘したのが、戦後観たら(一九六一年)、まったく感銘がなかった。それはおもしろい経験でした。時代との緊張で観ていたのですね。時代が変わってしまうと、その緊張感がなくなってしまって、どうしてあんなに感銘したのかわからなくなる。『夜明け前』でもそうです。戦後も観ましたけれど(一九六四年)、以前ほどの感銘はなかった。同じ顔ぶれで、滝沢修が青山半蔵をやるのです。やはり、あの時代の築地というのは、単なる娯楽ではなくて、一つの運動だったと思います。運動という性格がなくなってしまったから、極端に言えば多くの商業演劇のなかの一つにすぎない。そう言うと、(劇団)民芸なんかをやっている人に怒られるかもしれないけれども、やはり天下の大勢としては、そう言えると思うのです。もちろん日本の新劇の持っている固有の問題があります。翻訳臭とか、観客の側のスノビズムとか、ありますけれど、築地は狭いというせいもあって、舞台と観客席の一体感があった。戦後の大劇場ではちょっと望み得ないでしょうね。あの築地の狭い舞台でやったということで意味があったのではないかと思います。

なぜ法学部に

松沢　遡って一つうかがいます。そのころの東京帝国大学法学部については、大衆社会だ、もう実社会だというイメージがあって、先生もそれに類することをおっしゃいました。法学部に来てからの先生の交友関係は、どういうことがきっかけになってできるのでしょうか。

丸山　法学部はマスプロでしょう。定員が六五〇人だから。新しい友だちというのはほとんどゼロなのです。高等学校で運動部に入っていたやつはその関係で出身高等学校が違っても付き合います。たとえば、緑会が各出身高等学校ごとに参加する野球大会をやるのです。辻清明くんは三高のピッチャーです。コントロールはすごくよかった。そういう機会はぼくらはほとんどない。高等学校の友だちと、そのまま交友が続いているのです。三年で卒業するころになって、辻くんなんかと知り合ったかな。ぼくが高等学校の友だち以外で付き合った唯一の機会は南原先生の演習です。これは、いろいろな高等学校出身の学生がいるから。あとは高等学校の友だちの持ち上がりです。

植手　ローザの研究会も高等学校のときの友人ですか。

丸山　ぜんぶ高等学校からの友人。ただし法学部はぼくだけで、経済学部が二人、経済学部は東京銀行へ行った森という男と、もう一人はどこへ行ったかな。学者になったのはいないのです。文学部が一人。文学部は『朝日新聞』の宮地《みやち》健次郎です。ローザの『資本蓄積論』。岩波文庫で三冊あった。それを読んで、それからあと、改造文庫でヒルファーディングの『金融資本論』。林要さんの訳。非常にいい訳です。ローザの『資本蓄積再論』も、各自が勝手に読みました。*『再論』のほうは、再生産の法則を数式を使わないで述べているので、非常にわかりよくて、ローザというのは頭がいいなと思いました。もちろん外ではやれないので、各自の家をまわりもちでやったわけです。森の家が西高井戸のぼくの家の傍なんです。*森のお父さんはどういう関係か知らないけれど、広田弘毅なんかをよく知っていて、何しろばかでかい家なので、いちばんよく使ったけれど、一応まわりもちでやりました。森もよく勉強して、第一部門、第二部門というのを大きく墨で表に書いて説明しました。『資本蓄積論』のなかで、『資本論』の第二巻を検討するところです。

付き合いは法学部がいちばん多いのだけれど、いまの読書会みたいなものもありました。法学部は圧倒的に高文組ですから、築地小劇場や読書会には縁がないんだ。みんな中央図書館へ行くけれど、ぜんぶ高文の準備です。

植手　話がもどるのですけれど、高文を受けるつもりも全くないのに、どうして法学部へ行かれたのですか。その前に、どうして一高の文乙に行かれたのかもお聞きしたいと思っていたのですが。

丸山　それは明確に理由があるのです。文乙がいちばん難しいのです。どこの高等学校でもそうじゃなかったかな。文乙は難しくて、文乙から回されて文甲に行き、また回されたやつが文丙〔第一外国語はフランス語〕に行く。入るのは、フランス語がいちばんやさしい。ドイツ語がいちばん難しいのです。だから、文乙というのはなんとなく威張っているわけです。府立一中からでも多数は文甲です。〔第一外国語が〕英語だから、そのままずっと行ける。それに対して、ここでチャレンジするというので文乙を選ぶというのです。ぼくの場合単純に語学が好きだったということがあります。中学時代の英語もそうですけれども、語学が好きだったのです。

むしろ大事なのは法学部を選んだこと。ぼくは文乙ですから独文が志望だったのです。そういうことを考えるのは高等学校の三年になってからですけれど。先生が、どこへ行くんだと聞くでしょう。ドイツ文学をやると言ったら、菅虎《すがとら》〔菅虎雄〕という名物教授がいるのです。漱石の親友*だけれど、菅虎さんは鎌倉に家がある。家に来い、と言われて、鎌倉に遊びに行ったら、一日かかって諄々と説教されました。文学なんていうものは専攻すべきものではないと。文学というのは、それ自身面白いものだ。だから、どんな学問をし、どんな職業についても、自ずから読む。だから、大学へ行ったら、その後勉強できないような学問をやれ、と非常にきびしく言われました。名前は忘れたけれど、いろいろな例を挙げました。だれだれを見ろ、あれは法学部出じゃないかとか。文学部を出ないで芸術の方面へ行ったような人を、いろいろ挙げました。それで転向したというのは、ずいぶんだらしのない話だけれど、菅さんには信用があったので、やかましく言われて閉口してしまった。

親父は親父で同じようなことを言うのです。大学は、大学を出てからは勉強できないもの、独学で勉強できないものをやるところだ。文学なんていうのは独学でやれると。親父が言うには、学校を出てからおよそ勉強できないのが法律だ。学校のときにやっておかないと後から勉強したってだめだと。親父は早稲田の邦語政治科というのを出ているのです。法律を勉強しておいて非常によかった。新聞記者には法律が苦手の者が多い。新聞記者で法律を知らないのはだめだ、おれなんかはと、自慢話になるんだけど、むかしから法律をやっているので、条文に対する抵抗感がない。ああいうものは学生のときにやっておくものだと言うのです。だから偶然、ちょっと違うけれど、菅さんと同じようなことを言われた。

ぼくは菅さんに言われて考えたのですけれど、法学部はいちばん最後なんです。文学部へ行ってだめなら、次は経済と思ったのです。ところが、兄貴が〔京都大学〕経済なんです。これは非常に単純なのです。兄貴の後塵を拝したくない。どうせ文学部へ行けないならというので法学部。しかし、法律はかなわんというので、政治になるわけです。

当時、六五〇人のうち政治〔学科〕が一五〇人前後、あとは法律〔学科〕ですから、法学部の本命は法律なのです。政治はつけたりなのです。せめて政治をやるということであって、政治学とかいう高尚なことではなくて、法律はかなわんというネガティヴな意味です。それで結局、法学部へ行くことになった。やはり文学部へ行きたかった。ドイツ文学をやりたかった。〔一高の〕片山〔敏彦〕さんの『ファウスト』講義なんかは非常によかったから。*

法学部へ入る学生で、法律を勉強したいという学生はほとんどいないんじゃないですか。高文を含めて就職が目当てです。それは末弘さんがよく言っていた、文学部との非常な違い。文学部へ行く人は、文学を志望する。経済はちょっと違うけれど。

7　ファシズムの時代の大学と知識人

右傾化と大学

松沢　後にもどりますが、大学時代についてもう少しうかがいたいのですが。

丸山　大学時代のことは、話せば、きりがないのです。非常な激動時ですから、時代の雰囲気が、大学一年、二年、三年と、ぜんぶ違うのです。

大学一年の終わりに天皇機関説事件が起こる。機関説問題を押し進めたのは、とくに、真崎甚三郎、荒木貞夫らの皇道派なのです。荒木は軍事参議官にすぎなかったけれど、真崎は教育総監です。統帥権干犯問題を海軍と一緒になってやった。もちろん海軍は、前から軍縮について統帥権干犯を問題にしていたのですが、機関説問題と結びついて再燃するのに大きく力があったのが真崎なのです。機関説は国体に反する。そういうことでは軍人はとても天皇のために死ぬ気にならないと強く主張した。ぼくらには、真崎という人物は非常に大きくクローズアップされている。教育総監として国体明徴運動の人推進者なのです。ずっと後の話になりますけれども、その真崎が東京裁判のときに、なぜ被告にならなかったのかというと、東京裁判は、天皇を生かしたというのもそうなのですけれども、非常に政治的で、キーナン検事が真崎と取引をしている。つまり、統制派をやっつけるというところで取引が成立しているのです。東条は統制派のほうから出ていますから、皇道派を利用して統制派を裁くというふうにアメリカのほうで決まったわけです。あれだけ大きな役割を演じた真崎が起訴もされないのです。たとえば、広田弘毅なんていう人が死刑になるというのと非常なアンバランスです。

そんなわけで、前に言いましたが、宮沢〔俊義〕先生の講義内容が一変して、帝国憲法の第一条から四条までは論じないことになってしまう。そのころ宮沢先生はスレスレのところにいたのです。あとで、宮沢先生ご自身が退官のとき、最後の教授会で話されて、はじめてわかりました。* 当時穂積重遠学部長に呼ばれ「もし君の身分が問題になったら、法学部に迷惑がかからないよう善処してくれ」つまり辞めてくれと言われているのです。そのときから自分は学問的には死に身だと思ったと言われた。正直な告白でぼくらは感動しました。

その翌々年になりますか、国法学を担当していた野村淳治という教授が、国家法人説ですから当然、国家の最高機関という言葉を使っていたのですが、それを国家表現人と変えるのです。天皇は国家の最高の表現人。もちろん国務大臣その他も、機関ではなく表現人です。そういうふうにして、刻々状況が悪くなる。

二年になって、国体明徴運動が絶頂に達し、急速に東大法学部と経済学部に対する攻撃が激しくなります。帝大粛正期成同盟というのが組織され*、直接にやっているのは、もちろん蓑田胸喜なんかなのですが、陸軍大将以下ずっと名を連ねていました。銀杏並木に右翼団体が押しかけてきて、末弘厳太郎先生の午後の講義が中止になったことがあった*。羽織袴でステッキをついた連中が、法学部長室で末弘学部長に辞職勧告書を手渡したらしいのです。次の講義のときに、末弘先生が、秩序維持に責任が持てるかと学生課に聞いたら、持てないと言ったので休講にした、と笑いながら話していました。

そのときのことなんですが、銀杏並木の右翼を学生が遠巻きにずっと取り囲んで、学生との間に問答が始まった。羽織袴のひとりが「次はなんの時間だ」と言うので、学生が「債権です」と答えると、「債権？　なんだ民法じゃないのか」と言ったので、学生がどーっと笑った。「なーんだ、右翼というのはあの程度なんだな」と学生たちが言っていました。

ぼくは、いつか書いたことがある*のだけれど、普通の学生は反ファッショでもなんでもないが、その学生のなかへ当時の時局的な思想が浸透しなかったひとつの原因は、右翼の程度が低かったということもあると思うのです。帝大の学生なんかはついてゆけないっていう面があった。だけど現実の上では非常に力があった。これはナチと非常に違うところなのではないか。ナチは学生組織が大きかった。教授の追放でも、学生の突き上げで行われたという場合が多い。

日本の状況を論ずる場合に大事なことは、本当は、政府にとっては機関説問題もあまり激しくなると困るということなのですね。岡田啓介首相も初めのうちは「大多数の学者も反省しているし、これ以上問題を広げたくない」と、しばしば言っています。でも結局、社会状況が収まらなくなってしまう。最後には岡田首相が、本心ではそう思っているわけでもないのに、機関説は国体に反すると明言してしまうわけです。状況に押されてどんどん悪くなっていく。このときの天皇裕仁の発言が「原田日記」〔原田熊雄述『西園寺公と政局』全九巻、岩波書店から刊行〕などで伝えられ、問題になりました。元首という言葉は、機関説を前提にしている。機関説でもいいじゃないか。また、美濃部〔達吉〕は決して不忠の臣ではない、とも言っているのですね。それが重臣たちだけでなく、上層部の本心なんだけれども、ズルズルと引きずられて、機関説はご法度になる。

そして、ぼくの二年の終わりに、二・二六事件が起こる。二・二六事件のときのことはお話ししましたが、事件の経過そのものは、後になっていろいろ聞いてはじめてわかったもので、そのときは全くわかりませんでした。どうして急に事態が一変するのか。「陸軍大臣告示」が一度出る。お前たちの趣旨は天聴に達したと伝えられる。それから二四時間経つか経たないかのうちに急に反乱軍になってしまう。軍事参議官会議では全く結論が出ない。どうしていいかわからない。終始一貫、強硬だったのは天皇なのですね。最後には、皇道派に同情的な陸軍高官たちが「反乱将校は自決させるから、勅使の差遣を賜りたい」と言って、天皇に拒否されるのです。朕、自ら大元帥として討伐すると。＊戦後の回想では、天皇自身は、あのときは行き過ぎたことをしたと反省しています。でも、明治憲法下では当然なのです。「朕ハ汝等軍人ノ大元帥ナルソ」という軍人勅諭から大日本帝国憲法まで、一般国務と統帥とは、はっきり区別されている。国務については国務大臣の輔弼《ほひつ》です。帝国憲法第五十五条に、「国務各大臣ハ天皇ヲ輔弼シ其ノ責ニ任ス」とあります。つまり君主に責任は及ばない。責任は大臣に帰する。君主無答責です。

ところが、統帥は全然別です。これは、憲法作成者たち、伊藤博文、山県有朋他の一致した考えで、統帥は一般国務とははっきり区別されて、天皇は軍隊を親率する。したがって、参謀総長および軍令部総長は天皇を補佐するけれども、一般国務における大臣の輔弼とは法律的性質が全く違って、その責に任ずるということはない。憲法にはもちろん出てこない。つまり、天皇は「陸海軍ヲ統帥」し「戦ヲ宣シ和ヲ講」ずとあるだけで、＊それについて誰それの輔弼を要するということは全くありません。したがって、帝国憲法を最大限に立憲主義的に解すれば、一般国務については、国務大臣が責任を負って君主無答責というのは出るのだけれども、統帥については、直接天皇に絶対の権限がある。

したがって天皇に責任が及ぶことは当たり前なのです。それを、かなりのインテリの人でも、立憲君主として行動するのだから、ということをいい、天皇自身も知っていてごまかしているのか、わからないけれども、戦後の回想では、朕自ら討伐すると言ったのは行き過ぎであったという。そうではないのです。

ついでに申しますと、統帥権干犯*問題については、美濃部先生が、ロンドン条約は統帥権干犯ではないと言ったことが、その後、睨まれる一つの原因になる。統帥権が一般国務と截然と区別されて、国務大臣のいかなる輔弼*も要しないということは、美濃部先生の『憲法撮要』にもはっきり書いてあるのです。これはわが国の憲法の特色である、と。統帥権そのものは美濃部先生もはっきり認めているのです。ただ問題は、作戦用兵に関する統帥大権と編制大権とに別れているのですが、作戦については文字通り絶対なのです。ところが編制となりますと、少なくとも陸海軍の予算の問題になる。予算は帝国議会に付されるわけです。しかも衆議院に先議権があって、一般の立法よりも強い権限を持っているのです。軍備の問題は予算に関係してくるから、純粋な統帥権問題ではないというのが美濃部先生の立場です。なぜ軍縮をやるのかといえば、財政上の必要からである。財政は一般国務だから純粋な統帥の問題とはいえない。だからロンドン軍縮条約を締結したことは統帥権の干犯にならない、ということです。

ファシズム化とインテリ層の分岐

丸山　ぼくの大学時代は、すでに高等学校のときから滝川事件が起こり、国際連盟脱退があり、かなりファッショ化しているのですけれども、後の時代から比べると、まだよかったなという気がします。というのは、ある意味ではぼくの悪い先入見かもしれないのですけれども、さっきの右翼が東大に押しかけてきたときの学生の反応その他を見て、日本のインテリというものが、そんなにファッショにコミットしていない。積極的に抵抗はできなくなっても、コミットしてはいないという印象を持ったのです。それが、大学を卒業した年〔一九三七年〕の夏に盧溝橋事件が起こり、日華事変と呼ばれるようになりました。これが大きな転機ですね。国家総動員法〔一九三八年四月〕とか新体制〔一九四〇年六月〕とか、その後の基本的な動向はぜんぶこの事件を契機にして進行していく。実際に三木清といった人たちも含めて翼賛運動にどんどんコミットしていくようになる。

近衛文麿首相が、国民再組織ということを言います。国民の再組織とはどういうことかというと、議会政治はもう機能しなくなったということなのです。そこで、左翼の洗礼を受けていた人がむしろ、議会政治をブルジョア議会主義といって批判していましたから、時局の圧力と近衛の動きと両方で、新体制運動や翼賛運動に肯定的になってくる。

そのころから、インテリ層の気分が非常に違ってきたと思います。逆にいえば、ぼくは助手時代のほうが、時代に対して孤立感が深くなった。学生のときはまだ、学生のあいだに、経友会が尾崎咢堂を呼んできたり、自由主義的な気分が一般的で、軍部や右翼、またドイツやイタリーのファシズムに対する反感がありました。

インテリが新体制への動員にコミットするようになったのが昭和一二年(一九三七)以降だと思います。そこで日本のインテリ層のあいだで分岐が起こった。その分岐がとくに甚だしいのは左翼インテリです。分岐点の一つは、ファシズムの国際的な勃興をどう見るかということです。ドイツやイタリーのファシズムが国際的に勢いを伸ばして世界新秩序をいう。日本も東亜新秩序と言いはじめます(一九三八年一一月)。ニュー・オーダーです。左翼インテリの一方にはこれが歴史の新しい潮流と見えてくるのです。一方で、ブルジョア自由主義に対する悪口をさんざん読んだり聞いたりしている。そうすると、ブルジョア自由主義の古い時代はもう終わって、世界史の新しい段階がきているように見えてくる。英・米・仏などが中心になった自由主義の世界秩序は没落し、世界史の新しい段階が始まっているという時代認識が、必ずしも京都学派だけでなく、インテリ層のなかにも共有されるようになるのです。ただ、こういう動きは、ファッショそのものではないのです。そういう基本的な情勢認識の上に、新体制運動のなかに入って、それをできるだけよいものにしていこうとする人々もいる。たとえば、ナチの焚書事件のような文化に対する圧迫などがないようにと。

そういう方向に対して、マルクス主義の自由主義批判の部分を引っ込めて、むしろ自由主義的な諸価値を評価して反ファシズムで戦線を建て直そうとする動きが出てきます。そのころ日本には、共産党は実際にはいなくなっていますが、左翼と自由主義が組んで、ファシズム対反ファシズムという対抗の構図で、日本および世界の動向に対処してゆこうという動き。この二つの傾向に鋭く分岐していくのです。

だから、転向とひとくちに言いますけれども、昭和八年の佐野学、鍋山貞親の転向と、この新体制以後の転向とは意味が違うと思うのです。佐野、鍋山の時代にはじまる転向は、日本への回帰といいますか、祖国とか、皇室も入るのですが、そういうものをマルクス主義ないし社会主義がネグレクトしていたことを反省するわけですから、世界史の一般的な動向の問題ではないのです。ところが一九三六〔七カ〕年以後になりますと、いまや自由主義から全体主義へという動向が世界史の必然であるという考え方が広まり、強くなってくる。そうすると、マルクス主義を歴史必然論で捉えていた人は、割合スムースにその方向に流れていくのです。

これがドラマティックに高まるのが独ソ不可侵条約です〔一九三九年八月二三日〕。平沼内閣が欧州情勢は「複雑怪奇」と宣言して辞職する〔八月二八日〕くらいの青天の霹靂だった。昨日まで諸悪の根源のように言っていたソヴィエトと提携する条約をナチが結んだんですから、世界中が瞠目したわけです。戦後、ヨーロッパやアメリカに行ってみてわかったのですが、知識層に対する独ソ不可侵条約の衝撃は非常に大きいのです。あのとき、共産党からの大量脱党がオックスフォードでもケンブリッジでも起こっています。一夜にしてイギリス共産党の言い方が違ってくる。とてもついていけないというわけです。

日本の場合は共産党がなくなっていたから、そういうことはない。ただ、ますます自由主義から全体主義へ、あるいは国家社会主義への動向が世界史的必然だということがはっきりしたという見方と、ショックを受けて、ナチと結ぶソ連を非難していく考え方とに分かれた。ぼく自身を含めて後者はきわめて少数だと思うのですが。わたしは、磯田〔進〕くんと第二食堂〔本郷構内の食堂〕で大激論をしました。磯田くんが、ナチスは本当の社会主義ではないけれども、ブルジョア自由主義に比べれば世界史的に一歩進んだ段階だと言うものですから。

それから二年後、ナチが突如として、再びソ連に侵攻します〔一九四一年六月二二日〕。独ソ開戦の報が伝わった日のことをよく覚えています。なんか、ふっきれないものがふっきれたという感じなのです。ぼくは家でバンザイを叫びました。ぼくの頭の中の図式に独ソ不可侵条約はどうしてもうまく収まらない。ドイツがソ連と開戦した。ソ連は直ちに英米と同盟を結んだ。* そうすると共産主義を含めた自由主義対国際ファシズムという図式で割り切れるようになった。曖昧になっていたファッショ対反ファッショという図式がはっきりしたわけです。

　ヨーロッパでは、一九三六年、ぼくが大学三年のときだけど、スペイン内乱が非常に大きな事件なのですね。ご承知のようにジョージ・オーウェルとか、アメリカからヘミングウェイとか、そういう人が人民戦線軍に参加する。参加して中に入ってみて、ソ連の国家理性というものの醜さというか、現実を身に沁みて感じるのです。そこで大量脱党がおこる。ヨーロッパにおける第一の転向です。スペイン人民戦線のなかにはアナーキストがいましたから、ソ連は、武器援助をする条件に、それを排除しろと強く要求する。人民戦線内部ではアナーキズムの勢力が強いから、それはできない。ソ連は、独・伊のフランコへの援助ほど本格的ではなかったけれど、英米仏に比べればはるかに人民戦線を援助しました。けれども、アナーキストが入っているということで本気になっていないのです。それは、日本のわれわれにはわからなかった。ただ、国際情勢なんかについて議論することが好きな学生ないし若いインテリのあいだでは、よく議論しました。そしてフランコがだんだん強くなってくるので、非常にがっかりしました。ずっと後に、ジェームズ・ジョルが日本へ来たときに（一九六四年）、昔話になって、ぼくが「不覚にして日本では情報不足だったので、人民戦線の内部の状況を知らなかった。ソ連の人民戦線援助について、いまから見ると非常に甘い見方をしていた」と言ったら、ジョルが「いや、我々もそうだった」と言うのでびっくりしました。ジョルのような至近距離にいた人でさえ、やはりソ連に対する見方が甘かった。ソ連の反ファッショを額面通り信じていた。ぼくは逆にそのことに驚いたのです。独ソ不可侵条約がもたらしたのがヨーロッパでは第二の転向の波です。*

ナチズムの評価をめぐって

松沢 ちょっとずれるかもしれませんけれども、今の問題に関連して、私の記憶がもし間違っていなければ、先生は以前、大塚〔久雄〕先生にも内田〔義彦〕さんにも生産力理論がある。それでナチスがでてきたときに、お二人の評価がちょっと甘いのではないかと思ったという趣旨のことをおっしゃいましたが。

丸山 大塚さんと内田さんとは非常に違うけれどね。ぼくとの違いは、一つは、単純なんですが、経済学をやっているから、つまり専攻の違いということがあると思うのです。経済学――マル経〔マルクス経済学〕ですが――を正しく読めば、銀行資本と産業資本との違いは非常に明瞭なのです。つまり産業資本が優位に立たないかぎりは、資本主義らしい資本主義は出てこない。ユダヤ的資本主義になってしまう。大塚理論は、マルクス主義の正しい解釈だと思うのです。ゾンバルトみたいな俗流マルクス主義は別ですよ。ナチはユダヤ資本主義を最も攻撃するわけでしょう。銀行とか百貨店とかはユダヤ人が支配しているところです。それを排撃する。製造業および工業を重視する。つまり、流通過程より生産過程を重視するということからすると、ナチに対するプラスの評価の面が出てくると思うのです。ところが政治でいうと、ナチに対しては、立憲制ないし議会制を根本的に破壊するという批判のほうが大きく出てしまうのです。これはやはり反動じゃないかということになる。つまり基本的人権を全く認めない考え方は、どこが進歩的だかわからないということになるわけです。

ウェーバーの読み方でもそうなんです。ぼくはウェーバーの政治社会学は、比較的今日まで、看過されていると思います。あまり大塚さんが偉かったから、もっぱら経済社会学として受け取られてきた。題名が『経済と社会』ですから無理もないのだけれど。ウェーバーの国家論と政治学とが、必ずしも十分に検討されていない。一つは、やはり専攻の違いからくるものではないでしょうか。

ぼくにはよくわからないけれども、ナチに対する大衆の共感の一つには、庶民と接触する面での銀行資本ないしは流通資本の横暴さというのか、搾取に対する大衆の怒りがあったのではないか。そういうものは、わりあいナチに行く共鳴盤があった要素だろうと思うのです。大塚さんと戦後に話したとき、大塚さんがいつも引っかかっていたのは中間層の問題でした。ナチは中間層を、ある意味で積極的に捉えたわけでしょう。中間層が非常に大事だということ。公式的マルクス主義に対する批判にもなるわけです。その点はぼくも一致するのだけれど、大塚さんのナチに対して一概に否定できないというところは、ナチが大資本におし潰されていくものとして中間層を捉えるという、その積極的意味ですね。「共同の利益は、個別利益に先行する」という、ナチの有名な言葉があります。ナチの社会主義的な側面のあらわれですね。経済過程だけを取り上げると、そういう面が確かにあると思うのです。では政治的に見て、ナチに積極的な要素が何かあるかというと、今日でも、ないですね。

ぼくはよく言うのだけれど、ナポレオンは確かにフランス革命を裏切って侵略をしただけど、ナポレオン法典が残って、いわゆるブルジョア民法の基礎となっている、日本も含めて。日本やドイツの新秩序というのは、何物も残さないで壊滅している。それはやっぱりナポレオン的帝国主義とナチや日本の帝国主義ないし軍国主義との違いではないか。蘭印とか東南アジアから西欧帝国主義を駆逐したと言うけれど、それは結果論ですね。東条が大東亜会議を招集して〔一九四三年一一月五・六日〕、ラウレルやバー・モウがフィリピン・ビルマから来、チャンドラ・ボースも出席します。むこうは日本を利用して、ヨーロッパ帝国主義からの解放を図ったことも事実です。けれども、大東亜会議で、朝鮮ないし台湾について全然問題にしていないのです。反帝国主義という意味は全く認められない。原理的な意味はない。要するに、欧米をアジアから追っ払うという意図はあったでしょうが、それをもって解放的とは言いえないと思うのです。もし本当にそういう進歩的な側面があったら、朝鮮の、独立ではなくても自治ぐらいの話は出ていたはずです。ぼくの親父〔丸山幹治〕は、アイルランド問題と比較して、しょっちゅう言っていました。朝鮮問題はアイルランドと同じように、非常に厄介な問題になると。『京城日報』にいたせいもありますけれど、朝鮮の問題をやかましく言っていました。朝鮮の解放を一言も言わない世界新秩序は、ぼくはおかしいと思うのです。

ナチで言えばグロースラウム、広域圏理論です。広域圏理論というと聞こえはいいけれども、結局ドイツ帝国主義の合理化ですね。ルーマニアとかブルガリアを、ぜんぶ隷属させる。それでヨーロッパへ進出する。そういう理論は建設的ではないと思うのです。そこはフランス革命の子としてのナポレオンと基本的に違うところではないかと思います。

非歴史的価値へのコミットメント

松沢　非常に面白いお話をうかがいましたけれど、また少し質問をさせてください。

丸山　もう忘れていることがあるかもしれないのですが、戦後に比べますと印象が非常に鮮明です。若かったということもあって。戦争にいたる時代は、一年一年が違ってきていますから。ぼくらから見ると、どんどん悪くなってくる、自分たちの孤立化が進むのですけれど、それだけ印象が非常に鮮明に記憶に残っている。何月何日とか、そういう年表的な意味では、年表を見ないとわからないことがありますけれど、記憶が鮮明です。ぼくのケースをどこまで一般化できるのかという問題は残ると思いますけれど。

松沢　以前からの関心なので立ち入ってうかがったのですけれども、大正デモクラシーから総力戦体制へ移行する過程で、知識人のあいだに、総力戦体制に流れ込む多数派とその外に立つ少数派の分化が進みます。それには、大正デモクラシーにおける自由・自由主義が何であったかという問題がかかわると思います。また、マルクス主義と自由主義の関係ということも、それと関係するでしょう。今日の先生のお話は、その問題に触れてくるので、先生のケースがどこまで一般化できるかは別として、私にとっては時代の動きの核心的だと思われる問題に触れられたという感じで、とても興味深くうかがいました。

これまでのお話のなかで、その問題にかかわることがらが最初に出てきましたのは尾崎咢堂の講演が非常にショックだったというお話〔本書一七八頁〕。なぜショックだったかということの背景についての説明がなかったので、今日のお話でわかってきたように思います。

それでお尋ねしたいのですが、咢堂の話をお聞きになって、先生はそれまでマルクス主義の影響下で、ブルジョア自由主義というのを、ネガティヴな評価をなさっていた。

それがブルジョア自由主義のポジティヴな価値に開眼なさったというふうにうけとめたのですが。

丸山　そうなんですけれども、そのとき、なぜショックだったかというか、ある意味では、目からウロコが落ちる思いがしたというのは、難しく言えば、自然権としての私有財産権、つまり国家以前の権利。そういうことがらはマルクス主義のなかには出てこないのです。すべて歴史主義的思考で、ブルジョア自由主義も歴史のなかに生まれたものとして見る。自然権という考え方はない、自然法という考え方もないから。喜堂の講演から受けたショックはそこなのです。私有財産は自然権だから、天皇陛下であろうとだれであろうと、一指も触れられないという。

歴史主義的に捉えますと、天皇陛下以前の権利みたいなものは、天皇陛下と言ったらおかしいけれど、そういうものは考えられないです。私有財産権のようなものは、国家の発達とともにできてきたものとして考えるので、自然権なんていう発想がないわけです。そこが日本の自由主義の弱さだと思うのです。自然法を持たなかったことが、したがって、自然権という考え方がずっとなかったことが。一種の日本的な歴史主義の上に、マルクス主義の歴史主義がそのまま続いてしまって、一切のものが歴史的だという見方。ぼく自身がそうでした。

喜堂の講演については、そんなに学問的反省をしたわけではないです。学問的に反省させられたのは南原〔繁〕先生です。これは自然権ではないけれども、新カント派でしょ。新カント派というのは非歴史的なのです。非歴史的なものの持っている強みというのかな。時代がどうだからというのではなくて、絶対的なある価値に照らして正しいかどうかということが、まず来るわけです。非常にはっきり、時代のほうが間違っているのだ、時代は間違った方向に歩みつつあるということを、当たり前のこととして言えるわけです。圧倒的に、時代がある方向に向いていますと、歴史主義だと、これが歴史の動向なんだという主張にかなわないのです。その意味では、南原先生を通してうけたのは、歴史主義に対する反省でしょうね。

咢堂についても、ブルジョア自由主義を価値として再認識したということでは必ずしもないのです。マルクス主義の立場に立っても、限界はあるとするけれども、価値としては認識しているわけですから。

松沢　そういうふうにうかがうと、問題の所在がよりはっきりしてきたという感じです。先生の個人史の問題と、同時代の日本の思想史の問題とを重ねあわせて、お話をうかがっているのですけれど。結局、総力戦体制に向かう動向のなかで、それに抵抗しうる思想的拠り所がどのようなかたちで存在したかということに関心があります。

以前、ラスキがここにかかわっているだろうかということをうかがったのですが、やはり南原先生の存在にぶつかったということが決定的だということでした。それでうかがいたいのですが、咢堂の講演のショック、南原先生との出会い。学問的に南原先生にぶつかり、あるいは先生の人格に触れたということもあるかもしれませんが、他にはそれと同じ意味をもつ経験をなさったことはありますか。

丸山　積極的な意味では、ちょっといま思い当たりません。消極的な意味で言いますと、前にも言ったけれども、高等学校時代に捕まったときに、留置場というのは絶対な孤独の世界です。ぎっしり詰め込まれているんですけれども、精神的には全く孤独でしょ。国家権力と自分しかいないという。そういうときに、オーバーに言えば、絶体絶命の危機に臨んだときに、学問とか知識とかいうものが、自分を支えるのに足りないという経験です。消極的に言うと、高等学校のときに学んでいるわけです。

河合〔栄治郎〕さんが自由主義の世界観ということをさかんに言っていたのです〔「改革原理としての自由主義」、初出は『中央公論』一九三五年五月号〕。そういうのをぼくらは馬鹿にしていました。河合さんの世界観というのは、明らかにマルクス主義コンプレックスです。清沢洌が、自由主義というのは心構えであって、特定の世界観ではないのだと言った〔本書一七七頁〕、そっちのほうがぼくにはよくわかったわけです。ぼくが自分の経験を通して学んだのは、経験的な科学を超えた、なにものかへのコミットメントがないと、時代に対する抵抗もできないし、たんなる経験的学問では自分を支える精神的支柱にもならないのではないかということです。その頃はそれ以上には出ませんでした。

重臣自由主義というものに、親父も、広く言えばぼく自身も含めて、深くコミットしていたことに対する反省が、戦後の一つの出発点になっています。反ファッショ一本槍で続いていたのではなくて、ぼく自身が重臣自由主義にコミットしていた。なぜそこが問題かというと、さらにつき詰めると、尾崎咢堂の演説に関連して触れた自然権の問題に行きつくと思うのです。重臣リベラリズムは、自由とか人権の原則に立ってはいない。立憲主義的配慮というのは、天皇に責任が及ばないようにするための配慮なのです。なるほど、彼らの考え方を徹底すれば、統帥権もぜんぶ内閣の管理事項にするというところまでは行くと思うのです。天皇主権は絶対であって動かさない。ただ内閣が明治憲法では憲法上の制度ではない。「国務各大臣」〔第五十五条〕以上のものではない。重臣リベラリズムは内閣という制度を認めて、いっさいを内閣の責任にして、天皇を無答責にするというところまでは行く〔本書三一八頁参照〕。そうすれば、完全に天皇に責任が及ばない体制になるわけです。明治憲法だと、天皇に責任が行くようになっている。天皇に責任が行かないようにするというのが、一つの最大の動機になっていて、国民の自由なり、人権の保障というのが原則になっていない。だからこそ、天皇にどうしたら責任が行かないようにするかという配慮のために、現実には状況にずるずる引きずられていく状況追随主義になってしまうと思うのです。ぼくは、親父も含めて、重臣リベラリズムの本当の限界は、敗北とともに学んだのです。

松沢　戦後史の展望のターニング・ポイントを示された感じですね。

敗戦後の模索と「転向」

丸山　そういう意味では、ぼく自身も「転向」をしているわけです（「昭和天皇をめぐるきれぎれの回想」『集』十五）。変な話だけれど、『世界』に書いた「超国家主義の論理と心理」（『集』三）は、ぼくの自分史にとっては画期的でした。前から考えていたことを、言論が自由になって発表したということでは決してないのです。敗戦の翌年の三月ごろに執筆し、発表したのは五月号です。一気に書きましたけれども、しかし、敗戦からは半年たっているわけです（本書二九五頁、三一四頁）。その間、迷いに迷いました、あそこで書いたことを自分の考えとするには。あそこでは、ポツダム宣言と同じ思想、つまり、国民が自由に発表した意志が日本の最終の政治形態を決定するという考え方を表明しているわけです。それは決してぼくの元からあった思想ではない。それまではもっと天皇と一体化したような国民という考えでした。急進右翼が考えたのと逆の意味で、国体論者というのは君側の奸だという考え方だった。

戦争直後に、治安維持法撤廃、獄中一八年組の釈放は、だらしのない話だけれど、ぼくは全く予期しない出来事でした。非転向組というのが強烈だった。なぜ彼らは非転向しまったのか。彼らは獄中にいたために、彼らにとってマルクス主義が自然法になってしまった。マルクス主義は、およそ歴史主義だから、自然法とは相容れないのだけれども、獄中にいて世間との接触がないために、マルクス主義が超歴史的な自然法的な真理になってしまった。世の中がどう変わろうとマルクス主義で貫く。そこで非転向が出てくる。戦争直後にそう考えました。非転向の問題はそれだけ重かった。よく、あの時代に耐えられたという感じが一種の自然法および自然権ということを改めて思い出させたのですね。同時代的には、マルクス主義の転向・非転向という問題は、蔵原惟人《これひと》の話なんかはよく伝わって来ましたけれども、それは節操があるかないかということで語られるだけでした。ぼく自身それ以上、転向・非転向の思想的根拠についてはあまり考えなかった。とくに歴史主義的思考との関係についてもそうです。南原先生がヘーゲルは危ないよと言われる意味もその当時はわからなかった。

ぼくは、自分がマルクス主義者と思っていなかったこともありますが、マルクス主義がどうなったかにも関心はあったけれども、むしろ、日本に自由主義はあるのかということが気がかりでした。天皇も含めて後の言葉でいえば、重臣リベラリズムというものには致命的な限界があるということがだんだんわかってきた。逆に言うと、親父の影響を受けていましたから甘かった。親父の影響を受けて、立憲主義的君主制に対するコミットメントが強くありました。

8　助手として

助手室の人々

丸山　よく中央図書館に通って洋書を読んでいたなんていうと、初めから学を志しているようだけど、学者になろうという気は全くなかったというのは本当です。

大学三年の一〇月ころになると、高文〔高等文官試験〕の結果が発表になるし、秋ごろから、どんどん就職が決まってくるのです。「お前どうするんだ」と周りからさんざん言われました。親父は「新聞記者は一代限りでたくさんだ」と言うのです。そのせいもあって、新聞記者になるつもりはなかったけれど、一つには外国へ行きたいと思って、それで、連合通信〔同盟通信の前身〕、いまの共同通信を受けるつもりでいました。当時、新聞社の試験はだいたい翌年の三月なのです。

秋の終わりごろに、ひょっと見たら法学部助手募集の掲示が出ていました。それで応募する気になって、南原〔繁〕先生のところへ行った。先生の演習に出ていたし、先生が出題・銓衡した緑会の懸賞論文に当選したということでも、先生を知っていましたから。正式に決まったのは卒業の直前でした。

助手は五人採用になって、法学部としては例を見ない多人数なのです。しかも、そのうち三人が政治系統だというので、南原先生は非常に喜びました。辻清明、佐藤功、それにぼくの三人ですが、ただ、佐藤くんは、憲法の宮沢俊義先生のところで助手になったので憲法だから法律扱いです。つまり政治学科を出た三人のうち、政治関係の助手として扱われたのは二人なのです。佐藤くんにはちょっと気の毒でした。というのは、小野塚〔喜平次〕先生の政治学研究会についていうと、ぼくはメンバーにされる。ぼくは直系卑属になる。小野塚先生の関係では弟子の弟子でしょう。辻くんも蠟山政道先生の弟子だから直系卑属でメンバーにされるけれど、佐藤くんは法律だから別なのです。いろいろなときに、辻くんとぼくは政治で、佐藤くんは法律だからということで選別されてしまう。たとえば蠟山先生が、助手になって間もなく、家でご馳走してくれました。人をもてなすのが好きで、よく中野の家へ呼ばれました。それは辻くんとぼくです。そのとき不思議には思わなかったけれど、なぜ佐藤くんがいないかと考えてみると、佐藤くんは憲法なんですね。政治関係の専攻者をということなのです。後の時代からみると、教授が助手をよく呼んでご馳走してくれるなんて夢のごとき時代です。ぼくは〔助手〕第一年目の終わりにスキーに行って、肺炎になってしまい〔一九三八年一月〕、療養のために半年近く大学を休んでしまった。辻くんを通じて辞意を表明したら、南原先生は笑って受け付けなかったけれども、病気になって一週間目ぐらいに、蠟山先生が見舞いに植木鉢を届けてくれました。研究室の雰囲気は、大衆社会的ではないのです。

第一共同研究室と第二共同研究室とがあって、新しく助手になったなかでは、豊崎光衛さんと佐藤くんとぼくとが第一共同研究室。豊崎さんは川島武宜さんと同期で卒業は古い人なのですが、いろいろの理由で遅れて、ぼくらと一緒に助手になった。それまで大学院の学生だったらしい。辻くんと、東北大学出で国際私法の折茂《おりも》豊くんが第二共同研究室に入ったのです。第一共同研究室にすでにいたのは、野田良之くんと来栖三郎くんと二人。第一共同研究室では、野田、来栖、豊崎が法律系統で、佐藤、丸山が政治系統です。佐藤くんは憲法だけれど。

来栖さんとも非常に仲よくなって、よく一緒に飯を食べに行きました。本郷の「田村」などに食べに行って二時ごろまでダベっているわけです。来栖さんが助手論文を書いていて、民法だからギールケでふうふう言っているのです。アインハイト、フィールハイト、ガンツハイトという有名な観念がギールケの中にあるのです。つまり、一と多と全。アインハイト、フィールハイト、ガンツハイトと言いながら研究室をぐるぐると歩いている。あの人も変わっているから閉口しましたけれど、昼飯は第二共同研究室もよく一緒でした。

そのときに多く誘ってくれたのは戒能通孝《みちたか》さんです。戒能さんは末弘〔厳太郎〕先生の研究室にいた。つまり居候です。戒能さんは中央大学の講師で、もちろん山上御殿《さんじょう》の食堂へは行けないから助手の部屋に誘いにくるわけです。ぼくは戒能さんからよく教わりました。戒能さんは、ギールケを本当は読んでいない、インチキだと言う人もいたけれど、とにかく博学無比でした。ぼくは、ウェーバーの『経済史』は学生のときに買っていたけれども、『経済と社会』なんていうのは、はじめて戒能さんに教わっています。

次の年〔一九三八年〕に、磯田進くんが穂積重遠《しげとお》先生の下で助手になって入ってきました。高等学校はぼくより一年上なのですが、滝川事件で無期停学になってしまって遅れたのです。彼はアクティブだから、戒能さんを旗頭にして私的研究会を始めた。戒能、磯田、ぼく。辻くんも多分入っていたと思います。磯田くんの慎重な配慮で、安全のために裁判官を入れたほうがいいと言うので、当時まだ裁判官補だった寺田熊雄を、わりあいリベラルだというので入れた。寺田は、戦後、岡山市の市長になりました。まず明治維新を勉強しようということになって、史料編纂所にいた小西四郎くんに頼んで、数回にわたって明治維新の概説を講義してもらいました。会場は神田の学士会館です。戒能さんが、小西くんに意地の悪い質問をするのです。戒能さんはそのころ中田薫先生批判の論文を書いている〔「所持と所有」『民商法雑誌』一二巻二―四号、一九四〇年八―一〇月〕。いまでも大問題なのですけれど、本百姓の田畑に対する所持――当時の言葉だと所持と言うのです——が所有権かどうか。中田先生は所有権と解する。戒能説は所有権ではないのです。それで、戒能さんはギールケを読んだのでしょう。『ダス・ドイッチェ・ゲノッセンシャフツレヒト』〔『ドイツ団体法論』〕なんか読んだのは、中田学説批判の論文を書くためもあるのです。

そういう概念的なことは、歴史の人は苦手でしょう。小西くんの説明は、当時の歴研〔歴史学研究会〕はみんなそうだけれど、江戸時代の土地制度は大土地領有だという考えですから、本百姓というのは農奴なのです。中田先生に反対なのは共通しているけれど、戒能さんのほうは中田先生と論争するだけあって、もう少し細かくやっている。農奴とは言えないというのです。江戸時代の本百姓は、もっと近代的になっている。百姓の所持というのは封建的農奴とは範疇的に違うという。その意味では中田先生に近いわけです。そこを突っ込まれる。小西くんは、近代的所有権なんとかと言われても、よくわからないわけです。傍で聞いていてかわいそうでした。

とにかく小西くんから明治維新史、幕末維新史の概説を一応聞いて、そのあと何をやろうかというので、土屋喬雄さんが岩波全書で出していた『日本経済史概要』*をテキストにしてやりました。

そういう私的な研究会はあったけれど、助手になると専門が決まってしまい、専門の勉強に忙しくなってしまうので、辻くんとぼくと佐藤くんと三人で政治関係の助手の結束コンパというのをやろうということになった。はじめは助手コンパを毎月やろうと言っていたのです。豊崎さんはあまり年が上だし、折茂くんは変わっていて、やってもいいけれど女のいるところは嫌だと言うのです(笑)。一杯飲んでコンパをやるのに、そんなところはないでしょう。それで折茂くんは外そうということで、結局、三人になった。

　第一共同と辻くんなんかを含めて遊んだのは、研究室の屋上で毎日キャッチボールをしたこと。そうしたら、小野清一郎先生が三階なのです。屋根が薄いらしくて、「助手が屋上でうるせぇ」という文句が出て、それでもおそるおそる続けましたけれど。はじめは三角ベースみたいなことをやったのかな。走ると下がうるさいものだから、単なるキャッチボールにしたのかもしれません。

　助手になって間もなく、五月ごろ南原先生が「君は日本思想史をやるのだから、歌舞伎や文楽のことを知らなければだめだ」と言うので、文楽に招待してくれました。ぼくは歌舞伎は観たくないけれど、文楽は親父が大阪で保存会のメンバーだったのでわりあい観ていました。南原先生にそう言われて新橋演舞場*に行きました。〔清元〕延寿太夫だったかな『八百屋お七』をやったのを覚えています。南原先生が「本当は人形使いよりも、三味線のほうが面白いのだ」と。佳境に達すると誰も舞台を観ていないで、延寿太夫のほうに目が行く、と言うのです。先生は四国で習っているのですね。義太夫を披露したことはないけれど、少なくもぼくに比べれば先生のは本式です。

助手になってから毎月やることというと、『国家学会雑誌』の編集です。ひと月のうち最後の一〇日は『国家学会雑誌』で丸潰れです。編集会議は研究室内で、はじめ編集長は宮沢先生で、政治関係の教授、助教授が出てきて、ぼくらは末輩に連なってやるのです。企画はそこで決まるのですが、雑誌づくりはもっぱら助手の仕事です。発売元の有斐閣から毎月一五円ずつ手当てが出る。一五円で三人だと五円ずつになるのです。あるときなんか二人とも応召してしまって、ぼくだけ残りました。そうすると一五円もらうわけです。その代わりたいへんだった。後の時代と違って、表紙作りからゲラ直しまで、ぜんぶこっちがやるわけです。ゲラの直し方とか、技術的なことまで覚えなければいけない。いちばん厄介なのは、『国家学会雑誌』は大日本印刷でやっているのです。大日本印刷の担当にしょっちゅう電話をかけて、まだ再校が出ませんか、まだ三校が出ませんかと交渉する。杉山直治郎先生なんかは九校ぐらい取るのです。それから、先生のところへ原稿の催促、ゲラ直し。いよいよ迫ってくると毎月大日本印刷への出張校正。『国家学会雑誌』は毎月一日刊行が決まっています。あのころは『東京朝日新聞』は第一面はぜんぶ広告なのです。題字の真下〔正しくは左隣〕が、『国家学会雑誌』と決まっていて、そこはちゃんとあけてありました。たいへんなものなのです。ぼくの還暦祝賀のときかな、余興で福島新吾くんがクイズを出しました。「丸山眞男という名が初めて新聞の活字になったのはいつか」という。誰も当たらない。当然なんです。徂徠の論文が

『国家学会雑誌』でしょう。それが『東京朝日新聞』の題字の真下に広告が載る。その広告の出た日が答えなのだから(笑)〔一九四〇年二月一日〕。毎月一日に必ずそこに載る。非常の場合でも二日です。必ず刊行しなければいけない。その責任たるやたいへんなのです。三〇日のうち終わりの一〇日は丸潰れです。助手論文を書いているときでもそうでした。自分の論文を書いて載せるときでも『国家学会雑誌』の編集をやらなければいけないから、あとの一〇日は自分の論文を書くことが全くできない。最初の二〇日間で、次号に載る分を書いてしまって、それから編集ということになるわけです。

昭和一一年(一九三六)に日独防共協定が締結された〔一一月二五日〕。日独防共協定の締結記念にオットー・ケルロイター教授が来日する。田中耕太郎学部長のときで、三一番教室で学生に対して講演がありました。まず田中学部長が紹介して、ケルロイターが講演しました〔一九三九年六月一日〕。要するにケルゼンなどに対する批判です。ケルロイターもさるもので、田中教授の言い分は全く正しいと言いました。田中先生が、ケルゼンの純粋法学批判を書いて、横田喜三郎さんとの論争があるのです〔本書一二六頁二行への補注参照〕。

南原先生の『形相』の中に、そのときの歌があります。「ケルロイター博士の午餐の会を断りて雨寒き昼をひとり飯《いひ》くふ」と。会食は午後一時からです。『国家学会雑誌』の原稿かなんかの用があって先生の部屋に行ったら先生は弁当を食べているのです。

「先生、山上御殿（大学の迎賓施設・懐徳館が正しい。右の歌の詞書に「六月一日大学懐徳館において独乙のナチス学者ケルロイター教授の歓迎会あり」とある）に行かれないのですか」。ほかの教授は、山上御殿でケルロイターを交えて食事しているわけです。そうしたら「ばかばかしくて出る気はしない」と笑って言いました。

植手　出ないために、わざわざ家から弁当を持ってきておられたのでしょうか。

丸山　先生はいつも弁当を持ってきていました。その日も昼食会が決まっているのだけれど、弁当を持ってきているのです。

この締結記念に来日したのは、オットー・ケルロイターの前が、エドゥアルト・シュプランガーです（一九三六年一一月―三七年一〇月）。ドイツも相当一流の人を寄越しました。シュプランガーは戦後、痛烈にカール・シュミットを批判しています。南原先生はシュプランガーのことを「あれは本当はナチじゃないんだけどね」と言いました。でも亡命はしなかったのです。その当時、日独防共協定で記念来日というのが多かった。学問ではないけれど、ウィルヘルム・ケンプがピアニストとして最初に日本へ来たのはその文化使節としてです。まだ白面の青年でした。* 新響（新交響楽団）とモーツァルトのニ短調のコンチェルトと、ベートーヴェンのエンペラーをやった。明治生命の講堂でもベートーヴェンのピアノ・ソナタ全曲を連続演奏しました（一九三六年四月）。

矢部・岡両先生とヨーロッパのファシズム

丸山　植手くんが『東京大学百年史』から抜き出してくれたメモにそって思い出すことを話します。

昭和一二年(一九三七)には、暮れに矢内原事件が起こった。矢内原忠雄先生辞職。大内兵衛先生が切々たる訣別の言葉を『帝国大学新聞』に載せました(一二月六日号)。

矢部貞治さんは、ぼくの在学中の昭和一〇年に留学して、ぼくが助手になった年(一九三七年)の五月に帰国しました。帰る早々、法理研究会でヨーロッパ情勢について報告した。いまヨーロッパは、ファシズムと共産主義の二者択一を迫られている。デモクラシーの凋落は避けがたい。両極分解のおそるべき状態にある、と。そんな内容でした(『別集』一「法理研究会記事」六一―六七頁参照)。そのあと、辻くんとぼくを引っぱってバーに連れていきました。飲んべえなんです。いろいろなことを、外国へ行くときは女房を連れていけとか、そういうことまで懇々と訓示をたまわりました。それから岡義武先生に対する批判です。二人は同期なのだけれど岡先生と矢部先生は性格的に全く違うのです。ヨーロッパにいる矢部先生は、横光利一の『旅愁』にモデルになって出てきます。ちょっと横光に似ていて、日本主義に揺れているところがあった。「岡くんはシニカルでねえ」と悪口ばかり。矢部さんは日本の赤化を非常に憂えている。それを岡さんは「どうして悪いんだ」と聞き返すと言うんです（笑）。当時、フランスは人民戦線内閣です。レオン・ブルム内閣の催したファシズム打倒国際大会というのがあって、最後に人民戦線万歳をやるわけです。岡先生は、高橋正雄さんと一緒に広場で見ていて「おい、やろうか」「やろう」というので「人民戦線万歳」とやったらしいのです（笑）。そのあとリュクサンブール〔公園〕で矢部さんと会って話し合う。矢部さんがこれからドイツへ行くと言ったら、岡さんは「君がドイツに行ったらナチになる」と言ったというんです〔「岡義武──人と学問」『座談』九〕。矢部さんは、それがたいへん気になったようですね。私家版で出ている矢部さんの滞欧日記〔『矢部貞治日記欧米留学時代』矢部尭男刊行、一九八九年．番号 0185416〕を読む機会がありましたが、自分は決してナチではないと、田中耕太郎先生に縷々《るる》弁明するところがあります。

翌昭和一三年の七月に、その岡先生帰国。帰ってきた岡先生に「儒者の本を読んでいると嫌になりますよ。仁、義、忠、孝、五常五倫ばかりで、千篇一律で面白くもなんともありません」と言ったら、「君、スコラ哲学というのを知っているだろう。スコラ哲学をやるつもりでやりたまえ」と言われました。

平賀粛学

丸山　助手二年目の終わり、昭和一四年（一九三九）の一月がいわゆる平賀粛学*ですね。前の年、昭和一三年の終わり近くから、河合栄治郎さんの本がどんどん発禁になりだす。平賀粛学というのは、それを契機にしているわけです。あれは、平賀譲総長と田中耕太郎先生〔法学部長〕と舞出《まいで》長五郎《ちょうごろう》経済学部長との、はっきり言えば陰謀です。著書が発禁になった河合を犠牲にして、この機会に経済学部の土方成美教授らのいわゆる革新派、つまりファッショ派を一掃しようという一種のクーデターです。教授の人事などは、学部から総長への上申があって、それに基づいて文部大臣に取り次ぐのが本来なのだけれど、経済学部教授会自治能力なしということを理由に、平賀総長が一方的に河合教授と土方教授の休職処分を文部大臣に届けてしまったのです。それで大問題になった。これがいわゆる平賀粛学で、両教授休職の上申で本格化したのが一月二八日です。

　このときぼくはまだ助手でしたから、教授会の大激論は間接にしか知らない。ただ、助手のあいだでの意見は真っ二つに割れました。つまり、経済学部のファッショ教授を一掃するまたとない機会だというので、これを是とするもの。これは磯田くんが典型です。ぼくは南原先生から話を聞いていたということもあるから、どこまで自分の判断か怪しいのですけれど、教授会を無視して文部大臣に上申したという意味では大学の自治の自殺だということです。

ちょっと余計な話になってしまうけれども、そのときの法学部教授会は非常に面白いことには、これを是とする田中学部長を先頭とする意見がマジョリティです。これに対する反対意見の筆頭が南原先生。その南原先生に、法学部内の時局派つまり反田中派がくっついてしまったのです。小野〔清一郎〕、神川〔彦松〕、高柳〔賢三〕、杉村〔章三郎〕というような人です。このときは末弘先生は革新派のほうに近くなっていて、田中先生とけ非常に仲悪くなっていた。田中はけしからん、ということで南原先生の純理論に同調したのです。田中派に言わせると、南原先生は利用されたということになる。田中先生は、このときの南原先生を最も恨んでいます。後の安井問題もそうだけれど「南原くんは肝心なときに自分を裏切る」とよく言うのは、この平賀粛学に始まっているのです。大激論をしたのです。南原先生は教授会で、田中先生に「君はそれでも人間か」とまで言ったらしい。多年の友人である河合くんを、なんら理由のないのに、土方一派と道連れにすると。つまり、土方一派の場合には、これは矢内原事件のときから由来しているのだけれど、外部の勢力と通じて、つまり軍部や右翼と通じて大学の自治を侵害しようとした、いわば利敵行為をしたということなのです。河合さんはそういうことはない。それなのになぜ河合さんを道連れにしたかというと、そこに派閥抗争の問題がからんでいる。

土方教授は経済学部に派閥抗争をもたらした。河合教授もそれについては責任がある、喧嘩両成敗だというなら「大内くんだってそうじゃないか。派閥抗争というなら「大内くんだってそうじゃないか。あんまり大きな顔はできない」と、そのとき南原先生が言っていました。当時、経済学部は土方派と河合派と大内派の三つの派閥から成っていると言われた。実際、大内派の人は万年助教授で、有沢〔広巳〕さんをはじめ脇村〔義太郎〕さんその他、教授になれないわけです。それは河合、土方両氏が組んでいて反対するからです。だから、現実からいっても河合、土方の派閥抗争だから喧嘩両成敗というのはおかしいのです。だけどそこはマキャベリズムなのです。この機会に革新派教授を一掃しようという陰謀です。

経済学部は河合さんの系統と土方氏の系統と、両方で連袂《れんべい》辞職です。経済学部は壊滅です。法学部では蠟山さんが辞職する。教授会で真っ向から田中学部長に反対したのは南原先生です。蠟山さんは南原先生が田中学部長と激論したときには一言半句も言わない。そして、あとで突然立って「進退の自由を留保させていただきます」と言ったので、みんなびっくりしてしまったらしいんです。そこがいかにも蠟山先生らしいのだけれど。それなら教授会の議論で言うことを言えばいいじゃないかと誰しも思います。法学部内の蠟山さんに対する不信感というのは、このときに発しているわけです。それでカッコよく辞めてしまった。もちろん、いさぎよく辞めたということで新聞は書き立てました。

南原先生は苦笑していただけで何も言いませんでした。

ぼくは蠟山先生にしばしばご馳走になっているでしょう。蠟山先生が正門から出ていく写真が新聞に大きく出ていたのです。びっくりして、その日に蠟山先生のところへ飛んでいきました。蠟山先生はちょっと興奮気味で、「ぼくは南原さんと全く同意見だ。今度のことは少し前からわかっていた。末弘氏がぼくの部屋に来て、どうも田中が変なことを企んでいるらしいと言った。まさかと思っていたし、末弘さんとは行動を共にはできないので、そのときはただ聞いておいた」と言っていました。だから、前から噂は流れていたのです。「横田なんていうのは、純粋法学なんて言っているけれど、不純粋法学の最たるもので、あんな政治的な動きはない。河合さんを犠牲にして土方一派を追い払うというのは非常にマキャベリスティックだ」と、やや興奮気味に話していました。平賀粛学というのは大変な騒ぎでした。少なくも教授会では、立場としては似ているはずの田中、南原という二人が真正面から対立した事件です。

東洋政治思想史講座の開設と津田左右吉先生

丸山　東洋政治思想史の講座新設についての記述がここにありますが、昭和一四年(一九三九)四月とあるだけですね。新設講座ができたと『帝国大学新聞』に小さく出たらしい。* 豊崎さんに「君の講座ができたね」と言われたのを覚えています。

東洋政治思想史自身は、吉野作造先生の主唱で文部省に要請したのがはじめだそうだから、設置への歴史はずいぶん古いのです。ぼくがいたころには吉野先生はとっくに亡くなっていたわけで〔一九三三年〕、この段階で設置されたというのは時局と関係あることは否定できないと思うのです。なぜこの段階で文部省を通ったかといえば、東洋ということです。

植手 正式には政治学政治学史第三講座と言って、中だけで東洋政治思想史と言っているわけですね。

丸山 そうです。文部省への設置理由にはちゃんと書いてあります〔『東京大学百年史資料二』一二七一頁〕。政治学史というのは西洋を主としてやっている。それに対して、日本および中国を中心とする政治思想史をやる必要があるというのが設置理由になっているのです。吉野さんが明治をやり始めたころ、吉野、中田薫、そういう先生が始めたことなのです。それを南原先生は受けついでいるわけです。

そこから先はよく知られていることですけれど、もっぱら南原先生に負担がかかってくる。この時期に東洋政治思想史を開設することは重大な意味を持っている。だから第一回が非常に重要だということで、最初を津田左右吉先生にするということになった。これは南原先生の決断です。ぼくが入れ知恵したのでもなんでもない。南原先生はそのころ東洋政治思想史を勉強したのでしょうね、そろそろ講座が通りそうだというので。そして、津田さん以外にないと思ったのでしょう。南原先生が津田さんに交渉に行ったのです。それでいっぺんで惚れてしまった。麴町の寓居というか、陋居だな。階段を下がっていった小さな家なのです。本のあいだに埋もれて、醇儒《じゅんじゅ》というのはかくもあるかというような佇まい。南原先生は、一つは生活の質素ぶりというのに惚れてしまったのです、もちろん学問の内容もあるけれど。

津田先生は、官学には出講しない、自分は早稲田以外に教えたことはないと言って、非常に強く拒否された。これは全く、諸葛孔明三顧の礼です。南原先生が口説き落としたわけです。結果的には津田さんにとって致命的な津田事件を起こすきっかけになった。東大法学部という、右翼の中心攻撃目標だったところへ乗り込んで来なければ、あの事件は起こらなかったと思うのです。津田さんが乗り込んで来たことは、右翼にしてみれば飛んで火に入る夏の虫なんです。南原先生が「どうだ、いい人事だろう」と、そのとき、ぼくに言いました。それをあとで先生は「君が入れ知恵したんじゃないか」と言うんです。「冗談じゃないですよ。先生ご自身ですよ」とぼくは言いました。先生は忘れてしまったのです。第一回を津田先生から始めるというのには感心しました。これがいかに「時局講座」ではないかは、津田先生から始めれば一目瞭然ですから。

その二年前に文学部では、われわれは「国体明徴講座」と言っていましたが、「日本思想史」という講座ができた（講座新設理由書に「我ガ国体・国風ノ明徴ヲ期スル」とある。『東京大学百年史　資料二』一二一四頁）。これは平泉澄教授がやっていたのです。南原先生がぼくに、日本思想史だから、これに出ろと言うのです。内容を報告しろ、と。悪く言うとスパイだな。憂鬱だったけれど、ずっと出ました。ちょうど先生が『フィヒテの政治哲学』のもとになる論文を書いていたときで、平泉さんはフィヒテをものすごく褒めるわけです。『ドイツ国民に告ぐ』ですから。いちばんだめで、もってのほかなのは、室鳩巣と荻生徂徠です。つぎに林羅山。忠臣と逆臣がはっきりしている思想史でした。報告したら南原先生が「フィヒテはそんなものじゃないよ」と言ったのを覚えています。

昭和一四年の秋から冬にかけて、津田先生の講義が開始されたわけです。

植手　一〇月三〇日から六回と書いてありますから、勘定すると一二月四日に終わっていますね。

丸山　そうですね。「先秦政治思想史」という題目で、諸子百家まで。秦に先立つ政治思想史としてやったわけです。もちろんぼくは毎回聴講していました（受講ノート一冊がある。番号51-2. 画像の閲覧可能）。

これは詳しく書いた（「ある日の津田博士と私」『集』九）から言う必要はないけれど、最後の講義の時間に、これは計画的なんですけれども、外部から入り込んだ者も含めて、学生協会という学生の中の右翼団体の連中が、津田さんの吊るし上げを始めたのです。津田先生の講義が終わるやいなや、「質問があります」と、何人かがパーッと手を挙げる。一人が立ち上がって質問をはじめる。問題にしたのは、要するに、儒教というものは日本の国民の実生活になんら影響を及ぼさなかったということと、中国と日本は全く違った思想的な伝統の下に育ってきているということ、この二つの点です。儒教を通じて日中の共存の靭帯《じんたい》ということを考えるのは全くの虚妄だと、岩波新書『支那思想と日本』で力説しています〔番号 0184175. 書込みや傍線が多く精読の跡を示す〕。先生は今回の講義では、それほどはっきりとは言われないけれど、たとえば『支那思想と日本』では――ということを学生は確か言いました――、こういうことを言われている。これは日華共同して東亜新秩序を築きあげようとするときに、そういうものの思想的基礎がないということであり、つまり支那事変を否定することではないですか、というのが質問の趣意です。

「これは、いよいよ来たな」と思いました。後ろのほうで聞いていたのですけれど、次から次と学生がやるものだから、ぼくは思わず飛び出して行って、先生の前で、「津田先生は早稲田以外出講されたことがないのに、こんどの講座新設を機会に例外的に東大に出講された。その津田先生に対して、いまのような質問は学問的な質問ではないではないか。失礼じゃないか」と言ったのは覚えています。剣幕に恐れをなしたのか、らょっと途絶えました。ぼくは津田先生を講師控室へ連れていった。それでいいかと思ったら、二〇人近くが追ってきたのです。こんどは講師控室での吊るし上げが始まったのです。それは計画的ですから、いまならテープだけれど、パッとノートを広げて、いちばん主要な質問役はそこに座りました。原理日本社の連中で、名前はぼくも知っています。それで詰問が延々と続くわけです。

いちばん初めに先生に、「先生、お答えになりますか」と言ったら、「講義した以上、義務だから答えましょう」と言うのです。それはいけないと言うわけにはいかないから、ぼくは傍についていたのです。だんだん激烈な調子になってくる。講義が五時に終わったのに、もう八時過ぎていました。ぼくはたまりかねて「先生、こんなファナティックな連中と話してもしょうがないから出ましょう」と強引に連れだしました。ファナティックという言葉を使ったので、よく覚えている。そうしたら、あとは追ってこなかったけれど、本当にみじめな感じでした。なんて嫌な時代になったと思った。傘をさしながら津田さんと正門の前へ出て、雨の中を歩いていった。ほとんどしゃべらなかった。本郷一丁目に「森永」という店があったのです。ほとんど店じまいだったけれど、待ってもらって、何か食べたのです。そのとき津田先生がポツッと「ああいう連中が日本の皇室を滅ぼしますよ」と言いました。ぼくは終始、津田さんを庇ったのだけれど、「皇室を滅ぼしますよ」という津田先生の発想は、ぼくにとっては意外でした。それから、詰問されているときに、「それは唯物史観じゃないですか」と学生が言ったら、「唯物史観なんていうものは学問じゃありませんよ」と津田さんが吐いて捨てるように言うのです。その二つです、ぼくに違和感を覚えさせたのは。

家永三郎くんにも話したことがある*けれど、そういう二つの発言を聞いていると、津田さんの戦後との連続性が非常によくわかる。美濃部達吉先生と、ある意味では似ているわけです。皇室を思っているということで。羽仁五郎さんのように近い人でさえ、津田さんをもっとラディカルだと思っていたわけでしょう。だから家永くんが見損なったのは、無理はないのです。ぼく自身もそうです。けしからんとかなんとかいうことよりも、オヤッという感じです。その二つは、津田さんから期待される答えでなかったのです。津田さんが起訴になったのは翌年の三月ですね。急転直下です。

9　歴史主義と相対主義の問題

助手論文の立場

松沢　お話をうかがうと、先生は助手の三年間、ひと月の一〇日間は『国家学会雑誌』の編集にとられた上、フランス語を勉強し、映画をたくさん観、築地小劇場にも精勤して、等々(笑)。ただただ驚嘆しますね。

丸山　まったく充実していましたね。あれに比べると、いまは荏苒《じんぜん》日を暮らしているという感じだな(笑)。

松沢　しかも、そのあいだにスキーに行って、何カ月か病床について、辞職をお考えになっているわけですから、驚くべき三年間ですね。よく論文を書く暇があったと思います。

丸山　そうですね。助手論文は、一九四〇年の『国家学会雑誌』に、二月、三月、四月、五月と連載でしょう〔「近世儒教の発展における徂徠学の特質並にその国学との関連」『集』

二〕。月のはじめの二〇日間で、次の号の分を書き上げなければならない。よくあれを続けて書けたと思いますね。「近世日本政治思想における「自然」と「作為」」〔『集』二〕のほうはポツポツ飛んでいるのです。『国家学会雑誌』には、一九四一年から四二年にかけて、四、五カ月飛んで載っています。やはり続かないのです。助手論文はしょうがないでしょう。助手の任期が切れてしまうとクビですから。

植手　最初の論文は一度にぜんぶできて、助手論文として出したのではなくて、できた分を順に発表していったわけですか。

丸山　そう。できあがっていたのを順々に発表していくのなら心配しない。ところが次が全くゼロですから。ゼロといっても、コンストラクションはできていて、それにしたがってちょくちょく史料を引っぱって書いたり、そういうのはありますよ。だけど、コンストラクションから何から、ぜんぶ考えながらです。よく間に合ったと思います。しかも、一九四〇年といえば、太平洋戦争以前ではあるけれどももう戦争中でしょう。非常に切迫感はありました。助手論文だから本当は三号連載なのです。三号でどうしても完結しないで四号にわたってしまった。だから、ぼくの助教授任用を教授会に提出するのが、また遅れてしまうわけです。南原〔繁〕先生からも矢のような催促です。論文が完結しないと、教授会に提出できないものですから。いまでも記憶しています。後ろから追われるように書いた。

南原先生がよく読んだのは第一回分だけです。先生も暇がない。試験で忙しい時期になってしまう。だから、よく読んで、いろいろ言ったのは最初の号だけです。いまでも覚えているけれども、「朱子学にはもう少しいいところがあるんじゃないか」と言った。まいったな、ぼくは。朱子学にはもう少しいいところがあるんじゃないかというのは、南原先生らしいしね。それは、先生を説得することができなかった。

松沢　先生が徳川思想史の研究の対象、たとえば徂徠や宣長から自分の思想的養分を吸収したということがあるか、という問いにも関連しますね。

丸山　そういう意味では、やはり歴史主義ですね。その頃のぼくは歴史主義だから、朱子学はこういうところがいい、こういうところが悪いという超越的判断は、そもそもないのです。歴史主義の立場で問われれば、答えられるけれども、歴史的発展という立場ではそういう超越的判断は出てこない。

松沢　研究対象との直接的な対話ということはなかったのですか。

丸山　そうなんです。矛盾しているのは、やはり徂徠についてです。徂徠の場合には、ぼくとの対話の面と、発展のなかで捉えている面とがあるのです。あの論文の矛盾といえば矛盾なのは、徂徠のところだけが完結的なのです。徂徠学の構造というスタティックな完結した面と、それから、朱子学の発展過程のなかから出てきているという歴史の面と、両方があるのです。

朱子学の場合には、理解のお粗末さということは別にして、いちばんはじめに朱子学的思惟様式というふうにして出ているでしょう。だから、まだ全体的考察をしているのです。ぼくとしても、いちばん困るし、ある意味で心外なのは、たとえば仁斎とか素行とか、あいだに出てくる人物、それを主にやっている人がいるわけです。そういう人から「こういう面が書いてない」とか言われる。こっちは、そもそも仁斎を仁斎としてやるという意図がないわけです。朱子学的思惟様式の崩壊過程のなかに位置づけるということしか関心がないでしょう。そう言われても、どうしても無理だと思う。しかし無理だと言っても、その批評は当たっていないかというと当たっているわけです。そういうことは歴史の過程に位置づけてしまったことからくるのですね。仁斎の研究は出していないわけです。

松沢　徂徠の場合に、歴史のプロセスの一コマとして見るだけではなくて、つまり歴史の相のもとに見るだけではなくて、完結しているというか、共時的に見るという点が出てくるのは、それは先生と徂徠に対話があったからですか。それとも、論文の終点になっているから、そこでおしまいだから、ということなんでしょうか。

丸山　自分のことはよくわからないな。ただ、いちばん面白かったことは事実です。それまでは歴史的発展でしょう。しかも儒学でしょう。こんどは国学との関連ということになったら、ぜんぜん異質的な思想との関連でしょう。徂徠学の立場は、イデオロギー的には、およそ国学が受けつけない立場でしょう。国学はそれを継受してしまった。そうすると、どの面を継受し、どの面を否定したかという問題になる。これは構造的に捉えざるをえなかったという面があるのではないか。それまでは、ずっと儒学の発展を追っているわけですから。突如として国学との関連ということになると、いやおうなく、徂徠学というものを、構造としてトータルに捉えざるをえない。

そのときのぼくは、国学は徂徠学の私的側面を継受した、ぜんぶ否定したのは公的な側面、治国平天下の側面であったというシェーマを描いたわけです。そこは、平石直昭くんに大いにやられているけれども〔「戦中・戦後徂徠論批判」『社会科学研究』三九巻一号、一九八七年〕。

矛盾といえば矛盾なのだけれど、もう一つは、時代との緊張で書いているから、それを抜きにして、ただ徂徠という対象がある、宣長という対象があるというふうに捉えると、なんか違和感があるわけです。たとえば、宣長について、主情主義と言うでしょう〔「近世儒教の発展における徂徠学の特質並にその国学との関連」第四節〕。そうすると、単に主情主義とは言えないといった批判がある。それは当たり前なんだな。だから、どの面を強調するのかということなんです。当時、国学はどういうふうに言われていたかというと、圧倒的に優位なのは国体論的国学なのです。それに対して主情主義を強調すること自身が、時代に対する非常にアンチの意味があるわけです。そういう関係は、当時の国学論を読んでみればわかるのです。だけど、それをせずに、こういうことは言えないという批評がわりあいにあるのです。

主情主義というのは村岡典嗣《つねつぐ》さんが使った言葉なのです(『本居宣長』第弐編第八章)。ぼくが造語したかのように言われて、そういう規定はいかんとやられているのですけれど、村岡さんを経由したにすぎない。ノンポリの面を、むしろ評価したということなのです。そういう意味では、当時の国体論的国学論で言われていることを背景にしないと、どうしてここだけ強調したのかというのがわからないのです。方法論的に言うと、それは難しい問題です。現在の時代に対する姿勢と、歴史的考察との関係ということになりますから。

逆に、いまみたいな時代に学問するということは非常に難しい。そういう時代だということですね。つまり、対決するものがないわけです。時代がそうなっている。一応なんでも言えます、とくに学問的論文ならなんでも言えるでしょう。学問的立場もいろいろあって、支配的な主張といったようなものはあまりない。要するに、ただ対象を研究するというだけになる。とくに社会科学をやるのに非常に難しい時代になっているのではないですか。

自然権・自然法思想と実証主義

植手　今までのお話にあったことで、ちょっと補足してお聞きしておきたいと思うのですけれど、尾崎咢堂の話を聞いて、ある衝撃を受けたとおっしゃいました。その当時、一般的に、たとえば尾崎とか、犬養毅でもいいですし、ちょっとかわって浜口雄幸とか加藤高明でもいいのですけれど、そういうような人たちを、先生はどういうふうに見ておられたか。

丸山　やはり、リベラルな政党政治家。

植手　大正の終わりから見れば比較的リベラルだという感じを受けるかもしれないのだけれど、明治から見ていると、あまりリベラルな感じがしない。犬養なんか、もっとひどいでしょう。現在でも、政党政治家として軍部に圧殺されたなんて言っているけれど、どうもそういうふうに思えない。

丸山　宮沢俊義さんが、昭和九年(一九三四)に『中央公論』の別冊付録『議会政治読本』に書いた「憲法論」のなかで(本書一二二頁参照)、軍部のテロは犬養首相を殺害することによって、犬養首相の最後の言葉「話せばわかる」を原理とする議会政治を圧殺した、と書いています。ピストルを向けられたとき、思わず「話せばわかる」と言ってしまったというのは、ぼくは大したものだと思うのだ。議会政治は話せばわかるというオプティミズムなしには成り立たない。政治とディスカッションの問題ですけれども。そういうところが、本能的にあるのではないですか。

明治一〇年代には、さっきの尾崎咢堂的な自然権的な思想を、哲学とか、そういうハイカラなものではなくても、ほとんど本能的に持っていた、しかしこの自然権という思想は、ある時期以後、なくなったと思うのです。一つは、法実証主義の普及です。法実証主義の普及ということは、自然法的な観念が減退することです。そうすると、権利というのは実定法によって与えられたものだということになるでしょう。そこからは咢堂の、私有財産には天皇陛下といえども一指も触れられないという言葉は出てこないのです。その後ずっと支配的なのは実定法万能主義です。実定法万能主義を、マルクス主義が相対化するときに、それを社会のほうへ持っていって、実定法の社会的基礎ということを言ったのであって、実定法の自然法的基礎が、マルクス主義によってどこかへ行ってしまっているのです。だから、ある意味ではマルクス主義も実証主義なのです。マルクス主義は、法学的実証主義を社会学的実証主義にしてしまったのだと思います。やはり自然法が抜けている。

ラートブルフが死ぬまぎわに相対主義を批判して、自然法思想になったらしいのです。カトリックになったという説もあるのだけれど、カトリックになったかどうかは別として、少なくとも、カトリック自然法的な自然法を最後に承認したらしい。* あれだけ相対主義を確信していたラートブルフがです。やはりナチの体験を経ると、どうも相対主義だけではまずいのではないかということなのではないかしら。

政治を機能化したという意味では、ナチは徹底的に機能化している。そういう意味では、政治を道具として見ているのです。

南原先生と関連して、前にも言ったかもしれないけれど、先生は講義で、経済的非合理性と、すぐ言うのです。ナチはマルクス主義を一歩進めたにすぎない、と。どういう意味かというと、マルクス主義は経済的非合理性を問題にした。それに対して、さらに非合理性を一歩進めて、血の非合理性、人種的非合理性というところまで持っていったのがナチだと。

ところが経済は最も合理的なものだという考えが一般にあるでしょう。ぼくは、『南原繁著作集』を出すときに、経済的非合理性というのはどういうことですかと、先生と学士会館でディスカッションして聞いたのです。先生はぼくの質問が、またわからない。経済というのは「要するに食うことだろう」と言うのです(笑)。「食うことと、経済という生産関係とは違いますよ」と言って食い下がったんですが。政治のなかに、むしろ暴力とか、非合理的なものがある。経済というのは、とことんまで合理的なものではないかというのがぼくらの観念ですが、先生の場合、人間の理性を超えて、人間を制約するものは、みんな非合理的なのです。つまり、合理の彼方にあるものなのですね。経済的制約性というのは、人間が理性的に判断してこういうふうに行動したと思っても、実は階級的に制約されているというときには、人間の理性を超えて人間の行動を制約するものでしょう。先生はそれを非合理的と言っているのです。意識的なコントロールの外にあるという意味で、非合理的なのです。ぼくはそう理解して、はじめて、経済的非合理性と先生が言うのがわかりましたよ。

松沢　それでは、やっぱり南原先生と、軋んでしまいますね。むつかしいですね。

丸山　一九五九年、先生のフィヒテ論が出たときの書評にも書いたけれど（「南原繁「フィヒテの政治哲学」を読んで」『集』八）、ぼくは先生に比べて不幸な時代に育った。先生にとっては、個人人格の自立性というのは当然のことであって、そこからだんだん考えていって、人間の社会的制約の問題とかに行く。そういう意味では、個人主義から社会主義へという方向を歩んでいるわけです。ぼくは、社会的制約のほうから出発して、だんだん個人人格の自立ということを考えるようになった。そういうことを「フィヒテの政治哲学」を読んで」と題して書いたのです。そうしたら先生に、そこは非常に面白いとばかに褒められた。言葉は忘れたけれど、日本の近代史の逆説をこれほど物語るものはない。なんという驚くべき逆行かと。南原先生だけではないです。『近世に於ける「我」の自覚史』（朝永三十郎、東京宝文館、一九一六年）とか、広く言って、安倍能成《よししげ》さんの時代もみんなそうです。「我の自覚」からはじまって、それだけでは足りないというので、社会的自我に行く。小林秀雄まで含めて(本書二五七頁参照)。

『フィヒテの政治哲学』は、最もユニークな本です。先生の本当のライフワークは、あれじゃないでしょうか。フィヒテの基本概念は民族です。カントにはあまり出ていないのです。コスモポリタンだから。民族というのは、ドイツ観念論のなかでフィヒテで出てきて、ヘーゲルがさらに完成する。封鎖的商業国家というのはフィヒテでしょう。だからナチがさかんにフィヒテを担いだわけです。先生は、民族社会主義というのは、抽象的に言うと自分もそうだと言う。いかにナチの国民社会主義が、フィヒテの民族社会主義と違うかが、あの主著の一つのテーマなのです。先生は、カントなんだけれど、カントはあんまりコスモポリタンで、個人主義の面だけ出てきて、民族共同体が出てこない。ヘーゲルに行っちゃうと、こんどは行きすぎてしまう。フィヒテにいちばん共感を感じるのです。

相対主義を超える道

松沢　先生のお話では、歴史主義とその限界をどう超えるかということとが大きい問題になっていますが、先ほどは、思想史研究における、思想を歴史的発展の相の下に捉える歴史主義と、歴史超越的判断という問題に触れられました。少し角度を変えて、歴史主義的アプローチと、対象との超歴史的な対話というアプローチとの関係如何という問題についてどうお考えになりますか。

丸山　『森有正全集』の付録に、森有正の思い出を書いた〔「森有正氏の思い出」『集』十二〕。そのなかで、森有正と南原先生とは同じカテゴリーに入ると述べたのです。つまり、どちらも、いつも対象との対話なのです。ぼくは歴史主義なので、森有正と話していても、どうしても、そこが食い違ってしまう。森有正は、いつも、超歴史的対象との対話ですから、バッハからベートーヴェンへの歩みという関心は全くない。ぜんぶバッハにあると言うのです。そう言われれば、そうだと言うよりない。それでは、バッハからベートーヴェンという歩みは全く無意味な歩みか。ぼくには、どうしてもそうは思えない。南原先生の政治学史が森有正と同じだと、そこで言っているのです。

松沢　『「文明論之概略」を読む』〔岩波新書、『集』十三・十四〕では、古典との直接の対話ということを非常に重視なさっています。先生の思想史で、そういう契機はいつごろから出てきたのか。

丸山　歴史的相対主義の問題と、実際はもう一つ、ぼくの中にはいつも、いわば哲学的相対主義の問題があるのです。ケルゼンが『デモクラシーの本質と価値』のなかで、相対主義的世界観という言葉を使っています〔第一〇章「民主政治と世界観」〕。独裁制と対比して、民主主義は、はじめてそれで基礎づけられると。マンハイムも、歴史的相対主義のなかに入るといえばそうなんですけれども、この問題で非常に苦しんでいます。レラティビズムだとぜんぶが相対化されてしまう。そのかわりに、彼はレラツィオニスムス、相関主義という言葉を発明した。

そのころからぼくは、絶対主義対相対主義という問題とは、別の次元で捉えられないかと、一生懸命考えました。結局「あらゆる経験的理論は部分的真理を出ない。パーシャル・トゥルースだ。しかし、部分的には絶対的真理に参与している」と、ぼくのむかしのノートに書いたのです(『自己内対話』みすず書房、一九九八年、三五―三六頁に記される一九五一年の手帖への記入を参照)。参与している限りにおいて、それは絶対的真理であって、相対主義とは言えない。ただ、それは部分的真理なのだ。つまり、いかなる経験理論もトータルな真理をつかみえない。トータルな真理をつかむのだと自称したら、それは嘘になる。問題は、全体的真理と部分的真理との関係にある。部分的真理も、その部分に関する限りは絶対である。絶対的真理に参与している。そうでないと、単なる相対主義になってしまう。単なる相対主義だと、自らの真理性自身の誤謬に対して説得できないではないか。「あらゆるクレタ人は嘘つきだとクレタ人が言ったとしたら」という、有名なパラドックスがありますね。あの問題になってしまう。

松沢 それをノートにお書きになったのはいつごろのことですか。

丸山　戦後です。そのとき思いついたことを書きつけたノートで、そのなかにあるのです。今日、出てくる前に、むかしのことをちょっと見たのです。部分的真理と相対主義とを区別する必要がある。あらゆる理論は、トータルな真理ではなくて部分的真理しか語れない。しかし、その部分に関する限りは絶対だ。これを単に相対主義とは言えない、というような意味のことを書いてあるのです。正確には忘れたけれど。

マンハイムは相関主義。* ちょっと同じようなことを言っています。すべての人は階級的に制約されている。知識人も階級的に制約されるけれども、知識人の本質というのは、自由に浮動することにある。自分の出自の階級を超えて、他の階級の立場を理解できるというのが知識人の特権だと言うのです。ぼくはそれは面白いと思うのです。各々が階級的に制約されているというだけだと、それぞれの制約で、どうにもしょうがない。違った階級利害による制約を、知識人が媒介する役割を果たす。マンハイムは、マルクス主義に深く影響されながら、知識人による綜合を、彼のイデオロギー論のなかで言っているのです。これは相対主義ではない。違った立場というものを関連させる相関主義 Relationismus. そのことによって、絶対的真理に近づかせる。コミンテルンにフォガラシ〔Béla Fogarasi〕というのがいます。マンハイムは、こういう理論を展開した『イデオロギーとユートピア』を、彼らにボロクソにやられるのです。

植手　ただ、存在拘束性というのを貫いて、自由に浮動する知識人という状況にあるから、そういう媒介ができる。部分的真理を媒介していって、全体的真理に近づくことができると言うのですけれど、むしろ知識人は、そういう課題を持っていると言ったほうがいいのではないかという気がするのですけれど。

丸山 もちろんそういう意味でしょう、マンハイムが言っているのは。

植手 それはそうでしょうけれど、できる、と言うから、問題なのですね。

丸山 知識人の責務は何か。自分の階級的存在を、自分の階級的出自を超えることにある。知識人というのは普遍的知識の追求という課題を持っているということなのでしょうね。あのころ、中間層の問題と、知識人の問題が、さかんに議論されたのです。そのときに、マンハイムは知識階級の責務として提出しているのですけれど、また、典型的プチブルの立場だと、さかんにやっつけられているのです。

松沢 先生の、全体的真理と部分的真理というお話は、いままで断片的にせよ、うかがったことがないように思います。戦後にそういうことをノートにお書きになったということは、さっきの歴史的相対主義への反省の問題と同じように、敗戦という状況が背景にあるわけでしょうか。

丸山 敗戦が背景にあるというよりは、マルクス主義との対話です。戦後に、ものすごい勢いで復活して、歴史なんかはマルクス主義者によってほとんど独占される状態なのです。したがって、マルクス主義者は、どうしても歴史認識における階級的制約および歴史的条件による制約ということを言うでしょう。そういうものを無視するのはブルジョア的普遍主義だという立場でしょう。そうすると、プロレタリアートの立場に立たないと、全体的認識ができないということになる。マルクス主義の立場に立てばそうです。

一生懸命考えたのは、党派性ということなのです。党派性というのは、そんなにプラスだけなのかと。プロレタリアートも、自分の党派的立場に制約されて、認識を誤るという可能性があるのではないか。ブルジョアジーが支配階級として現実を美化したり、都合の悪い面を隠蔽したりする。それと同様に、プロレタリアートないしプロレタリアートの立場にある政党も、たとえば革命の到来を非常に近いことと期待したり、マルクスも含めてそういう希望的観測によって認識が歪められるという可能性があるのではないか。そうすると、党派性というのは、マルクス主義が言うほど、ぜんぶプラスではないのではないかということです。党派性ということと真理ということとは、同一視できない。ある党派的立場に立てば、全体的真理を認識できるということはないのではないかという疑問です。マルクス主義との対話、それがいつでも非常に重くあったということです。マルクス主義は歴史主義ですから、相対主義に近いのです。にもかかわらず、プロレタリアートの立場における全体的認識というのが出てくる。それを認識論的に、いちばん見事にマルクス主義の立場から説明したのはルカーチだと思います。ルカーチの階級意識論。彼は、社会のトータルな自己認識、という言葉を使っています。社会を客観視して見るから、社会を全体として認識する立場というのは、どこにもないのではないかという疑問が出てくるのだ。社会の自己認識は誰ができるか。プロレタリアートのみが、つまり社会から完全に疎外されているプロレタリアートのみが、社会の自己認識ができる。それは、プロレタリアートの自己認識と同じことになるわけです。自己認識という言葉はヘーゲルなのです。だからルカーチはヘーゲリアンだと、コミンテルンからはやっつけられるのです。やっつけられて、後に自己批判を書いています。ぼくは、『歴史と階級意識』の考え方というのは、マルクス主義の立場に立つかぎり見事だと思います。*

10　自由主義と自由主義批判

一九三〇年代後半の転機

松沢　これまで、大学入学以来、年を追って順にお話をうかがってきたなかで、これまであまり書かれても話されてもいないことがらに論及されて、興味深くうかがいました。私の理解に即していえば、大正デモクラシーの知識人が分岐して、多数は新体制に流れ込んでゆき、少数がその動きの外に立つ。その分岐に働いた思想的要因が、実証主義・歴史主義と自然法的また自然権的思想との対立だったということでした。この時代の自由や自由主義とは何であったのか、マルクス主義における人民戦線論の展開、その中での自由主義の再評価といった問題もこれに関連しているようにうかがいました。同じ問いを繰り返す気味がありますが、大事な問題ですので、もう少し立ち入ってうかがえればと思いますが。

丸山　難しいね、その話は。

松沢　前に、緑会懸賞論文〔「政治学に於ける国家の概念」『集』一〕に触れられました。自分は傲慢だったと思うけれども、あれは反ファシズムという立場で書いたので、教授会がこれを認めるのだったら、自分も助手になってもよいと公言したとおっしゃったのですが。

丸山　法学部の人民戦線という言葉を使ったのです。

松沢　その場合の先生の念頭にあった人民戦線とか反ファシズムとは何であったか。先生の同時代観の問題。その辺からうかがえればと思います。おそらくそこには、マルクス主義の側でも自由主義を再評価するという問題も絡んできますが。

それから、いまの問題に関連しますけれども、以前、一九三六年、三七年が大きなターニング・ポイントだというお話をうかがったように思いますが〔本書一九九―二〇二頁〕、先生の論文は、三六年に書かれています。三六年、三七年のターニング・ポイントということと、あの論文の関係は。

丸山　非常に問題が大きいので、まず事実の問題として、ぼくの意見ではなくて申しあげるのは、三六、七年と言ったかもしれないけれども、決定的なのは、三七年の盧溝橋事件、日華事変なのです。つまり、あの論文も日華事変以前であって、その後すべての様相がものすごく変わる。

ぼくは卒業してしまいましたから、よくわからないけれど、卒業した翌年の南原〔繁〕

先生の緑会懸賞論文の題名が「民族と政治」です。ぼくが応募した前の年が、蠟山〔政道〕先生出題の「デモクラシーの危機」でしょう。次の三六年が、ぼくが応募した「政治学に於ける国家の概念」でした。三七年が「民族と政治」というのは、象徴的なのです。どんどん変わっていく。別に南原先生がそれに迎合したという意味ではないのです。そういう問題が非常に熾烈になってきたということです。「民族と政治」で一等をとったのが尾形〔典男〕くんです。

もちろん、毎年毎年が転機なのです。一九三六年の二・二六事件も大きな転機です。ぼくの論文は二・二六の後、盧溝橋事件の前というところに位置づけられるのです。盧溝橋事件の後、その暮れに日本無産党の検挙です。その翌年〔一九三八年〕二月が大内〔兵衛〕、有沢〔広巳〕さんら労農派のいわゆる人民戦線第二次検挙でしょ。ダイレクトな形で危なくなった。それまでのような、時局が逼迫してきたというのではない。ブラックリストに載っているやつが、具体的に危なくなったという時期なのです。

ぼくは定期的に特高の来訪は受けていたけれども、論文を書いた時点では、これが文句なくパスするようなら研究室へ残ってもいいなんて傲慢なことが言えた。というのは、当局に引っかかるとか、そういうことは念頭になかったわけです。盧溝橋事件は一九三七年夏のはじめで、緑会懸賞論文の締切が九月ごろです。もしぼくの論文提出が、実際より一年後だとしますと、もっと表現に慎重になったでしょうね。それだけ大きい違いがあるわけです。

南原先生・田中先生の立場

丸山　前後しますけれど、はじめに戻って、自由主義の問題について、〔尾崎〕咢堂のインパクトと、その前に、南原先生から受けたものについてお話ししましたけれど、ぼくは咢堂については、まさに文字通り自由主義の再評価なのです〔本書一七八頁〕。咢堂は我れ人ともに自由主義者として認めていた。当時、自由主義者と自ら認めていた人は非常に少ない。自由主義が一種の共産主義の温床と言われていた時分ですから。その中で、清沢洌などは自由主義者と自ら認めていたのです。

南原先生は決して自分を自由主義者とは認めていない。先生が『国家学会雑誌』に載せた〔四二巻一〇号、一九二八年一〇月〕自由主義批判の大論文「政治原理としての自由主義の考察」があるのです。ぼく自身がそういうふうに自由主義を再評価したあとで読んだから、ちょっと抵抗を覚えたぐらい、自由主義に対して厳しいのです。一九二〇年代の大正デモクラシーの真っ最中、先生が外国から帰ってこられたころじゃないかな。ファシズムのファの字の気配もないときだけれども、自由主義と個人主義に対する先生の政治哲学的な批判です。それを知っていましたから、自由主義の再評価という意味で先生からインパクトを受けたということはない。ただ歴史的にいえば、先生のラディカルなプロテスタンティズムと自由主義とは関連はある。先生が真正面から批判の対象として取り上げた歴史的自由主義というものは、ワイマール後には、マルクス主義が言っていたのと別の意味で、もう終わっていた。小林秀雄までが「社会化された自我」ということを言っているわけで〔『私小説論』一九三五年〕、いわばアトミスティックな自由主義は、もうその時代ではない、その意味では啓蒙の時代ではないのだということが言われた。南原先生の批判も、だいたいそういう主旨です。とくに先生はフィヒテだから、なおさらそうなんですね。フィヒテの社会主義に先生は共感を寄せていたわけですから。

咢堂のは文字通りオーソドックスな自由主義です。自由民権から直接きたような、社会主義的な内包を少しも持たない自由主義でしょう。ぼくはまさに、そこに感銘したわけです。

南原先生から受けたものは多様ですから、いまから想像するのは、ある困難を伴うし、あまり大きすぎて、影響という言葉を使えば、影響が大きすぎて一言では言えないのです。ウル・カント〔原カント〕というのか、新カント派ではなくて、カントそのもの。つまり人格の自立ということ。それは自由主義の一つの要素でもあるかもしれない。河合〔栄治郎〕さんなんかは、さかんにそれを言っていたわけです。だけど、南原先生は、もっと内面的な人格の自立ということで、レッセフェールとは関係ないのはもちろん、原子論的個人主義とも異なり、啓蒙的個人主義とも啓蒙的な理性とも異なる。ある意味では原プロテスタンティズムと言ってもいい。つまり、神と直結したような個人の良心の問題です。ぼくはもちろん信仰はないけれども、ぼくが圧倒的な影響を受けたものを、しいて概念化すれば、そういうものの持っている強さということです。強さというのは、周辺の状勢、自分の周りから、日本のあるいは世界の状勢や動向というものに左右されない内面的な確信です。それは、いろいろな表れ方をしたと思うのです。

南原先生と田中耕太郎先生は立場は正反対でした。田中先生の場合には、イタリー・ファシズムに対してはわりあい宥和的で、先生は国際文化振興会の交換教授として、ぼくの学生時代にイタリーに行きました(一九三五年一二月—三六年一〇月)。ムッソリーニは早くからローマ教会と、いわゆるコンコルダートを締結して和解していた(一九二九年二月)。ですから、イタリー・ファシズムに対する批判は、田中先生にはなかったのです。むしろ先生は『法と宗教と社会生活』(一九二七年)に見られるように、力を込めてプロテスタンティズムの個人主義と自由主義を攻撃していました。意地悪く言えば、田中先生は右翼ないし軍部によって激しく攻撃されるようになってはじめて、逆に彼らの主張に対して攻撃的になったと言えるのです。その点が、外面的に見ると南原先生との違いです。

カトリシズム一般と言うと批判があるけれど、カトリシズムというものがそうだった。

ナチの権力獲得のときに、カトリック政党の中央党が授権法に賛成した〔一九三三年三月〕。もしあのときに中央党がSPD〔ドイツ社会民主党〕とともに反対していたなら授権法は成立しなかったのです。共産党はぜんぶ逮捕されていたからこれは問題にならない。SPDだけが反対した。それで授権法は成立した。授権法がヒットラー独裁の法的基礎を与えたわけです。あのときの中央党の過誤というのは非常に大きかったと思うのです。やがて中央党も解体されるし、カトリックもそれなりに押されていくわけですけれど、ヒットラーも権力獲得後、ローマとコンコルダートを締結しているのです。

その後戦争の激化とともに、当時の帝大粛正期成同盟などが最も槍玉に上げたのは、横田〔喜三郎〕、末弘〔厳太郎〕教授とともに田中先生でした。とくに先生の世界法の理論というのはインターナショナリズムですから。カトリックだから当たり前なんだな。これが槍玉に上げられて、すごく攻撃されたわけです。その意味では、田中先生もしっかりしていたし、法学部の内部では南原先生と喧嘩しながらも、共同戦線を組んだと思うのです。したがって法学部内部では、経済学部と逆になって、反時局派がマジョリティになった。マイノリティの人はいましたけれども、二人が喧嘩しながら、高木〔八尺《やさか》〕先生も含めていいのですけれども、大学の自治を守ったのです。

そう言うと反撥されるのだけれども、法学部が東大の動向を支配するのです。ほかの学部はノンポリが多いから。とくに自然科学の人は、世の中どうなっているのかわからないのです。たとえば、当時、第二次近衛内閣ができて、新体制を掲げると、これに呼応して東大に全学会というのを組織する。これは各自治会、緑会とか経友会を解体して、それをまとめて全学会とするという案です。産報〔産業報国会〕と似ている、翼賛会的構想です。ぼくはすでに助教授になっていたけれども、平賀〔譲〕総長の発議で提案された時、法学部の教授会で最も強く反対したのは南原先生です。大多数、我妻栄先生も含めて、まあいいじゃないか、あるいは、しょうがないじゃないかということで、全学会を容認する。それでどうなるというものではないのだけれど、全学会という構想そのものが、大学の根幹を揺るがすと言ったのは南原先生です。

田中先生に戻って言うならば、田中先生のカトリック自然法という考え方は、南原先生と非常に違いながらも、時代の状況というものに流されない強さを持っている。あらゆる時代を超えて普遍的に妥当する規範ですから、自然法の立場では、全体の世界史の動向がこっちへ行っているからこうでなければいかん、という考え方が出てこないのです。

話が飛びますけれども、戦争が終わってから西ドイツでは自然法の復興が急速に起こりました。何がナチに対する抵抗を不可能にしたのかという反省からです。ナチは一応、司法権力を承認した。そうすると、戦後捕まった連中が裁判で何を主張したかというと、法ができている以上、その法に従って行動しなければいけないということと、上級者の命令には従わなければ官僚組織は解体してしまうということ。その二つです。両方とも基礎は法実証主義なのです。法実証主義で足りるのかという問いが戦後、ドイツにすごく出た。ぼくらが最も好きで、かつ愛読したラートブルフが、『法哲学』(第二章「法の価値考察としての法哲学」)のなかで自らを相対主義と言っています。ケルゼンも相対主義です。独裁制のイデオロギーは絶対主義だ。それに対して民主主義は相対主義だと(本書二四七―二四八頁)。相対主義は寛容ということと不可分です。相対主義と寛容だけだと、絶対主義的なイデオロギーに対しても寛容であることを認めることになり、それは自殺行為ではないか。これがワイマール・デモクラシーの自殺になったのではないか。そこから、戦後のドイツでは自然法が復興してきているわけです。ラートブルフは最晩年にカトリックになったと言うのですが(本書二四四頁一行への補注参照)、真偽定かではないけれども、少なくとも、相対主義では民主主義は基礎づけられないということを、ナチに対して国内亡命して抵抗したラートブルフも、やっぱり認めざるをえなかったのです。

それはもちろん戦後になって知ったのですけれど、戦争中の直接見聞をもってしても、自然法が持っている超歴史性というものの強さをぼくは感じました。それは裏返しにすれば、マルクス主義者の雪崩を打った総転向です。マルクス主義によれば、自然法なんていう歴史的・時代的制約を超えたような規範はないのだ。すべての規範は社会的・歴史的に制約されている。しかも、歴史は一定の方向に、世界史的な必然に従って動いている。それを超越した理念というようなものはないと。そういう考え方を持っているマルクス主義者が、雪崩を打って自由主義から全体主義へという世界史の動向を肯定していった。

これは、さきほど言われた新体制とも関係するのですけれども、マルクス主義の教養を受けた最も良質な分子、たとえば尾崎秀実《ほつみ》とか、そういう人も含めて、世界史の流れが滔々として自由主義から全体主義へという方向に向かっていると考える、それに抵抗する自分は何なんだということになって、それを肯定してしまう。

話は飛ぶけれども、四高の先生で高橋〔禎二〕さんという〔シュテファン・〕ツヴァイクを訳した人が*、当時の知識階級向けに世界中の主な論文や著書を紹介するクォータリー・ジャーナルを出す〔『両洋事情研究会報』〕ということで、いい翻訳者を紹介してくれと南原先生のところへ来たのです。それでぼくは二つ訳しました。一つは、アメリカのウォルフという人の『欧洲の章魚《たこ》——独逸』、もう一つは、カール・シュミットの『国家・運動・民族』。いずれも抄訳で、解説を付けて載せました〔『集』二〕。アルバイトです。その高橋さんは近衛〔文麿〕と一高時代の同級で非常に信用があったのですね。その縁がありまして、戦争直後に田中耕太郎先生とぼくを近衛のところへ引っぱっていった〔本書二八六—二八七頁参照〕。そのときに高坂正顕さんが一緒にいました。復員して間もなくですから、一〇月の初めでした。

近衛の話は話として、その帰り道に、田中先生が「日本人は自然法を知らないからだめだ。それで、みんな時局に流されてしまった」と言ったのです。英語でロー・オブ・ネイチャーと。そうしたら、高坂さんが「ロー・オブ・ヒストリーと言ってはいけませんか」と言った。高坂さんは「世界史の哲学」なんだな。そうしたら、田中先生は「いや、ロー・オブ・ネイチャーじゃなければだめだ」と言う。帰りの立ち話ですから、そんなに立ち入った議論ではないのですが、それがいまでもぼくの頭に残っているのです。

田中先生は自然法の立場から、南原先生以上に自由主義に対して批判的です。自由主義という場合に、自ら自由主義者と称していた清沢さんや河合さんなんかと、根拠は違うにしても自由主義に対して批判的であった南原先生や田中先生とは、やはり区別しなければいけない。同じように個人主義といっても、やはり違うのです。個人主義に対して、南原先生は批判的なのです。つまり社会主義ですから。ぼくは逆に、マルクス主義の洗礼を経て南原門下になったわけですから、先生のなかに個人主義ないし自由主義を見たことは事実です。顧みて、ぼくは個人主義とか自由主義を再評価したのは事実だけれども、直接のお師匠さんの南原先生を、個人主義者、自由主義者と言ったとしたら、南原先生は「いや、とんでもない」とおそらく言うでしょう。人格的自立といった方がいいでしょうね。

日本では個人主義とか自由主義とか非常によく言いますね。そういうカルチャーの問題もあると思うのです。ジャーナリストであったせいもあって、親父〔丸山幹治〕なんかはよく自由主義という言葉を使ったし、如是閑もそうでした。伯父の井上亀六なんかは右翼ですから、批判的な立場から「丸山幹治は自由主義者だな」なんて、大学生のぼくにちょっと笑いながら言っていました。ただ、親父がコラムを書いていて、書く内容がだんだんだらしがなくなってくる。大学の二年か三年のころ、関西にいた親父のところへ行って泊まったときに議論になってしまって、「父さん、それでも自由主義者か」と言ったら、「おれは自由主義者じゃない、新聞主義者だ」と言った。* 新聞というものは、その時代を忠実に反映するものである、というのが親父の自己正当化なのです。そのときぼくが、自由主義者として立っている清沢洌は立派だと言ったのに対して、親父は清沢洌を知っていたものですから、彼の悪口を言っていたのを覚えています。けれども広い意味でのインテリのサークルでは、自由主義というのは普通の言葉でした。帝大法学部の自由主義的諸教授とかいうように、やっつけるほうも、そういう言葉で一括りにしていました。南原先生や田中先生のように政治哲学なり法哲学をやっていた人は、自由主義者だと言われると、おそらくえぇっ？と聞き返すでしょう。自分は自由主義に対して批判的であると言うでしょうね。反ファシズムということは確かだけれども。

尾崎咢堂と帝国憲法

丸山　尾崎咢堂の演説を聞いて愕然として考えたのは〔本書一七八頁〕、自然権ということです。前国家的権利、実定法以前の権利としての私有財産権、個人の自由権というもの、いわゆる天賦人権論です。ホッブスから、ロック、スピノザ、ルソーにずっと伝わってくる自然法の考え方。カトリック自然法や中世スコラ的自然法と違った近代自然法ですが、咢堂は、そういうものの直接的な系譜として、非常に新鮮だった。自然権とか自然法というものはないのだというのが、エンゲルスが『アンティ・デューリング』に書いているようにマルクス主義の立場です。歴史的に形成されたものであって、したがって、現実の自由は階級的に制約されている。歴史的現実を超えた超歴史的な権利とか法とかいうものはないのだと。ぼくも、そういう考え方のなかで学生時代は育ってきたから、咢堂の演説は全く思いがけなかった。さりとてぼくは、南原先生なり田中先生なりから、自然権という言葉は一度も聞いていないのです。田中先生の場合にはカトリック自然法ですから、よけい自然権ということは言わない。個人の自然権という思想は全く近代の自然法で、カトリック自然法とは違う。まさにギールケが『ヨハネス・アルトジウスと自然法的国家理論の発展』のなかで書いているとおりで、アルトジウスからはじまっている個人の自然権という考え方です。これは近代の啓蒙自然法の特色です。
咢堂の演説だけで、そんなにびっくりするというのはおかしいのですけれども、それが頭にあったということなしには、軍隊でポツダム宣言を読んだときの背筋を走った電撃というのは、理解できない。「基本的人権の尊重は、確立せらるべし」。ファンダメンタル・ヒューマン・ライツという言葉は英語では読んでいましたけれども、ほとんど日本語で言わなかった。自由主義の立場に立つ人も、個人の侵すべからざる権利とか言っていたけれども、基本的人権という言葉は言わなかった。ぼくにポツダム宣言の基本的人権がすぐピンときたのは、咢堂の講演が背景にあったからではないかと思う。それが、ポツダム宣言では「言論、宗教及思想の自由」に続くのです。

松沢 先生のお話は非常によくわかりますけれども、帝国憲法の解釈としては、尾崎咢堂の解釈は当たっていないのではありませんか。公定解釈は、天賦人権の否定で、臣民の権利は、帝国憲法をまってはじめて成立するのであって、尾崎咢堂は我流の解釈をしているのではありませんか。
もう一つお聞きしたいのは、咢堂の演説は、たくさんの人が聞いているわけですね。その中で先生がそれだけショックを受けられたのは、何か先生に独自の素地があったのではないか。他の人はどう受け取ったのか。

丸山 そういうことについて、人と語った記憶はないのです。帝国憲法については、みんな「法律ノ範囲内ニ於テ」「法律ノ定ムル所ニ従ヒ」という限定がついているわけです。帝国憲法のモデルになったプロシア憲法のイェリネックの注釈を見ると、自然権というものがまずあって、それを実定法が制限する。少なくもイェリネックは、国民の権利はぜんぶ実定法によって与えられるという解釈ではない。どこの国の憲法でも、自由権は無条件に認めているというのはないわけです。公共の福祉のためとか、いろいろなものによって制限される。「法律ノ定ムル所ニ従ヒ」という言葉があるから、帝国憲法では自由権がとくに制限されているというのが、はたして帝国憲法の正しい解釈であるかどうか。美濃部〔達吉〕先生の『憲法撮要』も、そうじゃないと思うのです。実定法に定めた限りにおいて権利は制限されるのだと。国民の国家法秩序に対する地位という問題が、国法学の上にあるのです。

それをなぜ覚えているかというと、ケルゼンのイェリネックに対する批判に関係するのです。イェリネックはそれを四つに区別する。能動的地位、受動的地位、積極的地位、消極的地位。イェリネックの『アルゲマイネ・シュターツレーレ』の「国家法秩序に対する国民——だったか個人だったか忘れたけれども——の地位」という項のなかに出てきます。* ケルゼンが、それを鋭く批判して、受動的地位を抹消して三つにする〔本書一二四頁参照〕。宮沢〔俊義〕先生がそっくりケルゼンですから、その説に基づいてイェリネックを批判するのです。国法学上の理論は忘れてしまったけれども、「何人も見る権利あり今日の月」という俳句があるのですが、学問的には意味がないと言う。法律が規定していないということの反射にすぎない。それは権利とは言えない。法律が月を見ることを禁止していないというだけであって、見る権利があるというのは意味がない。それが確かイエリネックの受動的地位に当たるのですね。消極的地位というのは認める。それは「何々から」の自由です。私的自由、私的自立です。個人の生活権に関する問題について、国家からの自由というものを認める。しかし、国家からの自由というのは、「何人も見る権利あり」ということにはならない。単なる規定がないことの反射ではないわけです。

「何人も見る権利あり今日の月」はちょっとひどいけれども、イエリネックは消極的地位というのを認めているから、参政権みたいな積極的な権利、国政に参与する権利と、国家権力が干渉してはいけない領域との区別は、帝国憲法の解釈としても妥当していた。あとのものは、参政権なんかとは明らかに違って、あえて言えば自然権的な権利と言えるのではないか。

松沢　帝国憲法の制定に当たって、立法者たちは帝国憲法は自由民権論の天賦人権論の否定の上に成り立つものであることを明言していたのではありませんか。その辺をうかがいたかったのですが。

丸山　天賦人権論のほうを真っ向から否定するわけです。論理的帰結としては自然権の否定になる。ただ、歴史的にいうと、イエリネックは天賦人権論というか、フランス革命の自然権的発想から出ていて、それをだんだん国家法人説に完成していって自然権という考え方自身を否定したわけです。そして、帝国憲法におけるすべての権利は、帝国憲法の与えた実定法的権利であるというのは、それは正しいと思うのです。じゃその実定法的権利の前には何もないのか、個人は無権利状態なのかというと、必ずしもそうではないのではないか。帝国憲法の解釈としては、『憲法義解』も含めて、天賦人権論を排するというだけであって、ぼくは伊藤博文や井上毅《こわし》を過大評価するわけではないけれども、彼らも幕末維新の動乱をくぐっているから、個人が個人として、他人が侵してはいけない権利を持っていて、それは実定法上の権利ではないということは、感覚として持っていたような気がするのです。ただ、むこうの自然法的学説のように、自然法と実定法という形にはならない。その意味では、実定法主義です。

自然権・自然法思想との出会い

丸山　だから、言われることは正しいのだけれども、ぼく個人について言うならば、大学二年のときと三年のときの緑会雑誌懸賞論文のための勉強で、自然法の近代的な発展を論じたギールケのものを読みました。『〔ダス・ドイッチェ・〕ゲノッセンシャフツレヒト』〔『ドイツ団体法論』〕は四巻ですけれども〔本書二一七―二一九頁参照〕、近代自然法の発展のところだけ別に一冊になっているのです。『ヨハネス・アルトジウスと自然法的国家理論の発展』だったかな〔本書二六五頁〕。そういうもので知るのですが、「ナトゥーアレヒト」の持っている二義性、自然法と自然権との関係。それが、ホッブス、ロックその他において解釈が違うでしょう。「ナトゥーアレヒト」という観念のなかに自然権というのが、当然「レヒト」ですから、含まれるわけです。ぼくの教養目録のなかには、そういうものがありました。

松沢 いま、「ぼくの教養目録のなかにあった」と言われたのですが、それは同時代では、例外現象だったのじゃないかという気がしますが、どうでしょう。

丸山 かもしれませんね。教養目録というと大げさになってしまうけれども、前に申しましたように、蠟山先生の「デモクラシーの危機を論ず」と、南原先生出題の緑会懸賞論文「政治学に於ける国家の概念」のために、はじめてバーカーとかギールケを読んだわけです。だから、教養目録と言うより、読書目録と言ったほうがいいかもしれません。バーカー『ポリティカル・ソート・イン・イングランド一八四八―一九一九』は、河合先生が原書講読で、「ホーム・ユニバーシティ・ライブラリー」のを使いました〔本書一六〇頁一七行への補注参照〕。英語でいうと、「ナチュラル・ロー」と「ナチュラル・

ライト」と、言葉が違ってしまう。ドイツ語で言うとどちらも「ナトゥーアレヒト」で、同じになってしまうわけです。河合先生も原書講読で、たしか自然権と自然法ということを説明しました。だけど、そういうことを一般に論じたかというと、実定法全盛の時代でしょう。解釈法学というのは、実定法の解釈をめぐって争われるので、自然法との関係なんてほとんど問題にしないのです。

学生の議論でも、だいたい判例をめぐる解釈学の論争です。「青木堂」の二階でビールを飲みながら、大審院の判例について大論争したって、それは実定法の解釈の問題ですから、自然法そのものは、ほとんど問題になっていなかったでしょうね。もちろん、マルクス主義者は問題にしていない。そこがヨーロッパと違うのじゃないかな。ナチの経験を経て、自然法が急に復活したといっても、日本ではそもそも自然法の伝統がないのだから、戦後になって復活しようもないのです。そのかわりに、日本の場合にはマルクス主義が復活したと言えると思うのです。

松沢　その点で、徳川思想史の研究対象、たとえば徂徠とか宣長からご自分の思想的養分を吸収したかということとの関連ですけれども、儒学のなかにある自然法的なもの、そこから、研究の対象として以外にポジティヴに、ご自分の思想的養分を吸収したということは、あったのでしょうか。

丸山　その場合に頭にあったのは、スコラ自然法です。スコラ自然法と、儒教の自然法とがパラレルになるのです。その解体過程を、ボルケナウなんかの影響〔『封建的世界像から市民的世界像へ』〕で問題にしている。その場合の自然法は、むしろネガティヴな要素です。解体していく要素です。だから自然法から実定法へという過程。実定法というのは、だれか人間がつくったものだということでしょう。自然法は人間がつくったものではない。規範というものが自然に存在するのだという考え方から、人間がつくったのだという考え方へ転換する、これが近代なのだという。それを下敷きにして見ると、朱子学的自然法の解体という考え方が出てくる。ですから、ネガティヴな考えで、のちに関心となった自然権とは全く結びつかない。

『国家学会雑誌』に「近世日本政治思想における「自然」と「作為」」〔『集』二〕の第一回目が載ったときに、冒頭のところで、自然法というものが現存秩序の正当化の役割を営む、という意味のことが書いてあるのです。そこに、ケルゼンの有名な自然法批判を引用したのです〔『集』二、一七頁注(1)〕。ケルゼンは法実証主義一点ばりですから。ぼくは田中〔耕太郎〕先生に信用があったのだけれども、田中先生が助手論文〔「近世儒教の発展における徂徠学の特質並にその国学との関連」『集』一〕を読んで、非常に面白かったけれども、〔今度の論文で〕自然法を論じてケルゼンを持ってくるというのは、はじめから超越的に自然法を批判している、ちょっとフェアじゃないじゃないか、と言われた。自然法を引用するのにケルゼンだけをひょっと引用したのです。田中先生から、そこだけイチャモンをつけられました。

松沢　儒教のなかにある自然法的な要素、ポジティヴな面に注目されたのは、やはり戦後の「近代日本思想史における国家理性の問題」(『集』四)あたりがはじめでしょうか。

丸山　伝統的な自然法に近いものの考え方としては、そうでしょうね。むしろ戦後でしょうね。ただ、いまでもそうなのだけれど、儒教には自然権という考え方は決定的に欠落していると思うのです。儒教にそれはあるか。ぼくはないと思います。全儒教の歴史のなかで、前国家的、前社会的権利という発想自身がないと思います。権利という発想自身が、まごうかたなく西欧の産物です。儒教には自然法思想はあるけれど、自然権という考え方はないと思います。

東大法学部の時局派と反時局派

植手　今日のお話を聞いていて、思ったのですけれど、東大法学部は反時局派という人々のほうが多数だったわけですね。そういう人々は、どういうような思想的根拠に立って反時局派であったのか。今日は、自然法と法実証主義を対照させてお話しになったのですけれども、ほとんどの法学部の先生は法実証主義ですね。ですけれども、反時局派のほうが多数だったわけですね。

丸山　多数だったけれども、法学部のなかのオピニオン・リーダーと、それに追随と言ったら悪いのだけれど、ついていった人とを区別しなければいけないのですね。オピニオン・リーダーは田中、南原、高木というところです。法学部が現実に、自由主義教授のかたまりとして、いまでは想像を絶するぐらい、やられていたわけでしょう。攻撃されるから、防御的にならざるをえないということなのです。オピニオン・リーダーは、あとは横田、それよりややシニカルだけれど宮沢、それから蠟山というところでしょうね。あとの人は、極端に言えば無思想だな、我妻先生も含めて。

だから、我妻民法の批判をぼくは書いたことがあるのです〔「法学部三教授批評」『集』二〕。「個人主義より団体主義へ」ということになると、ナチなんかの全体主義と、ギールケの言う団体主義とが一緒になってしまうのではないかと。我妻民法の岩波全書版〔『民法I』一九三三年〕に、個人主義から団体主義へとちゃんと書いてあるのです。我妻先生は偉い先生だけれども、思想家ではないから。ただ現実の問題としてはぼくが研究室に入ったころには、ファッショに対して防御的位置にあったということです。ファッショというのはどこでもそうで、軍部がそうだけれど、厳格な実定法主義の立場からみたら許しがたい勝手なことをやる。あとで、それを法律で正当化するけれども、その時々においては法を破っているわけです。法実証主義というのは、ある意味では保守的な立場だから、急進ファシズムが出てくると、それに対して本能的に抵抗する。裁判官もそうです。法実証主義の立場に立つ裁判官によって、津田左右吉さんにしても、河合栄治郎さんにしても、いわゆる人民戦線派の教授にしても、無罪になるか、あるいは、非常に軽い刑です。判決は、当時の右翼のいきり立った攻撃とは違っていた。津田先生の場合だって、検事が控訴したので、しょうがなくてこっちもやろうというので控訴したぐらいです。裁判官の立場、法を厳格に適用するという立場に対しては、当時は、法律なんていうのは法家だという連想があるのです。非常に印象が悪い。法そのものが道徳主義に、東洋の精神に反するのです。法実証主義の立場そのものが自由主義的だということにならざるをえない。

現実にナチではそうです。法実証主義というのは最も攻撃された。「デァ・リベラーレ・レヒツポジティビスムス」、自由主義的な法実証主義、と言われた。ケルゼンは現実に追われているでしょう。しかし、そういうところまで考えて、東大法学部の法実証主義者たちが時局に抵抗したとはぼくはゆめゆめ思いません。上にいる御大たちのなかに、時局に批判的なオピニオン・リーダーがいたので、そっちのほうにくっついていたということです。経済学部は逆に、上に変なの——と言ったらおかしいけれど——がいて、自由主義的およびマルクス主義的教授は国家の大学にふさわしくないという土方成美さんなんかの意見で、矢内原忠雄さん以下、次々に追われていくのです。法学部と経済学部の違いは、一つには、経済学部の少数派と法学部の多数派とが仲がよかったのが単純な理由だと思うのです。経済学部のファッショ派は昼飯を食べるのに山上御殿に来ないのです。来るのは矢内原さん、大内さん系統の人。田中先生なんか、あんなにマルクス主義の悪口を言いながら、大内先生と仲がいいのです。碁のつきあいもあるけれど。ぼくが軍隊に行っているとき、「大内君無罪となる、万歳」という葉書を田中先生がよこしました。ファッショの教授を非常に憎んでいたわけです。田中先生は特別なんだけれど、法学部のマジョリティは、はっきり言えば田中派なんです。政治学関係はちょっと孤立している、少数派なんです。田中派を遡ると中田薫先生になる。中田薫から田中耕太郎というのが法学部正統派です。滝川事件のときは、中田先生の「動くな」という一言のもとに、東大法学部はとうとう京大に呼応して立たなかった。蠟山さんたち助教授は騒いだのだけれども、中田先生に抑えられたのです。

松沢　脱線しますけれど、中田先生は実定法の教授ではないですね。単純な疑問なんですが、実定法ではない法制史の教授が学部の中心になって力を持っていらっしゃるというのは、どうもよくわからないのですけれども。

丸山　その辺になると、神話時代になってしまって、ぼくもよくわからないのです。一つは、憲法では対立講座があった。穂積・上杉系統と美濃部系統とあって、対立講座で全く正反対の講義を交互に持っているわけです。天皇機関説問題は明治末期から起こっているでしょう。美濃部先生が、天皇機関説の立場で『憲法講話』を出す〔一九一二年三月」と、上杉さんがただちにそれを真正面からたたいて、「国体に関する『憲法講話』の所説」(『国家学会雑誌』同年六月、さらに『太陽』八月号に転載)を書くという有名な大論争があります。よくあれで上杉慎吉さんと美濃部達吉先生とが同じ教授会で共存したと思います。そのくらい憲法の内部では対立していたわけでしょう。

商法は松本烝治先生です。この人はただ実定法です。松本さんも実力者だけれども、民法の鳩山秀夫さんは、ものすごく頭がよかったのだけれど、アル中で途中で辞めてしまった。鳩山先生の弟子が我妻先生です。だから、あまり学問と関係ないのではないかな。というのは、主流は中田先生と杉山直治郎先生なのです。正統派の脈絡からいうと、そういう関係になるのです。杉山先生はフランス法で、野田良之くんの先生です。そういう人が主流なのです。法制史と外国法が主流というのは、おかしいと言えばおかしいでしょう。だから、あまり学問とは関係ないのじゃないかしら。

刑法の牧野英一先生は全く主流ではないのです。実定法中の実定法でしょう。牧野先生は非常に評判が悪かった。牧野先生が助教授を推薦して教授会で否決されたのは有名な逸話です。そんなことはめったにないのだけれど、牧野先生が「世界一の学者だ」みたいなことを言ったらしいんだ。そんなに偉いのが助手から出るはずがないと批判された。ぼくらが知らない神話時代だけれど。そのあとの非主流派の筆頭はぼくらのころは小野清一郎先生です。客観主義刑法で、牧野先生の弟子なんだけれど、先生に反旗をひるがえした。ぼくが助手になった当時は、法律のほうでは杉山、田中、我妻、宮沢、横田という系列があって、こっちの非主流には牧野、野村〔淳治〕。牧野先生が辞めたあとは小野先生。小野先生はアンチ田中ですから反対のほうで、末弘先生もこっちで、杉村〔章三郎〕先生とか、そういう人が法律のマイノリティの方でした。南原先生が、政治は自主独立だとしょっちゅう言っていたけれども、この自主独立は人数が少ない。南原、高木、神川〔彦松〕でしょ。派閥関係から言うと時局派のなかで神川先生だけ政治の方だった。鈴木竹雄さんなんかも、田中耕太郎先生に忠実な直系なのだけれど、戦後「ああいうことが二度とあってはいけない、あれは田中派閥です」とはっきり言ったのです。幸か不幸か、田中閥のほうはマジョリティの反ファッショだったのです。

近衛新体制への動き

松沢　戦争中のことで、前にうかがって、よく理解できなかった点があるので、お聞きしたいと思います。先ほどおっしゃっていた盧溝橋事件のインパクトということで、そのあと新体制に、インテリで、とくにマルクス主義の影響を受けた人が雪崩を打っていってしまったという説明がありました。同時に、そのとき、マルクス主義のなかからブルジョア自由主義批判を引っこめてブルジョア自由主義を再評価する動きが出てきたとおっしゃいました。あとのほうは、この前あまりうかがえなかったのですが、先生がおっしゃる人民戦線論的な自由主義評価ということではないかと思うのですが、そこを少しうかがいたいのです。

丸山　前に、歴史主義的な思考が新体制を支えたと、マルクス主義との関係で言ったのですけれど、それはそうなんだけれども、もっとアクチュアルに言うと、とにかく政党政治の腐敗という現実は決定的なのです。汚職が続出でしょう。政党政治は、もう、どうにもならないのだな。その腐敗に対する怒りを軍が非常にうまく組織したわけでしょう。腐敗に対して青年将校は本当に怒っていたし。

新体制の積極的なスローガンは国民再組織です。マルクス主義が飛びついたのはこれです。いったい議会が国民の代表と言えるのかということなのです。ブルジョア議会主義に対する理論的な批判ももちろんあります。だけど、現実の帝国議会の腐敗と、選挙のときの買収。これを根本的に正して、国民を再組織する。国民再組織ということを近衛が言ったのです。三木清さんなんかが論じたのはそれです。*もちろんマルクス主義の影響もありますけれど、帝国議会というものが国民の代表と言えない。新しく国民を、善意で言えば下から組織していく。国民を代表する新しい組織をつくらなければいけない。それが新体制の新という所以なのです。宮原誠一氏なんかも、戦後の東大教育学部をつくった人たちですけれど、昭和研究会に行った。彼は水戸高校で左翼運動をやっていた。昭和研究会というルートを通じて、旧左翼が新体制に雪崩込んだのです。マルクス主義のブルジョア議会主義像と現実の帝国議会の腐敗とが重なってしまったわけです。

すでにぼくが一高へ入った段階で、民政党の内部から、安達謙蔵を中心とする協力内閣の主張が出てきた。挙国一致内閣の構想です。政党の対立というのを超えて挙国一致という動向が、政党の内部から出てきているわけです。

第一段階が、憲政の常道と言われた二大政党の対立でしょう。二大政党の対立が、五・一五の犬養に対するテロで破られて、斎藤実《まこと》内閣ができる。これはまだ重臣によって支持されている。というのは、なんとかしてファッショ化を食い止めようという意図です。現実には、斎藤実が首班になったということは、すでに政党内閣の終焉なのです。斎藤内閣以後はずっと政党内閣ではない。もうそこでは政党内閣に復するというのは出てくる余地がないのです。にもかかわらず、政党は利益配分にあずかるという意図から、ずっとくっついているという事態が続くわけです。あの腐敗の政党内閣が再現するという余地はない。さりとて官僚内閣ではどうにもしょうがないということで、そういう窮地に浮上したのが近衛を中心とする新体制構想。主観的意図としては、これで軍部を抑えようということだった。

軍部は軍部で、政党はだめだというので、近衛に期待をかける。全く相反した期待を負って近衛は出てきたわけです。ナチの影響があるから、軍部も新体制と言うし、右翼も言うし、インテリ・グループも言いだす。そうすると、新体制運動というのは、むしろ現状打破の運動になる。それに対して、新体制運動のなかにある極右ないし極左の動向をおそれたのが重臣です。だから新体制にあくまで抵抗するのが重臣リベラリズムになってくるわけです。天皇を含めてそうです。

二・二六直前の一年間は、軍部内部の統制派と皇道派の闘争の真っ盛りです。相沢三郎中佐によって永田鉄山軍務局長が刺殺される。相沢中佐は皇道派のガリガリで神がかり。皇道派のトップが真崎甚三郎、荒木貞夫、柳川平助。真崎、荒木は大将だし、柳川は中将です。二・二六については、最近NHKで放送をしていましたね。*匂坂《さきさか》検察官の家にあれだけ資料があるとは知らなかった。ぼくの知らない新しい資料もあったけれど、意外な事実はなかった。非常に複雑で一口に言いえないのですが、概括的に言うと、ナチの影響を直接に受けたのが統制派なのです。その意味では、国家統制主義と言うのか、革新主義。殺された永田が御大です。その人たちが、ナチ・モデルの新国家を模索していた。

二・二六で一応、建前としては皇道派は引っこんでしまった。二・二六以後出てきた東条英機なんかの新しい粛軍派を新統制派と言う。実際に日中事変が拡大していくと、統制経済がどんどん進行していく。そうすると、いわば野党に回った皇道派の神がかり的天皇絶対主義と、絶対現状維持とが結びつくわけです。それで、新体制はアカだと言い出したのが皇道派の系統なのです。軍部ではないけれど平沼騏一郎の国本社と、柳川中将とか真崎とかは非常に親しい。平沼その他が「昭和研究会から新体制にアカがみんな流入した」と言う。新体制運動のなかにいる左翼分子は弾圧されて、その流れが戦争中の企画院事件までくるのです。企画院事件は勝間田清一と、戦後の農林大臣の和田博雄。あの人たちが企画院事件で一斉検挙される〔一九四一年四月八日〕。これは、流れとしては、革新官僚の流れなのです。だが、それをアカとして、どんどん摘発していったのが皇道派なのです。

青年将校の動きだけを見ると、ばかに現状打破的なのだけれど、全体の機能として見ると、皇道派は絶対現状維持になるのです。三井・三菱的旧財閥は軍部による統制に反対するために、むしろ皇道派に接近した。結局、統制経済がどんどん進行しますから、そうはっきり分けられないのですけれども、気分としては皇道派に近い。資本主義をちょっとでもいじろうというのは、アカだということになってしまう。皇道派にやられるし、憲兵隊や特高がアカ取り締まり専門だから、それにくっついてしまう。新体制というのは、そういう奇妙な事態になる。途中で腰くだけになっていくのが翼賛運動の精神運動化と言われる現象なのです。翼賛運動は、はじめはナチ型を狙っていた。ところが、国民再組織をするとアカということになってしまうので、組織をいじれなくなってしまう。そこで精神運動になってしまうわけです〔一九四一年四月二日、大政翼賛会改組〕。翼賛会の精動化と当時言っていました。「精動」とは精神運動の略です。現実に翼賛会はだんだん精動化していくわけです。精動化していく原動力の役割を果たしたのが皇道派なのです。

当時、小野塚喜平次先生の政治学研究会のメンバーで、九州大学を左翼でクビになって、朝日新聞社が拾って論説委員にした佐々弘雄さんが、ご先祖返りではないけれど〔佐々弘雄は、明治の国家主義的政治家佐々友房の三男〕、だんだん国粋主義になっていくのです。ただ、小野塚先生の弟子だから、政治学研究会では、あまり国粋主義を述べるわけにはいかない。佐々さんが朝日の内部にいて急速に近づいたのは柳川中将なのです。これはアンチ統制派およびアンチ東条なのです。もう戦争ははじまっていたころです。ある日の政治学研究会で、南原先生が「ナチス世界観と宗教」という報告をし、そこで危機神学の話をした〔一九四〇年一二月二七日。丸山文庫には、岡義武がまとめた南原報告の要旨コピーが所蔵されている。番号 854-1-8-1〕。危機神学は分裂して、一部はナチスに迎合している。南原先生は、それは非常におかしいと批判した。自分は危機神学ではないけれども、危機神学の立場は神の絶対性、人間と宇宙に対する超越性を強調する立場だろう。ところがヒットラリズムは人間の神化だ。人間を神にする。最もキリスト教精神と相容れない。ナチズムというのはヨーロッパ精神に対する反逆だ、キリスト教精神に対する反逆だというのが、先生の主旨です。それを聞いたあとでフリー・ディスカッションになったら、佐々さんは真面目な顔をして、非常に面白く聞いたというのです。日本の状勢は、まさに人間の神化だ。いまの東条および革新官僚たちは、天皇の名において、天皇と一体化していろいろなことをしようとしている。これは自分たちを神化し、自分たちを天皇の位置におくものだと。南原先生の報告を、そういう読み替えをするわけです。時局談だから、そういうものですかと、南原先生をはじめ、みんな感心して聞いていました。何事も承詔必謹で、何事も聖上のおこころざしのままにというと、絶対現状維持になる。何か制度改革をしようとすると、大御心を下から左右するということになるから、いけないのですね。それが皇道派のギリギリの立場になるわけです。

そういう意味では、逆説的に面白いのですね。天皇絶対化というのは、絶対現状維持になってしまう。何かしようとしても、それは大御心に反してそういうことをするということになってしまう。それが集中的に、二・二六の反乱将校にあらわれているのです。彼らは君側の奸を除くという。しかし、天皇自身の大御心は、君側の奸と目される重臣とあまり変わりないわけです。ぼくは反乱将校の一人にインタビューしたことがあるけれど、本当にそう信じていたらしい。

松沢　そう信じるというのは、どういうことですか。

丸山　大御心は自分たちの側にあって、君側の奸がいて大御心を隠している。大御心が本当に顕現されれば昭和維新はできる。大御心を歪曲しているのが重臣たち、さらに言えば、重臣、財閥および軍閥なのだというのです。戦後ですけれど、主にインタビューしたのは新井という少尉*ですけれど、本当にそう信じていたらしい。だから愕然としたのです。

新体制から極東軍事裁判へ

丸山　よけいな話だけれど、戦後の極東軍事裁判では、東条を悪玉にするために、徹底して、今度は皇道派が利用されるのです。東京裁判ははじめから政治的です。天皇に責任を押しつけられないと、アメリカの最高方針ですでに決まってしまっていたから、誰かを悪玉にしなければいけない。東条以外にないわけです。そこで真崎は追放にはなったけれども、戦争犯罪人として起訴さえされないわけです。戦争直後に、岩淵辰雄という人が、戦争中の暗黒史みたいな歴史を出しました〔『軍閥の系譜』中央公論社、一九四八年。番号0186231〕。これは完全に皇道派の立場から書かれている。ということは、逆にいうと二・二六以後、皇道派が冷飯を食わされていたということなのです。それであたかも皇道派が戦争に反対したかのごとく言って、戦後、復活してきた。そんなことはないのです。もし二・二六で、目的通り皇道派の連中が制覇していたら、間違いなく対ソ戦になっている。だけど、皇道派を平和主義のごとく書いた本が戦後にだいぶ出ました。つまり、ソ連を第一の敵と見るか、アメリカを第一の敵と見るか、最後の場合にはその選択になってしまったわけです。

近衛の位置というのは非常に微妙で、もともとは新体制だから、統制派のイデオロギーと近いのですけれども、戦争がはじまって以後、結局アンチ東条になってしまった。そこで近衛も最後は皇道派に近づくのです。アンチ東条ですから、戦争中の近衛は冷飯です。新体制当時の近衛とは、かなり違ってきたと思います。新体制当時の近衛は、河上〔肇〕さんの弟子だから、ちょっと反資本主義のところがあるのです。それから、アメリカが嫌いで、早くからアメリカの資本主義の批判をしていました。ずっと後になると、だんだん疎外され、東条内閣以後においては、アンチ東条の立場に立つのです。だから戦後、自分を平和主義と思って、新憲法を自分が立案するつもりだった。近衛は自分が戦犯になるとは夢にも思っていないのです。高橋〔禎二〕さんの紹介で近衛に会ったときでも「いまマッカーサーと会ってきた。憲法改正をしなければいけないと話したら、それはしっかりやれと言って激励された」と言って、非常にご機嫌でした〔本書二六二頁参照。両者の会見は一〇月四日〕。それから二、三カ月経つか経たないうちに戦犯に指名されるとは、全く予想していなかったのでしょうね。

松沢　近衛にお会いになったのは、いつごろですか。

丸山　はっきりとは覚えていないのです。ぼくが復員してきて、研究室へ出たのは九月の下旬。定期的に研究室へ出だしてから、高橋さんが来だした。高橋さんの着想で、今後の日本をどうしたらいいかということについて、長老のほうで田中先生、若いほうでぼくと見当をつけたのでしょうね。それで連れていったのだから、一〇月にはいってからだと思います。

なにしろ疎開先の図書がどんどん研究室に帰ってくる。それを書庫にまた収めるのに、毎日、毎日、助教授以下総出でバケツリレーです。何十万冊でしょう。あるとき書庫でバケツリレーしていて、ちょっと休憩ということになって、自分の部屋へ帰ってきたら、部屋の前にノーマンが立っていて、「丸山さん、しばらくでした」と言う。しばらくでしたと言っても、敵国でしょう。しばらくぼくも何とも言えなかった。あれはいまでも印象鮮やかです。もちろん軍服を着ていました。それまでノーマンには一度しか会ったことがないのです。一九四一年に高木先生に連れられて、カナダ公使館のランゲージ・オフィサーだった彼のところへ行った。すでにIPR〔Institute of Pacific Relations. 太平洋問題調査会〕で、ノーマンは『日本における近代国家の成立』を書いていました〔一九四〇年〕。そのときに一冊もらいました。

すぐに、いろいろな話になって、安藤昌益の話になったら、なんとか借り出してくれないかという。貴重図書中の貴重図書で、ぼくらでも中央図書館のなかの特別室でないと持ち出せないのです。あれは占領軍の力ですね。それを、図書館長に話したら、いっぺんです。借り出して、ノーマンはそれをカナダ公使館へ持っていって、まだコピーする手段がないから、なんとかいう有名な書家を呼んで、ぜんぶ筆記させたのです。それで、すぐ図書館へ返した。ノーマンが、このなかで丸山さんがエッセンスと思うものを選んでくれと言うのです。変な漢文だし、とても読めないからと。どのくらいの枚数で選ぶのかを聞いて、ぼくが選んだのです。それが岩波新書から出た安藤昌益〔E・H・ノーマン『忘れられた思想家——安藤昌益のこと』上・下、一九五〇年〕のもとです。

そういうふうに、何もかもごった返しているときですから、記憶の前後関係がどうもはっきりしない。いま年表を見ると、すぐだったと思うようなことが、意外に後なのです。たとえば、第一次戦犯指定が、その年の一二月ごろじゃないですか。

植手 東条なんかは九月の初めです。近衛と木戸〔幸一〕が一二月の初めです。

丸山 東条が自殺し損なった〔九月一一日〕ということは、国民の怒りをかうことが大きかった。こんな奴に指導されていたのかと。自殺のし損ないというのは軍人精神に反するわけです。そのときぼくは信州にいたのだけれど、これは想像を絶した怒りでした。負けたということもありますけれど、縄目の辱めを受けたということですね。

そのことと、天皇とマッカーサーの並んだ写真〔九月二七日会見、写真掲載は二九日〕。これもショックが大きかった。ぼくはこのときも信州にいた。マッカーサーのほうが軍服を着て、平服なんです。天皇はちゃんと正装している。情報局が発禁にしたら、総司令部が直ちに発禁を撤回させる。東久邇宮内閣は、それと治安維持法廃止の命令とで総辞職する。治安維持法廃止の命令をその段階で出させたのが三木清の死なのです。三木清が九月の終わりころ〔九月二六日〕死ぬ。それで総司令部がびっくりして調べたら、治安維持法というものがあることがわかった。それで、即時廃止。一切の思想的法令の即時撤廃および全ての政治犯の無条件の釈放という覚書が総司令部から出る。それが一〇月の初め〔一〇月四日〕ですね。

だらしのない話だけれど、思想的法令の撤廃と、獄中一八年組まで含めて政治犯を総司令部が釈放するとは全く予想しなかった。連合国といってもアメリカでしょう。そこまでやるとは思わなかった。その少し前に、名前は忘れてしまったけれど、GHQのある中尉*がぼくの研究室に来だしたのです。同室の辻〔清明〕くんはまだ結核で軽井沢で療養していましたから、ぼく一人で大きな部屋にいたのです。いちばん初めにピストルを置いて、ピストルを置くというのは、自分は武器を使用しないという意味なのです、それからダベり出した。最初に行ったのは、志賀義雄、徳田球一の釈放だと言う。みんなウェルカムで、司令部のなかで抱き合ってキスして、よく頑張ったよく頑張ったと言ったと言うのです。いろいろなことが一二月までにあったのです。

南原先生は戦争の末期、ぼくが兵隊に行っているときから法学部長でした。一二月に、内田祥三総長が任期中なのだけれど、戦争責任を取って辞めるということで、選挙になった。それで南原先生が総長になってしまったのです。

11 戦中から戦後へ

論文の反響

植手　兵隊に引っぱられたのは、東大法学部では先生だけですか。

丸山　だけです。徴兵検査で、だいたい丙種だから。ぼくは第二乙です。それにぼくら以外の人は、もっと年が上でしょう。助教授は野田〔良之〕くん、辻〔清明〕くんとぼく。辻くんは引っぱられて幹部候補生になったら、病気をしてしまったものだから、降等されて伍長か軍曹になって復員したのです。ぼくらのすぐ下は昭和一八年組で特研生の第一回生ですから兵役免除。東条内閣が、学問を絶滅してはいかんということで特別研究生という制度をつくった。そこは兵役免除なものだから、逆にぼくら助教授が引っぱられてしまった。理科系統はぜんぶ免除です。文科系統はだめなのです。南原〔繁〕先生は広島の船舶司令部に手紙を書いたらしいのです。必要な人物だから召集解除してくれという。それは参謀の会議で却下されたらしい。決定の後にぼくに、「お前、帰りそこなったな」と上等兵が言ったのです。南原先生が何か書いたなというのは、それでわかった。*

植手　敗戦の前に、雑誌にものを書けとか、そういうような勧誘はあったのですか。

丸山　雑誌からは一度ありました。『公論』という雑誌があって、発哺《ほっぽ》に熊の湯というのがあるので、発哺熊雄という筆名で何か書いたのをおぼえています〔「或日の会話」『集』一〕。つまらないことを書いている。ちょっと随筆みたいなものです。あとは、『三田新聞』に福沢諭吉について書いた〔「福沢に於ける秩序と人間」『集』二〕。書けと言ってきたのは林基《もとい》くんです。

植手　『国家学会雑誌』に大論文が出たのを、編集者たちは見ていなかったのですね。『中央公論』とか、『日本評論』とかの。

丸山　まあそうでしょうね。むしろ大学のなかで、平泉〔澄〕門下の助手たちが問題にしたらしい。法学部に、徂徠をテーマにした、けしからんのがいると。

植手　それは何か問題があるのですか。

丸山　南原先生は、助手論文だから、提出されるときに非常に用心したのです。平野義太郎さんの引用なんか、ぜんぶ削除。「市民社会の」というのも削除された。市民社会といったら、次は社会主義社会ということになると。先生の思いすぎなんだけれど、ぼくはブラックリストに載っているというのを、先生にだけは白状したからですね。

植手　それは本になるときに、元に戻っているわけですか。

丸山　いや、戻っていない。それきりです。元の文章を戻したのは、英語版の序文のなかの説明で「宣長学にとって、徂徠学的思惟方法は〝逆立ちした真理〟であった」〔「日本政治思想史研究」英語版への著者序文」『集』十二〕というのを出した一カ所だけです。あれは、南原先生はよく見ていて、マルクスがヘーゲルについて言った言葉だから、これはちょっとまずいのではないかということで、そこの表現を直した。

村岡典嗣さんが、第一回が『国家学会雑誌』に出たときに、すぐに研究室へ来て、応神天皇の神の字が間違ったから、急いで訂正しろと。ぼくは応仁の乱の仁の字を書いたので、これはよく間違えるのです。井上哲次郎が、いつだか知らないけれど、それで右翼にやられたのです。村岡さんが、ざまあ見ろと言わんばかりに「井上哲次郎は、国体をかざして、いつもキリスト教をやっつけたりしていたら、応神天皇を書き間違えて、やられた」とぼくに笑いながら話しました。次号にすぐに正誤表を出しました。

植手　村岡さんはそのとき、東大へ見えていたわけですか。

丸山　講義で見えていました。ぼくもその講義に出ていた〔受講ノート二冊がある。番号493-2, 747. いずれも画像の閲覧可能〕。丸山さんの論文は我々の常識からすると奇妙な論文だと、南原先生に言っていたそうです。

植手　どういう点が奇妙なんですか。

丸山　それは聞かなかった。偉い先生だから、直接聞くわけにいかない。

植手　しかし、こういう論文はなかったでしょう、いままで。

丸山　よかれ悪しかれ、ないんです。だから理解を絶したのではないかな。

植手　津田左右吉先生は何かおっしゃられなかったですか。

丸山　津田先生は裁判で闘争中だから。こっちはしばしば先生のところに行ったけれど、津田先生は何も言われなかった。津田先生に批判されたのは、むしろ、「超国家主義の論理と心理」(『集』三)だな。『世界』のあの前の四月号に津田先生の「建国の事情と万世一系の思想」が載ったのです。それと相前後して載って、津田先生と正反対の説になってしまったから(津田の丸山批判は「明治維新史の取扱ひについて」『世界』一九四七年一〇月に述べられた)。

岩波にいた塙作楽《はなわさくら》から電話がかかってきて、「おい、巻頭論文だ」と言う。あの原稿は、吉野源三郎さんと塙が研究室に訪ねてきて依頼されたのです。吉野さんが、田中耕太郎先生から吉野さんに宛てた立派な書簡を見せて「勝手に頼みにきたわけではない、田中先生が推薦しているのだ」というのですね。あのころ、田中とか安倍能成とか和辻哲郎が『世界』の顧問になっていました。その同心会で、こういう人に書かせようと決めて、若い人を推薦するわけです。ぼくは、同心会のほかの人は知らない。田中先生とはずいぶん議論はしたけれど信用があったから、先生が丸山に書かせろということになったのでしょう。そのときが吉野さんとの初対面です。塙が連れてきたわけです。

植手　いつごろでしょうか。

丸山　一九四六年の二月ごろ。[*]三月はぼくの誕生月ですが、そのころ書いたのです。木下くんの『夕鶴』じゃないけれど、四、五日で書いてしまった。木下順二くんもあの作品を一気に書いてしまって、あとからあんなに騒がれてびっくりしている。ぼくの論文もちっとも苦労していない。画期的だとか言われると、こっちは穴があれば入りたいという気持ちです。ただ、内容については非常に悩みました。それまで半年、ぼくは天皇制の問題については悩みましたけれど、書く時には、紙を置いて、ちょっと思いついたことを書いては、筋を引っぱったりしたメモをつくり、それを見ながら一気に書いてしまった〔本書二一三頁〕。書いたテーマは注文ではない。こっちが勝手に書いたものです。『世界』もまだ仙花紙で六〇ページぐらいの薄いころです。自分のことで非常に言いにくいけれど、それが出ると飯塚浩二さんは、「やっと外国人には書けない天皇制論が出た」と言ってくれました。面白いのは尾高朝雄《ともお》さんで、「転んでも、ただ起きないというのは丸山くんのことだね」と冷やかされる。つまり軍隊であれだけひどい目にあっていながら早速その経験を使っているということなんです。これには参りました。助手として同僚だった木村剛輔なんか「学術論文として破格だ」と言うんです。論文という ものは、軍隊内務令など引用するものではないのですね。ぼくは格を破るという意図はぜんぜんなかったのだけれども、そういうことでも、当時の助手はびっくりしたらしい。木村さんには「ラスキの影響がありますね」とも言われましたよ。これはさすがだと思いました。

ぼくは東横線の都立高校の傍に住んでいて（一九四六年春、目黒区宮前町の妻の実家に転居）、松田智雄さんが近所だから、やってきて「このあいだ藤間《とうま》生大《せいた》に会ったら、丸山さんの論文で、はじめて上部構造の自立性というものが示されたと言ってたよ」と言うのです。ぼくは藤間という人を知らなかった。マルクス主義の立場から言うと、そういうことになるのかなと思った。

このことに関連して思い出すことがあります。「超国家主義の論理と心理」の翌々年ぐらいに遠山茂樹くんが、「四つの福沢諭吉論――丸山眞男氏の業績を中心として」という論文を『歴史学研究』（一三二号、一九四八年三月）に書いて、そこで「福沢における『実学』の転回」と「福沢諭吉の哲学」とを、かなり長く紹介したのです。そのあとで、ぼくの論文と遠山くんの書評とを一緒にディスカッションするというので、被告だから、ひもじい腹をかかえて出ていったのです。お茶の水から駿河台へ下りていく右のほうにあった、むかしの東亜研究所の建物です。そこに藤間生大くんが来ていた。それから西郷信綱氏も。遠山氏が最初コメントしました。「『実学』の転回」で、社会的基盤の変動との関連が出ているけれども、逆に「哲学」のほうでは、それが引っこんでしまって、いまはむしろ後退しているという批判を受けたのを覚えています。そのとき藤間生大氏は「テンニースというのはどういう人ですか。どうしてゲマインシャフトとゲゼルシャフトという、テンニースの分け方を使うのですか」ということを聞いた。

松沢　そういう質問に、どういうふうに答えられたのですか。

丸山　それは忘れてしまった。テンニースを知らないのかなと思ったので、それだけ記憶にあるのです。

植手　石母田正《いしもだしょう》さんなんかは、そういうところには来ていなかったのですか。

丸山　石母田くんは来ていない。藤間氏が来ていて、どうして石母田氏が来ていなかったのだろう。都合が悪かったのでしょうね。三島庶民大学をやってみて、はじめてわかったのですけれど、同じ歴研〔歴史学研究会〕でもいろいろ系統があるのですね。ぼくは素朴に、羽仁五郎さんを三島に呼んでこようと思ったのです。石母田くんには戦争中に一度しか会ったことはないのですが、三島庶民大学の木部達二くんが石母田くんに聞いたら、「羽仁さんなんかは、啓蒙家だけれど、専門の学者じゃない」と言ったのだそうです。そのときわかったのだけれど、羽仁さんの系統には、井上清、遠山茂樹というような人がいて、他方、渡部義通《よしみち》という人がいて、その系統に石母田くんとか、藤間生大とかがいるのですね。それで結局、石母田くんが三島庶民大学に来て話すことになった。石母田くんは藤田〔省三〕くんが同じ法政大学で、しょっちゅう行き来していました。

ぼくは一応、仲がよかったつもりなのだけれど、藤田くんに言わせると、ぼくに対して友だちとして非常に好意を持ちながら、ノン・マルキストとして尋常ならぬ敵意をも持っていたそうです。ぼくには直接には感じられなかった。『石母田正著作集』の月報に書いたけれど〔「吉祥寺での付き合い」『集』十五〕、カール・シュミットの本を貸してくれなんて言ってきたぐらいで、非常に関係はよかったのです。「あれは相当のものですね、先生に対するあれは」なんて藤田くんが、晩年の石母田くんについてよく言っていました。よく言えば、それだけ認めてくれていたんでしょうね。

羽仁さんという人は激しいのです。遠山くんの『明治維新』〔一九五一年〕が出たころ、ぼくは非常に感心したので、熱海の惜櫟《せきれき》荘〔岩波茂雄の別荘として建てられ、岩波書店の施設として長く用いられた〕で一緒になったとき羽仁さんに「遠山くんの今度の本をご覧になりましたか」と聞いたら「きみ、あんなのが学問的な本だと思いますか」と言った。「どういうわけですか」と聞くと「第一、服部之総《しそう》くんとぼくとを同じく引用している。こういうのは学問的論文ではありえない」と言うのです。同じ講座派内での一種の内ゲバだけど、羽仁さんは明治維新論で服部之総と論争していたのです。

服部之総という人も論争好きで、ぼくの学生時代に、土屋喬雄さんと「厳マニュ論争」をやっていました。『資本論』に「厳密な意味でのマニュファクチュア時代」と出てくるのですが、幕末がそれに当たるというのです。それを土屋さんが丹念に資料を挙げて、そうではないと論じた。* あれもずいぶん激しい論争でした。ぼくの福沢諭吉論もやっつけられたけれど、服部さんに個人的に会ったら、こっちが意外なほど非常に褒めてくれました。

松沢　どういうことを褒められたのですか。

丸山　はじめて福沢の思想構造をつかまえたと言うのです。だけど同時に、ぼくの福沢論を批判して「福沢惚れによっては、ついに福沢は解明できない」と言ったのも服部さんです（「福沢諭吉」『改造』一九五三年一月号）。服部さんとは安藤昌益についての座談会で一緒になったことがあります（「安藤昌益の思想とその歴史的背景」白日書院刊、季刊『世界の社会科学』二号、一九四九年一月。丸山の発言が、『座談』一「丸山眞男発言抄」に抄録されている。この座談会は、白日書院から、「安藤昌益全集」を刊行する企画の一環だったが、白日書院がつぶれたため昌益全集も実現しなかった）。服部さんという人は社会学出だから、わりあい理論的関心はあるのです。純粋史学ではないのです。

『有澤廣巳の昭和史』の戦中戦後

丸山　ところで、『有澤廣巳の昭和史』という非売品の本が東京大学出版会から出ました。これは実に面白いものです。そのなかに、はじめて発見された有沢さんの戦争直後の日記があるのです。その時期、ぼくは、慌ただしく過ごしていて、何もはっきり覚えていないのです。覚えていても前後関係は滅茶苦茶。ちょうどぼくの空白の部分でしょう。刻々推移する事態を生けるがごとく思い出しました。

敗戦まで、有沢さんに対してまるで冷淡だった東大が礼を尽くして、舞出長五郎経済学部長から「復帰してくれ」と言ってくる。有沢さんは、大内〔兵衛〕さんと相談して、はじめは断るのです。

平賀粛学に対して、あれは土方〔成美〕一派を一掃するという意味があったから、もっと肯定的かと思ったら、有沢さんは非常に厳しいのです。人民戦線事件の裁判では、有沢さんは結局、二審で無罪になりますね。無罪になったのだから、筋から言えば、戦争中だけど、東大に復帰すべきなのです。それを、総長と経済学部が、帰ってこられてはかなわんという態度で、復帰させまいとして必死になって頑張る。そういうことを書いた文章も入っている。

有沢先生の一周忌に、追悼の会に来た人に配ったのですね。三冊が一つの函に収まっているのです。* 一種の戦後史として本当に面白くて、巻を措くあたわずだった。もちろん人民戦線事件も含めてです。それから、有沢さんが残ったころの経済学部、それから〔エミール・〕レーデラーの話とか、留学しているときのドイツの事情とかも面白い。

松沢　それに収められた有沢さんの日記というのは、かなり大部なものですか。

丸山　いや。一巻のうちの一部、六、七十ページくらいのものです。奥さんも知らなかったらしい。敗戦直後から、その年の暮れまで、いちばんドラマティックな時代だから貴重なのです。

植手　敗戦の年の日記は、先生の体験と、かなり共通するものですか。違いますか。

丸山　はっきり言って、非常に解放感というのか、共通していますね。晩年の有沢さんは非常に温厚になってしまったけれど、敗戦直後はかなり厳しい。マルクス主義の立場がはっきりしています。

松沢　先生は、有沢先生とどの時代にお付き合いが深かったのですか。

丸山　ぼくは平和問題談話会です。付き合うといっても相手は偉い人でしょう。平和問題談話会で、ぼくが「三たび平和について」〔『集』五〕を朗読したとき、隣に座っていて「偉いものを書いたな」なんてばかに褒められた。あとは憲法問題研究会にもときどき来ていました。憲法問題研究会の段階では、都留重人さんが「有沢先生、いまでもマルキストですか」なんて聞いていたのを覚えています。ニヤニヤ笑って答えなかったけれど。

でも、戦争中、陸軍の嘱託をやっているのです。海軍ならわかるのだけれど、陸軍というのは面白いね。日米交渉にもかかわっている岩畔《いわくろ》豪雄《ひでお》大佐の系統の秋丸次朗中佐を中心とする調査機関〔陸軍省戦争経済研究班。秘匿のため秋丸機関とも言われた〕なのだけれど、彼らは有沢さんなんかに対して、左だという偏見を持っていない。ある意味では、庇護する役割を演じたのではないですか。「真実を報告してくれ」と、いろいろな調査を命じている。でも、やっぱり周りから、あんなアカを使うのはけしからんと怒ってきて、結局、秋丸機関は閉鎖になってしまうのです。海軍や陸軍というのは、もともと組織的に頭のいいのがいたというせいもあるけれど、よほど合理的だったのではないかな。変な学者や、ファナティックな右翼はもちろん、便乗学者というのはあまり信用しない。そういう一種の直感みたいなものは持っていたのではないかな。あまり知られていない秘話です。有沢さんは人民戦線事件で保釈中なのです。保釈中の被告を使うというのは、かなり大胆です。

ドイツの留学時代の思い出を見ると、いい時代に行っているなと思います。マルクは安いし、レーデラー級の教授を家庭教師に雇っているのです。むこうの学者は食えないから日本の留学生の家庭教師になる。南原先生もそうでした。有沢さんは、SPD〔ドイツ社会民主党〕の大会があって、招かれて行くのです。そうすると、カール・カウツキーは出ていない、ローザ・ルクセンブルクは殺されているからいないけれど、オーストロ・マルキストのオットー・バウアーとか、カール・レンナーとか、きら星のごとく並んでいるのを見ているのです。ナチ以前、ドイツの最盛期でしょう。ぼくはうらやましいなと思った。それだけじゃない、蠟山政道さんなんかを含めて、しょっちゅう研究会や読書会をやっているのです。有沢さんもそうだけれど、あまり旅行はしていない。ただ、ドイツ社民党の大会とか、そういうのは見に行っているのです。熾烈な政治的、社会的関心がある。

植手　そういう点は、今の留学生とぜんぜん違うのではないですか。

丸山　ぜんぜん違うと思います。戦後の留学生については、森有正が、何のために留学しているのかと、本当に憤慨していた。フランス政府の留学生で、政府から金が出ている。それを、奥さんを連れてヨーロッパを方々観光に回っている。森くんは、自分は一文なしで行って苦労しているでしょう。よけい頭に来たのですね。

むしろ有沢さんの時代には、蠟山さんもそうだけれど、専門を超えて勉強している。羽仁五郎だって、ハイデルベルクなんかでよく専門を超えて研究会をやったりして、あんまり遊んだ話は書いてない。芝居やオペラの話があるかと思ったら、それはない。南原先生は下宿と大学だけなんだな。ベルリンでしょう。なんでもう少し遊ばないのかと、もったいないと思ったけれど。先生は毎日毎日カントを読んでいるのです。社会民主党が天下を取ったときですから、ベルリン大学は大改革をして、社民党のハインリッヒ・クノーが教授になったころです。オーバーだと思うけれど、ナッパ服で講義をしたという。

植手　有沢さんは、いつごろドイツに行かれたのですか。

丸山　一九二六年から二八年にかけてですね。

植手　そのころだと、だいぶインフレは収まっているわけですか。

丸山　そうじゃないですかね。たいへんだと書いてあるけれど。有沢さんの『ワイマール共和国物語』〔『ワイマール共和国物語』上・下巻、一九七八年、『ワイマール共和国物語余話』一九八四年、いずれも東京大学出版会〕を読みましたか。あれは最大傑作です。生きているときに有沢さんに、公刊なさいよと言ったら、いや素人の歴史だからと言ったのです。一読、巻を措くあたわず。ずいぶん調べたらしい。有沢さんはワイマールの没落過程を実際に見ているわけでしょう。ナチの勃興のときには帰ってきてしまっているけれど。文章もうまい。見直したと言うと失礼だけれど、ちょっと驚いたな。松田智雄さんが、有沢さんはよく書いたと感心していました。四、五百ページの本二冊です。非売品で、近しい人に配った。ぼくのところへは来ないのです。ぼくは有沢さんと一緒に中国へ行って〔一九八一年五月〕、よけい親しくなった。有沢さんが書いたのはその後です。先生に「恨みますよ、ぼくにもくださいよ」と言ったら、「いや近い人だけに配ったので」と言いながらも、ぼくにくれました。中国へ行ったときに八〇を越していたでしょう〔八五歳〕。それから書いたのです。書くために、ずいぶん参考書を集めたらしい。それも偉いと思ったけれど、筆致が若々しいのです。元来、文章家だけれど、なにしろ実際に見ているという強さがあります。ほかにもいろいろ書いているけれど、デモクラシーはどういうふうにして崩壊するかというのが、有沢さんにとって痛烈な経験なのです。こうすればいいというのはないのだけれど、こうなると崩壊するというほうは、実に生き生きとあるのです。

松沢　誰かが書いていたように思うのですが、なぜ有沢先生がマルクス主義者でありながら、官庁にコミットされたか。日本の労働者階級は頼りにならないことがよくわかって、そちらの方から頑張るより手がないということを痛感されたのだ、と。

丸山　それは知らないけれども、戦争直後の日記を見ると、ぼくなんかは意外とするほど期待感に満ちています。公式通りにプロレタリアートの好機だと。山田盛太郎さんなんかとも仲がいい。世間で言っているほど労農派対講座派というのではない。一時はそうなったかもしれないけれども、元来、東大の経済学部で一緒ですから。『学問と思想と人間と』に、二人がまだ経済学部にいたころ、「山田くんと話す」というのが、よく出てきます。日本のデモクラシーの展望、社会主義の展望については、後の現実主義的になった有沢さんからちょっと想像できない明るさです。大内さんなんかは、ジャーナリズムに書いているだけで、現実にタッチしていないでしょう。有沢さんのほうは戦後の再建に、傾斜生産方式で現実にコミットしているわけです。だからぼくには、有沢さんのマルクス主義はどこへ行ってしまったのかという思いが、非常に早い時期から、有沢さんとまだ個人的面識がないうちからあったぐらいです。だからよけい、あの日記を読んだら、実にクラシックなマルクス主義で、ちょっとびっくりしました。日本自由党ができて、総裁の鳩山一郎から協力を頼まれて拒絶するくだりもあります。

植手 しかし、マルクス主義者だということはわかりきっていたわけでしょう、その時期だったら。

丸山 それはそうです。全体がそういう時代です。吉田茂が大内さんを追いかけ回すという時代。学者は卑怯だ、逃げる、なんて吉田茂は言っている。

松沢 そんなことを言ったのですか。

丸山 有沢さんの本にもたしかありました。東畑精一さんだけが受けるのかな。目指した学者にはみんな逃げられてしまう。

松沢 吉田論として、吉田茂はどうしてそんなに学者にご執心だったのでしょうね。純粋に能力への期待なのでしょうか。

丸山 逆にいうと、あの年配の人は圧倒的多数が便乗してしまったから、人がいないのですね。南原先生のところへ来た手紙なんか、たいへんなものです。墨痕鮮やかで、「東京帝国大学総長　南原繁閣下」というのだ。閣下というのは、ちょっと想像を絶する(笑)。ぼくは実物を見ました。中も閣下です。閣下と今後の教育問題について、じっくりご相談がしたいと。はじめはそういうつもりだったのです。のちに「曲学阿世」になってしまった。

松沢　南原先生がどういう返事をなさったかは、わかりませんか。

丸山　それはわからない。むしろ、曲学阿世問題〔一九五〇年五月三日、吉田首相は東大総長南原繁の全面講和論を「曲学阿世」と非難し、南原は同月六日、学問に対する権力的強圧と反論した〕のときに、吉田さんはわかっていて政治的にああいうことを言ったのだというのが南原先生の解釈だった。そうでしょうね。吉田さんの南原批判は、安倍能成さんなんかのアンチ南原とは違うのです。こちらの方はすごい。同心会のグループのアンチ南原というのは、想像を絶するものです。

戦中戦後の田中耕太郎先生と南原繁先生

松沢　田中耕太郎先生も同心会に入っていらっしゃるのでしょう。

丸山　もちろん田中先生は入っている。田中先生のアンチ南原はまたすごいのです。安倍先生は安倍先生で、岡義武先生が学習院大学に行かれた時、南原先生の悪口をひどく言われて、さすがの岡先生がたまりかねて、自分で部屋を出たと言っていました。安倍先生はぼくにむかっては、「丸山くん、よくあんな人の弟子になっている」と言うのだから(笑)、ひどいものです。

植手　たとえば、どういう攻撃をするわけですか。

丸山　要するに、時局便乗だと言う。戦争中のことを何も知らないのです。占領軍にへつらっているとか。いまでも戦後史の一つのミステリーですけれど、アメリカから教育使節団というのが来たのです（一九四六年三月）。こちら側の迎える態勢は、安倍さんが文部大臣で、南原先生が日本教育家委員会の委員長だった。そのときなのです。何かが起こった。南原さんが占領軍に菓子折を持っていったとか、安倍さんの話は聞くに耐えないものです。考えられない。そういう話を同心会グループみんなが共有しているわけです。あのグループで、そういうのを笑いとばしていたのは大内先生だけです。最後まで南原先生とよかった。大内先生は、田中くんも困ったものだし、安倍さんも困ったものだと言っていた。あとは、嘉治隆一にいたるまで、このグループはぜんぶアンチ南原なのです。若いところでは竹山道雄も方々に書いています（『産経新聞』一九五六年一二月二六日「総合雑誌評」など）。戦後の岩波は、そういう人たちに頼っていた。南原先生はほとんど岩波とは関係なかったでしょう。岩波茂雄さんとは知っていたから、『国家と宗教』（一九四二年）は岩波から出したのだけれども、それ以外はほとんど関係ない。

松沢　和辻哲郎さんも南原先生に対して批判的だったのですか。

丸山　まあ、そう言っていいでしょうね。ただ和辻さんはちょっと違う。南原さんは容共的だというのです。それはぼくもやられた。平和問題談話会で「丸山くん、そんなにソ連て信用できますか」と。「信用するとか、しないということではないです。それじゃ、アメリカは信用できますか」とぼくは言ったのだけれど。全体の総会ではなくて、岩波のむかしの図書室で部会があったときです。ぼくの反論は、国際関係は、そんなものではないのだという初歩的なところからはじまるのです。和辻さんは、米ソはぜったいに共存できないという議論でしょう。それでは平和問題談話会としての報告が書けないわけです。ただぼくは、和辻先生とは、それほど親しくなかったこともあって、直接に南原先生の悪口は聞かなかったけれど、安倍さんと田中先生、この二人からは、散々聞かされました。

　ちょっと戦争中は辛かった。ぼくは法学部人民戦線と称していたけれど、南原、田中を割ってはいけないというのがぼくの最高戦略だった。田中先生は好悪が強いから、「末弘〔厳太郎〕とか小野〔清一郎〕とかいうのは、ぼくは人間と思っていない」と言うのです。南原くんは人間であり、自分と考え方は根本的には同じのはずだ。ところが、いざというときに裏切ると。ラブ・ヘイトなんだな。本来、同志であるべき南原くんが、という言い方です。田中先生には閥をつくる根本の性癖があります。その点、南原先生は見事だった。しょっちゅう一人一党ということを言っていました。安井〔郁《かおる》〕問題で法学部教授会が割れたときに、ぼくは田中先生の家へ慰留に行って*、さんざん南原先生の悪口を聞かされるわけです。南原先生のところへ行って、ちょっと心配して「田中先生が……」と言うと、「君なんか心配しなくていい。三〇年来の交友だ」と南原先生のほうがたしなめる。

松沢　南原先生は本当にそう思っていらっしゃるのですか。

丸山　そうでしょうね。田中先生のお葬式のとき〔一九七四年三月一日死去〕、南原先生は虎の門病院で重病です。それでも、どうしても葬儀に出ると言うのです。横田喜三郎さんが弔辞の代表で、横田さんもアンチ南原ですから、あまり出てきて欲しくない。こっちはこっちで、主治医の沖中重雄さんに福田歓一くんとぼくとが呼ばれ、写真を見せられて、あと六カ月だと言われている。とんでもないと先生に言ったのだけれど、四〇年だか五〇年だかの交友だの一点ばりです。ぼくと福田くんが両側から支えて、ヨロヨロしながら病室から直接葬儀会場に行ったのです。

南原先生は高木八尺先生と最も仲がいいのですが、斎藤眞くんが、高木先生と南原先生の性格の対照をよく話します。高木先生は都会的なのです。だから、老醜を人に示したくないという気持ちが強い。南原先生は最も親しかった人でしょう。その葬儀のとき、高木先生は外からお辞儀して帰ってしまった。斎藤くんと話したら、高木先生らしいと言うのです。スタイリストなんだな。ところが南原先生は、千万人といえども我行かん、で福田くんとぼくとに支えられてヨロヨロしながらお辞儀する。どっちがいいとか悪いとかいうことではない。南原先生も、田舎者だということを自認しているのです。ぼくは田舎者だからと、しょっちゅう言っていました。都会の秀才というのは好きじゃなかった。高木先生に対して言うのではないのだけれど。実際、人間って面白いものですね。

和辻哲郎先生の場合

松沢　話を和辻先生にもどしますが、戦争中の東京帝国大学での言動ということを考えると、「アメリカの国民性」という論文の意味は大きいですね。

丸山　あれはひどい。当時の雑誌『思想』の恥ですね。ぼくは一九四四年の七月に召集されて、初年兵教育を朝鮮で受けた。初年兵教育を終わって一一月に東京へ帰ってきて、翌年の三月再召集で広島なのです。あれは、そのあいだに出たものです〔はじめ『思想』一九四四年二月号に発表、のち「日本の臣道」と併せて、『日本の臣道　アメリカの国民性』と題し、同年七月、筑摩書房の「戦時国民文庫」の一冊として刊行された〕。研究室で読んだのを、いまでも覚えています。なんたることかと思って。最後は、強く見えるやつは意外に弱い、みたいなことでしょう。こんなギリギリのときになって、まだそういうことを言っているわけです。

南原「勅命」によってできた東大の憲法研究委員会〔一九四六年二月設置〕で、ぼくはまた和辻先生と一緒になりました。法学部の小さな部屋でやったのです。経済学部からは大内、矢内原〔忠雄〕、文学部からは和辻さん。ずっと帝国憲法の逐条審議をやっていった。ここがおかしいから直そうとか、いろいろやっていたら、その最中に、いまの憲法の原案が出た。これは、ものすごい衝撃だった。人民主権ですから。驚かなかったのは横田先生ぐらいだったな。結局、和辻先生は、既成事実になったものを合理化するという人なのです。その理屈がうまいのだな。だいたいそうです。たとえば、『日本倫理思想史』〔岩波書店、一九五二年〕だって、井上哲次郎の「国民道徳論」を、あんなにボロクソに批判しているけれども、戦争中に出た「岩波講座 倫理学」に発表した論文には一言半句も、そういうのはないのです。でも神がかりではなかった。平泉澄なんていうのがいたんだからね。ぼくは、のちに『日本倫理思想史』になった講義を、助手のときに聞いたのです〔受講ノート一冊がある。番号 493-1. 画像を閲覧可能〕。それは、ある意味では実によかったな。ぜんぶ津田批判だけれど。ぼくが教わった時代には、銅鐸文化圏とか銅剣文化圏なんて教わったことがないわけです。和辻さんの講義ではじめて、そういう古墳時代の歴史について聞いた。あれを聞いたら、だれでも天皇制というのは、だいたい六、七世紀ごろできたものだというのはわかるのです。そういう講義です。

天皇制についての説明は『日本倫理思想史』と同じで、肯定的なんだけれど、歴史を曲げるということはない。神武天皇とか、そういうのはぜんぜん出てこない。文化史的に、縄文、弥生、それから古墳時代、それが講義のいちばんはじめです。そういう意味では、戦争中しっかりしていたわけです。

和辻さんのために弁護するならば、政府のテコ入れで日本出版文化協会というのをつくって出版の統制をした。実体は内閣情報局の下請けみたいな組織です。和辻さんはその推薦図書委員です。そこに、鈴木庫三《くらぞう》という気違いじみた内閣情報局情報官の中佐がいて、出版関係はみんないじめられている。鈴木庫三なんていうのは岩波書店を潰そうとした筆頭です。鈴木に睨まれたらおしまいだと当時言われていたぐらいだった。そこで和辻さんは鈴木と激しく対決したのです。和辻さんは日本諸学振興委員会のメンバーにもなる。日本諸学振興委員会というのは文部省の肝入りなんだけれども、ひどいものです。その日本諸学振興委員会が出していた機関誌〔『日本諸学』二号、一九四二年一一月〕の座談会で、和辻さんは紀平正美《きひらただよし》や久松潜一をむこうにまわして一人で激論をしたらしい〔駒込武ほか編『戦時下学問の統制と動員』三八六頁以下を参照。東京大学出版会、二〇一一年〕。

南原先生も、和辻さんは津田問題で非常によくやってくれたというので感謝しているのです。特別弁護人を引き受けてくれて、津田さんの本を高く掲げて、私はこれを教科書に使っていますと言ったらしいのです〔「津田左右吉事件公判における証言」『和辻哲郎全集』別巻二〕。翌日、南原先生がすごく喜んでいたのを覚えています。

植手　先生が和辻さんの講義をお聴きになったのは、助手になられてからですか。

丸山　助手になってからです。もちろん先生の命令です。平泉さんの日本思想史と和辻さんの日本倫理思想史を文学部へ行って聴け、と南原先生が言ったのです。もちろん中国哲学とか、そういう講義は勝手に聴きに行った。今文尚書とか古文尚書とか、儒教の文献学的なものは高田真治さんから教わったのです〔受講ノート一冊がある。番号51-1. 画像を閲覧可能〕。講義は中国古典の文献学ばかりで、これはつまらなかったけれど、ぼくにとってはイロハから勉強ですから。

東大憲法研究委員会

松沢　「超国家主義の論理と心理」にもどりますが、あの論文をお書きになるまでに、半年間、思想的に非常に苦しまれたという模索のプロセスを、もう少し詳しくうかがいたいのですが。

丸山　ぼくにとっては、天皇制を否定するということは大変なことだったのです〔本書二一三頁〕。

松沢　前に南原先生の「勅命」でできた憲法研究委員会の議論を取り上げられましたが、それとも関係しますか。

丸山＊　憲法研究委員会も非常に早かった。やっている最中にマッカーサー憲法草案が出たでしょう。それで途中で逐条審議をやめて、マッカーサー憲法草案について少し論議して、結局、憲法制定手続きを上申したのです。その草案はぼくが書いたからよく覚えています。

つまり、こういう形で憲法が公布されると、いったん、危機に瀕した場合に、本当にこの憲法を守ろうという心がわき上がってこないだろう。いわば、上からだから。いったん下に下ろす必要があるということで、市町村単位ぐらいで「憲法会議」というのをつくって、マッカーサー憲法草案をたたき台にして、憲法論議を積み重ねた上で、それを修正するかたちで、国会に付することとしたほうがいいという主旨でした。ぼくは自由民権運動のこと〔私擬憲法〕が頭にあったのです。我妻〔栄〕先生がそれに非常に共感を示された。それが南原先生のもとへ届いたはずです。南原先生が内閣と総司令部に届けたことは届けたのではないですか。内容よりも、憲法制定手続き問題に絞ってしまったのです〔憲法問題研究会編『憲法と私たち』岩波新書、一九六三年の我妻栄「知られざる憲法討議――制定時における東京帝国大学憲法研究委員会報告書をめぐって」に討議の詳しい経緯と「上申」の全文が収められている。のち『別集』一に「憲法研究委員会第一次報告」として収録〕。

内容についても議論はしました。我妻先生なんかはマッカーサー憲法草案は一八世紀的であるといって批判されました。先生のお手本はだいたいワイマール憲法ですから、共同利益は個別利益に先立つ、所有権は義務づけるというのも我妻民法の金科玉条でしょう〔『民法I』岩波全書、一九三三年で「個人主義より団体主義へ」を主張している。『話文集』

続1、二三七―二三八頁参照〕。所有権絶対というのはいけないという。〔尾崎〕咢堂と反対なのです。この草案は一八世紀的啓蒙憲法であって、一九世紀の社会権というものがここに入っていない。生存権とか、労働者階級の団結の自由というものはあるけれども、生活保障権とか、そういうものが弱いというのが我妻先生の主たる批判でした。

お尋ねの天皇論については、国民統合の象徴というのはよくわからないという議論がいろいろな人から出た。最も象徴論を擁護したのが和辻さん。これでいいじゃないかと。象徴というのは何ですかと聞くと、和辻さんが象徴についての解釈をした。象徴というのは、全体性を表すものだ、必ずしも天皇の具体的人格ではなくてもいいと言うのです。そうしたら宮沢〔俊義〕さんが、意地悪いのだな、旗を真ん中に立てて天皇と書いておけば、それでも象徴になりますかと言うのです。和辻先生はグッと詰まって、ウーン、いいでしょう、と。ぼくの記憶するかぎり、象徴は非常に議論になった。

――擁護したのは和辻さんだけですか。

丸山　象徴でいいと積極的に言ったのは和辻先生です。あとは、日本国民統合の象徴というのは、どうも意味がわからないという、批判というよりは疑問と言ったほうがいいでしょうね。マッカーサー憲法草案が発表された当日しかよく覚えていないのだけれども、当日は非常なショックでした。人民主権ということを、あれほど明白に書くということは予想できなかったから。そうしたら横田先生が、これから総司令部へ行くという。横田さんは東京裁判と密接な関係があるのです。しょっちゅう総司令部へ呼ばれていた。君はだいたいぼくと同意見だから、あとはよろしくと言って、行ってしまったのです。天皇制廃止論にいちばん近かったのが横田さんです。横田さんは『天皇制』(労働文化社、一九四九年)という本があるけれど、タイミングはいつということは言わないけれども、究極的には廃止さるべきものだと非常にはっきりと言った。ぼくは若造だから、あまり言わなかったのだけれど、全体の論議を通じて横田さんは、ぼくの考えが自分のに近いと思っていたのですね。あとは、社会保障的な面が足りないという我妻先生の批評がありました。

松沢　そういう記録は、東大には残っているのでしょうね。

丸山　ぼくが記録係だったのです。最後の、南原先生に提出したものは残っているはずです。東大の安田講堂に複製があるはずです。それ以外は、ぼくの筆記がどこかにあるのだろうと思いますが。

植手　政府の憲法草案がどういうふうにしてできたかというのは、当時だいたいわかっていたのですか。

丸山　いや、ぜんぜんわからない。東大の委員会のメンバーである宮沢先生自身が内閣の「憲法問題調査委員会」の中心でもあって、最後まで、松本(烝治)国務相の下で起草していたのですが。東大の憲法研究委員会もあとから言えば変な会です。

高木〔八尺〕先生も、憲法改正案起草のために内大臣府御用掛になった近衛の委嘱で、また別にやっていたわけです。宮沢先生も法学部で同僚なのだけれど、内大臣府が憲法の起草をするのはおかしいという近衛の草案作成批判を新聞に書きました〔『毎日新聞』一九四五年一〇月一六日〕。内閣がやるべきことであって、内大臣府がやるというのはデモクラティックでないと。高木先生は、あれはずいぶんこたえたんじゃないかな。現にやっていたのだから。近衛が佐々木惣一さんと高木さんと二人に憲法草案を委嘱したわけです。

松本烝治さんのほうは、宮沢さんをはじめ、そういう人たち。松本案というのは、四六年の二月初めにはすでに出ていたわけです。その当時、発表されていた。新憲法からみたらコンサバティヴなものです。統帥権が明確に内閣事項になって、帝国憲法みたいに国務各大臣が天皇を輔弼するというのではなくて、内閣という項があって、内閣の一体性ということがちゃんと示されていて、そういう意味では議院内閣制になっているのです。内閣は天皇に対して責任を負うということになって、国務各大臣ではないのです〔本書二一二頁参照〕。そういうところは議院内閣制で、まともなのだけれども、人民主権どころか、天皇は神聖にして侵すべからずです。松本案は現にありますから、わかります。あれは、だいたい宮沢さんです。

松沢　現在の憲法の草案が出たときに、総司令部が書いたというようなことは。

丸山　それはもう、すぐにわかりました。マッカーサー案と称していましたけれども。松本案が政府案になるはずだったのですが、総司令部が案を示した。新生日本では、こういう案ではだめだというので、それを退けたわけです。総司令部の民政局長以下が、松本以下に会って総司令部案を新しい憲法の基礎にすることを要求した。それは最後通牒に等しいのです。

ぼくはのちに松本烝治さんにヒアリングをしました〔一九五〇年一一月二日。番号204-2「憲法関係記録」というタイトルで松本から「憲法改正の経過」を聞きとり、メモを残している。画像を閲覧可能〕。民政局は、もしこの案を飲まなかったら天皇制の将来を保障しないとはっきりそう言ったらしい。連合国のなかに強い反対がある。それを我々は押し切って、天皇制温存の憲法をつくったのだ。もし日本政府が拒否するようなら、天皇制の将来は保障しないと。上に軍用機が舞って威嚇していたという尾ヒレまでついているんです。そこまでは確かめなかったけれど。幣原喜重郎がびっくり仰天して、それを閣議に持ち帰って議論したのです。松本さんの話で印象的だったのは、そのときに、第九条というのは誰も問題にしない。負けたのだから当たり前で、軍備なんてないほうがいいというのは常識なのです。二つのことを、いちばん問題にした。

一つは、一院制です。マッカーサー原案は一院制ですから。二院になったのは、議会の修正の過程じゃないですか。政府案で二院制になったかな。とにかく、マッカーサー原案は一院制です。これは困るというのが一つ。もう一つは、公共のために必要あるときは私有財産を徴用する。私有財産の自由はこれを保障する、という項があって、公共のために必要があるときは徴用することを得、というのがその第二項になっているのです。そこなのです。これはソ連に違いない。日本を社会主義国にするために、これを挿入させたというのが幣原内閣の想像なのです。それで大激論をしたらしい。

人民主権は覚悟したらしい。これを飲まなければ天皇制の将来は保障しないと言ったから。人民主権とドッキングした天皇制じゃないと、とてもだめだと、みんな観念したのではないですか。正直言ってぼくらも驚いたくらい、当時の一般国民意識からかけ離れていました。憲法試案で人民主権という言葉を用いたのは日本共産党だけですから。それで総司令部案を受け入れた政府案が、三月六日に発表されたのです。

もしイギリスが日本を占領したとしたら、ああいう第一条は出てこないですね。イギリスは主権論なんていう議論は嫌いだから。アメリカはアメリカ憲法の由来があるから、非常にはっきり人民主権を問題にする。いまでも覚えているのだけれど、ぼくが非常に国辱感を味わった記事があった。そのころ、『ニューズウィーク』と『タイム』を読んでいた。それが情報源です。『タイム』だったと思うけれど、日本国憲法の記事が載ったのです。表題が「ウィ・ザ・ミミック――われら物真似者――」というのです。日本国憲法前文が「われら」「日本国民は」ではじまる。アメリカ合衆国憲法は、「われら合衆国の人民は」でしょう。そこのところはアメリカの憲法とそっくりなのです。だから、『タイム』が皮肉って「ウィー・ザ・ミミック」。本当にシャクにさわったという感じだけ覚えているのです。あのころは、辛辣な記事をたくさん載せていました。やはりそのころ、題が、実にからかった題なのです。「しかたなしデモクラシー」、「イット・カント・ビー・ヘルプド・デモクラシー」、そういう英語はないけれど、「負けたからしょうがないデモクラシー」〔「「現実」主義の陥穽」『集』五、一九五頁参照〕。

親父がときどき新聞社から『ニューヨーク・タイムス』を持って帰ってきていた。それを読んでいたのですが、ある日〔一〇月二六日〕の投書に「近衛ごときが憲法草案をつくるとはなにごとか。これでは日本の将来は期待できない」と書いてある。彼は戦犯じゃないかと。それが近衛戦犯というのの最初です。近衛が戦犯に指名されるまだ一カ月ぐらい前です。あれは大きかったのではないかな、名指しですから〔投書は、マッカーリーの近衛との会見に現れた路線への攻撃の一環であった〕。

松沢　近衛や木戸〔幸一〕が戦犯に指名されたのは、ノーマンが力を入れてやったのだという説がありますね。

丸山　そこまで本当にやったかどうか。* ぼくが知っているかぎりは、力を入れたのはむしろ、徳球〔徳田球一〕たち政治犯の無条件釈放です。これは明らかにノーマンなのです。治安維持法廃止という抽象的な主張ならいいのだけれど、彼は〔日本共産党の政治犯を釈放させるために）府中刑務所まで行っている。それがノーマン・アカ説の一つの根拠になるのです。それはノーマンから直接聞いたから確かです。木戸についてはそんなはずはないと思うな、ノーマンという人は非常にやさしい人だから。木戸が高木先生の親戚だということを知らないはずはないと思います。高木先生とノーマンはものすごく仲がいいでしょう。だから、木戸についてはその説を信じないな、近衛については知りませんけれども。ぼくの知る限りでは、ノーマンという人は、一般的には言っても、特定の人を名指しするような人ではない。まあしかし、わかりませんよ、それは。

松沢　軍人以外では近衛の政治的責任がとりわけ重いですね。

丸山　近衛は責任が大きいです。第一、国家総動員法でしょう。日独伊軍事同盟も近衛でしょう。決定的な手を打っているのです。だから免れない。

軍人は戦争への関与が非常に明白だから、広島でも、戦争犯罪人は厳重に処罰さるべし、という条項がポツダム宣言にあるので、みんな心配していた。「なあ丸山、おれは大丈夫だな。せいぜい将官だな」なんて、中佐や少佐が聞きにくるのです。軍人は戦争へのかかわりが直接だから、戦犯になるかならないかというのは、すぐ意識に上るのですけれど、文官や民間人のほうは、ナチみたいにはっきりした組織がない。だからぼくらから見ると、なんだこいつがというような人物は、前に言った岩淵辰雄なんか、皇道派と最も密接なのです。これは、すぐにどこかから本を出しました（『軍閥の系譜』、本書二八五頁参照〕。何という題だったか、皇道派寄りの、統制派を悪玉にしたものです。室《むろ》伏高信《ぶせこうしん》なんていうのは、ぼくに言わせると本当にひどいやつなのだけれど、自由の旗頭のようにして出てくる。京都学派はもちろん、我が世の春とばかり出てくる。最初の六カ月というのは、それらがだんだん打ちのめされていく過程なのです。まだ八月の段階は、こういう連中が、たとえば、鈴木庫三にやっつけられているわけでしょう。それがぜんぶ被弾圧者みたいな感じでパッと復活してくる。鳩山一郎だって、滝川事件のことを思えば、なんであんなに大きな顔をしているのだろうと思うけれども、大威張りで復活して日本自由党の総裁でしょう。そして、なんべんも大内先生を引っ張り出そうとして会っているし、有沢先生にも会っている。結局は断られているけれども。

12　重臣リベラリズムからオールド・リベラリスト批判まで

重臣リベラリズムを超える

松沢　これまで、先生の学生生活から助教授として東大法学部に加わられるまで、総力戦体制への移行期の時代経験をうかがうなかで、私が関心を持つのは、先生における自由主義の形成という問題です。一方には、尾崎咢堂《がくどう》の講演から受けた思想的衝撃、同時代の自由主義を批判する南原〔繁〕先生・田中耕太郎先生の存在があり、他方ではお父さま〔丸山幹治、号は侃堂《かんどう》〕を通して天皇と重臣リベラリズムに親近感を持ち、重臣リベラリズムと軍部ファシズム・新体制との対立についてよく知るという思想的ポジションです。そして、先生の戦後は、戦前の人民戦線的リベラリズムとでもいうべきものの延長といったことではなくて、先生自身がコミットしていた重臣リベラリズム的なるものを自覚的に克服する企てから始まったということでした。

今回は、それを掘り下げてうかがいたいと思います。問題を四つのグループに分けてみたいのですが、まず、呼び方について。戦後の先生の論文では「重臣リベラリズム」という概念を打ち出されますけれども、それに当たる存在は一九三〇年代四〇年代の当時、一般にはどう呼ばれていたのでしょうか。それに関連して、「重臣リベラリズム」にはどういう範囲の人が入るのですか。また、「重臣リベラリズム」の具体的内容はどういうものだったのでしょうか。最低限、立憲君主制があるでしょうし、二大政党の政党政治とか、民政党との親近性とか国際協調といったことがらはどうか。

第二に、「重臣リベラリズム」と近衛をいただく新体制との対抗関係。これまで、天皇と重臣リベラリズムと国体明徴運動や二・二六事件のような軍部ファシズムとの対立についてはうかがっていますが、少し時期を下って、新体制に対して重臣リベラルは反対だったということは、私はあまり詳しくは知りません。この点については、糸口をうかがっただけですので、もう少し具体的にうかがいたいと思います。これと関連しますが、重臣リベラルと東条内閣との関係、降伏決定の「聖断」前後の重臣リベラルの行動。この後の問題については、「軍国支配者の精神形態」〔『集』四〕の補註〔「現代政治の思想と行動第一部 追記および補註」『集』六〕で彼らの思考様式を正面から批判されています。こういった問題について先生は、同時代にどの程度まで、お父さまを通じてあるいはその他のニュース・ソースから、ご存知だったのでしょうか。

第三は、先生の回想(「昭和天皇をめぐるきれぎれの回想」『集』十五)の言葉を借りれば、「裕仁を囲繞する重臣リベラリズムなるものの限界……を私が身に沁みて感得するには、なお数年の歳月を要した」(同書二九頁)ということですが、これはいつ頃のことですか。

丸山 その時期は、敗戦のときから「超国家主義の論理と心理」(『集』三)の執筆までの間です。半年ぐらいですね。

松沢 そうしますと、一九四五年八月の敗戦直後に、先生は船舶司令部の参謀に一種の「御進講」をされて、そのなかで国体と民主主義とは両立するという趣旨のことをおっしゃった。また占領政策について、治安維持法の廃止や思想犯の釈放などについて予想できなかったということでした。こういうことも、敗戦から「超国家主義の論理と心理」にいたる模索のなかの一こまということになるわけですね。そういう重臣リベラリズムからの離脱が、戦後の先生におけるリベラリズムの形成のネガティヴな面だとすれば、最後に、第四の問題としてうかがいたいのは、そのポジティヴな面についてです。「超国家主義の論理と心理」の冒頭に、すでに近代国家における自由の問題が述べられ、それとの関連で自由民権論の批判が出て来ますけれども、そういう議論の背景に、近代西欧のリベラリズムとどういう交渉があったのか。とくにロックとの出会いについてうかがいたいと思います。四七年に書かれた「日本における自由意識の形成と特質」(『集』三)ではすでに、「ロック的自由」が判断の基準になっています。四九年の「ジョン・ロックと近代政治原理」(『集』四)では、ロックの自由論を正面から取り上げられるにいたります。先生におけるロックとの出会い、先生のリベラリズムにおいてロックの持つ意味といったことについてうかがいたい。また先生のリベラリズムの形成に、ロック以外に、意味を持った思想家あるいは著作についてもお話しいただきたい。

親英米派＝現状維持派

丸山　いろいろ沢山の質問ですが、いますぐ答えられる事実の問題があります。たとえば、重臣リベラリズムという呼称は、私の記憶するかぎり、当時にはあまりなかった。ふつう言われているのは親英米派です。英米、英米と言っていたのが、一二月八日に米英にいきなり変わる。米英という言い方は非常に不自然でした。ふつうの名称は親英米派。それは、だいたい広い意味の自由主義として理解されていたわけです。

親英米派というのは、もちろん重臣より広い。たとえば、衆議院のなかにもいるわけです。政党で言えば、だいたい民政党系統です。有名な聖戦批判演説をした斎藤隆夫とか、ジャーナリストの代表として清沢洌《きよし》なんかもそうでしょうね。必ずしも、いわゆる重臣だけに限らない。「超国家主義の論理と心理」では、天皇制問題を書いたものですから、天皇の側近という意味で重臣をとくにクローズアップしたのです。当時の歴史を書く場合には、親英米派という表現の方がいいと思います。

国際的には一九三三年にナチが権力を取って、世界新秩序ということを言い出します。すると、親ナチ派が日本の国内に出てくる。もちろん、それは急激なステップではない。また、批判する立場は、イタリーのファシズムとドイツのナチとを一緒にして、ファッショと言っていましたけれども、実際は、ご承知のように、ヒットラーとムッソリーニの関係は必ずしもよくない。紆余曲折があった末、一九四〇年に日独伊三国同盟に行くわけです。日独防共協定は、ぼくが大学を出る前の年〔一九三六年〕です。翌年、盧溝橋事件で日華事変になるでしょう。そして日独防共協定にイタリーが加わる。中国ではアメリカとの権益の衝突があり、アメリカが日本の締めつけを強化してくる。直接的な対決は、むしろアメリカとの間に出る。すでに満州事変のときに、アメリカはスチムソン・ドクトリンで、中国の領土の不可侵を強く打ち出した。日本の軍事行動が不戦条約違反、国際法規違反だということです。イギリスのほうは、自分が権益を持っているし、悪い意味でも、はるかにリアルなのです。なんとかして在中国の権益をめぐって、日本と妥協点を探ろうとする。英米と言いましても、実際はかなり違うわけです。

ただ、ナチスが台頭し、一種の国際ファシズム勢力が台頭してくると、そっちのほうになびいて、いまや英米がヘゲモニーを持っていた国際秩序が崩壊すると捉えるグループが出てきます。それは新体制の前に、すでにクローズアップされてきます。はじめは枢軸という言葉はないのですけれども、やや後に出てくる言葉を使えば、枢軸による新秩序へいろいろな程度でコミットするグループが日本に出てくる。そうすると、その反射として、それはいけないというのが親英米派になってくるわけです。国際ファッショに対する防衛的意味で親英米派というのが出てくる。

その内容はという御質問ですが、親英米派というのは、簡単に言うならば、国内的には立憲君主制です。それは、もちろんイギリス・モデルです。アメリカは共和制だから問題にならない。イギリス・モデルの立憲君主制。あるいは、満州事変以前の呼称に従えば、憲政の常道。政友会と民政党、二大政党の政権交代という議会政治、それが憲政の常道だとする見方です。それと同じく強調されたのが、当時の言葉によれば、国際協調主義です。これは、具体的には親英米派と同じになるわけです。

もうちょっと後、しかし新体制の前の時期には、国際的には国際協調主義、国内的には議会政治あるいは政党政治をできるだけ育てていこうという立場、これが現状維持派と言われた。それに対して、国内的には、政党政治はだめだから、明治維新の精神に帰って天皇親政の新しい政治組織をつくらなければいけないという立場。国際的には、英米追随外交を排するということで、新興勢力である独伊と結んで英米のヘゲモニーによる世界進出を打破しようという考え方。これを現状打破派と言うのです。現状維持対現状打破、そういう二分法で言われるようになってくる。

大学生時代、ぼく個人の記憶として、そういう分け方に非常に違和感を持ちました〔一九三六年末の執筆と思われる「現状(status quo)維持と「現状打破」」は、当時の社会状況に対して、この違和感から分析・批判を試みたものである。『話文集』1収録〕。なぜかというと、社会主義の影響がありますから、ぼくは現状打破のつもりなのです。ところが、こういうふうに二分されると、現状維持のほうをサポートするということになる。つまり、現状維持対現状打破というのは、現状を打破する立場かどうかだけで、ベクトルの方向を問題にしないわけです。右への現状打破が強くなれば、それに対してはぼくらは、現状維持のほうに傾かざるをえない。

これが国際的にはコミンテルンの人民戦線の問題とも重なってくる。コミンテルンの立場としては、ズルズルッと押されて、ブルジョア自由主義国と提携してファッショを阻止するという国際戦略になってくる。ブルジョア自由主義的なものには批判を持っていたのだけれども、ファッショはなお困るという立場に立たされる。それは、その後のマルキシストの転向形態にはっきり出てきます。マルキシストのなかから、現状打破に重きを置いて転向する人が出る。現状を打破するのだから、その意味ではファッショ勢力は一定の歴史的意味があるという評価が、転向の合理化になってくるのです。それに対して、少数のマルキシストは、ファッショに対決するために自由主義再評価になってくる。だいたい、唯物論研究会の人々永田広志とか、羽仁五郎という人々です。ぼくはマルキシストではないのだけれども、この人たちとちょっと似てくるわけです。この人たちも実に矛盾した立場だと思うのです。ファッショよりは、まだブルジョア議会がましということで現状維持になってしまう。そこまで自分を意識したかは別問題ですけれど。

だから、親英米派というのは、大ざっぱに言えば、国内的に立憲君主制、国際的には国際協調主義です。これを平和主義とか反戦とか言うと、ちょっと違う。反戦とは言わないのが、当時の自由主義者です。国際協調主義の結果として、なるべく戦争をしないほうがいいということにはなりますけれども、反戦と言うと言い過ぎになる。明らかに左翼になってしまう。最もラディカルな自由主義者の清沢〔洌〕さんなんかもそうでした。国際協調主義と言ったほうが当時の時代をよく示していると思います。

そういう考え方が、天皇を囲む重臣のすべてではないのですけれども、主な人々の立場なのです。すべてではないというのは、はっきりいえば近衛文麿です。近衛は第一の重臣なのだけれども、重臣リベラリズムに入らない。これは、はじめから異質的で、ぼくは、およそ重臣リベラルという言葉から近衛は連想しません。なんといっても西園寺公望《きんもち》、それから湯浅倉平《くらへい》です。重臣リベラリズムの最も強硬な主張者は、おそらく湯浅内大臣でしょうね。だから、二・二六のときに、いちばん狙われた。最後はほとんど憤死に近いのじゃないでしょうか。西園寺はちょっとノラクラしたところがあるのだけど、後継内閣の推薦をやっていたものだから、どうしても睨まれることになった。考え方は『西園寺公と政局』(原田熊雄述、全九巻、岩波書店、一九五〇―五六年)に表れているように、はっきりとした重臣リベラルなのですが、わりあい時局適応性がある。たとえば、五・一五事件のあとで斎藤実《まこと》を後継内閣に推薦したのは西園寺です。短い戦前の政党内閣時代が、あそこで終わる。二大政党が代わりばんこに政権を担当するという憲政の常道にピリオドを打ったのも、西園寺自身なのですね。ただ、斎藤実海軍大将は朝鮮総督時代から限界付きだけれどもリベラルなのです。寺内正毅総督時代に、朝鮮に対してすごい弾圧をやった。それに対して「万歳事件」(一九一九年三月一日、三・一運動)があったので、朝鮮統治政策を少し緩めるために斎藤が派遣される。そのころから斎藤は、海軍のなかにおけるリベラルな側面を代表していたのです。

近衛は系統からいうと西園寺の弟子なのですけれども、世代が若いし、それだけに新しくて、河上肇さんに共鳴して、なまじっか社会主義的な思想の影響を受けていたものですから、ちょっと違うのです。西園寺なんかから見たら、どうも頼りないと思ったのではないでしょうか。国際的にいうと大正の時代、すでに一九二〇年頃に「英米本位の平和主義を排す」(『日本及日本人』一九一八年一二月一五日号)などを書いて、英米支配の国際秩序に対して疑問を表明していた。

丸山幹治と親英米派

丸山　ぼくの父は、湯浅さんも知っていましたが、いちばん親しかったのは牧野伸顕《のぶあき》です。その経緯はよく知らない。副島道正さんというのは、副島種臣の息子ですけれど、『京城日報』の社長になった。『京城日報』というのは朝鮮総督府の機関紙です。ハングルと日本語の両方を出していたのです。副島道正が社長になったので、主筆に誰かいい人を推薦してくれと牧野伸顕に話したら、親父が推薦されたわけです。その前は『中外商業新報』、いまの『日本経済新聞』の経済部長だったのですが、副島さんとコンビを組んで『京城日報』に行ったのです。もっとも二度目なのです。自分にかかわることなのにちゃんと調べていなくて申しわけないのだけれど、最初に行ったのは明治の終わり、朝鮮併合の前です〔一九〇七年〕。そのときは『京城日報』の編集長という名前だったかな。その『京城日報』から一度、『大阪朝日』に帰る。『大阪朝日』で、例の大阪朝日事件で連袂辞職する〔一九一八年一〇月〕。そしてぼくら一家は東京へやってくるわけです。その後『読売新聞』から『中外商業新報』を経て、また京城へ二度目に行くわけです〔一九二五年〕。それは牧野伸顕の推挽なのです。そのぐらいしかぼくは知りません。愛住《あいずみ》町の家で、父は牧野さんの所へ電話をかけろと、おふくろによく言っていました。

おふくろが電話をかけて、「牧野伯爵のお邸でございますか」、そして、どうしてああいう言葉を使うのかと思いましたけれど、「御前様《ごぜんさま》はおいでになりますか」と言うのです。こちらは丸山幹治ですが、お会いしたいと言う。そうすると引っこんで、しばらくして、何日の何時に来てくれという連絡があるわけです。親父曰く「牧野伸顕にこれだけの信用をつけるのは並大抵のことではない。こっちが面会してくれと言うと、すぐにむこうから、いつと指定してくる」と。牧野伸顕からいろいろな情報を得るのだけれど、それをダイレクトには決して記事にしない。でもそれは、いろいろなものを書くときに蓄積になっているわけです。そういうことを、親父は威張って、新聞記者というのは、そういう習練を積まなければいけないということを、ぼくらに言ったのを覚えています。

私の伯父は、『日本及日本人』の社主で、井上亀六《きろく》と言うのですが、これがだんだん右になって行くのです。ぼくは一高〔第一高等学校〕入学の年に西高井戸に移ってしまいますから、愛住町から離れますけれども、それまで震災のときからずっと愛住町で、家がすぐ傍でした。伯父と行ったり来たりしている。伯父は『日本及日本人』の関係で、杉浦重剛《じゅうごう》と親しい。杉浦重剛が称好塾という私塾を開いていて、その称好塾系統の人が、しょっちゅう伯父の所へ出入りしています。羽織袴で、いかにも一見、国粋主義者です。伯父は母の兄で、『日本新聞』時代から父と同僚だった。それで父は結局、友人の妹を妻にもらったということになるのです。

『日本新聞』時代は、社長兼主筆が陸羯南《くがかつなん》、古島一雄《こじまかずお》が編集長で、その下に長谷川如是閑、井上亀六、うちの親父とかがいたわけです。そういう『日本新聞』の系統で、みんな友だちだった。父が明治の終わりに『京城日報』から『大阪朝日』に移ったのも、如是閑が『大阪朝日』にいて主筆の鳥居素川に話して呼びよせたのです。

そういう旧『日本新聞』の流れのなかから、しいて言えば、左派が長谷川如是閑。『大阪朝日』を辞めてから『我等』を創刊する。『我等』はやがて『批判』になるわけです。『批判』の表紙には、エスペラント語で社会主義的批判、クリティコ・ソチアリスタと書いてある。社会主義に如是閑は近づいていく。右派が伯父で、『日本及日本人』。ぼくは経緯をよく知らないのですが、親父に言わせると、中野正剛《せいごう》が悪いと言うのだけれど、何かあって、とにかく三宅雪嶺が『日本及日本人』を出てしまう。雪嶺と別れて伯父が『日本及日本人』の社主になるわけです。その後も、雪嶺とは付き合ってはいましたけれど。

伯父は、愛住町時代にも、ぼくが大学のころでも西高井戸の家へよく来まして、いつのときだか忘れたのですが、「丸山幹治は自由主義者だな」と言ったのをいまでも覚えています。伯父から見ると立場がちょっと違う。父も、伯父の立場をボロクソに言っていました。井上亀六と如是閑とは、なお隔たっているわけだけれど、どういう関係にあったのか、よく知らないのです。

これも大学時代ですけれど、伯父が西高井戸の家に来たときに、副島道正さんの話が出て、父が、副島さんはイギリスの悪口を言うとご機嫌が悪い、という話をするのです〔副島はケンブリッジ大学卒業〕。そうしたら、井上亀六が火鉢に当たりながら、フフフッと笑ったのを覚えています。もちろん伯父の立場は反英米です。父はどちらかというと親英米派なのだけれども、ニューヨーク特派員だったこともあって、親米なんです。だから、微妙に副島さんとは違う。個人的な話でもそうでした。自由にいかれるか、平等にいかれるかというと、イギリスは貴族的なところがありますから、それが嫌いだったのですね。アメリカのあと、戦争中ですけれどイギリスを回って帰りました。下宿のメイドまでが、グレート・ブリテンと言ったと怒っている。グレートというのは何も「偉大な」ということではないのだけれど、親父はカチンと来るのですね。

親英米派と言いますけれど、重臣は圧倒的に親英派と言ったほうがいいのです。ただ、イギリスは国際的にリアリズムでしょう。リアリズムだから、刺激しないようにというのが外交方針の先頭に立ち、日本に対してもそうなのです。アメリカは原則的な立場が前面に出る。細かく分けると、英と米とは非常に違っている。おそらく、国際協調主義という意味でアメリカに賛成したけれども、アメリカのデモクラシーに賛成している重臣は、あまりいないのではないですか。国際的協調という立場から親英米。

昭和天皇の態度

丸山　西園寺、湯浅、牧野は、世代的にも近衛や木戸〔幸一〕よりはもっと先輩で、〔昭和〕天皇は青年時代に、そういう人によって、立憲君主としての薫陶を受けています。これが秩序を尊重するという立場から、明治憲法の擁護になるわけです。明治憲法に内包されていた限りの立憲主義をできるだけ守っていく。そういう立憲主義者だったと言っていいと思うのです。

湯浅なんかは非常にフレクシブルな面がある。だいたい重臣リベラリズムというのはそういう性格を持っていると思うのです。ただ、現状維持対現状打破ということになってくれば、現状維持のほうになる。秩序価値を尊重するということからくる立場ですね。とくに右翼および軍部は、浜口、犬養以来、テロ事件とくっついている。テロですから直接暴力でしょう。秩序を維持する立場から、それに対する反対は当然出てくるわけです。

後の時代の昭和天皇は、既成事実に対してだんだん追随していくようになるのですけれども、少なくも昭和初期の段階では、ただ既成事実に追随するという意味で、できあがった秩序はそれなりに認めていくということではなくて、たとえば、満州における関東軍の行動に対して、非常に不信感を持っている。田中〔義一〕首相を直接叱咤して失脚させるというような意味では、立憲主義的なあるイデオロギーを守ろうとしていたとは言えると思うのです。二・二六事件もそうですし、ノモンハン事件もそうです。憲法上、統帥権というのは天皇自身が直接掌握しているわけですから、当然といえば当然なのですけれども、軍部の独断的な行動に対する反感が天皇にはあったと思うのです。

新体制に対して

丸山　新体制というのは、考え方として日華事変以後に出てきたものです。もちろんこれは、ナチの影響を非常に強く受けているわけです。新体制そのものに、その前の段階における右翼あるいは反議会主義と同一視しえない要素があるということは、非常に重要な点だと思います。それは何かというと、新体制のなかに含まれている社会主義的な面です。つまり、自由主義的資本主義というものを強力な国家統制によって変える。資本主義の修正ですけれど、そのなかには社会主義的な面を含んでいる。それはナチと似ています。それを近衛が唱導したのは偶然ではないと思うのです。近衛のなかには、学生時代に河上肇さんから受けた影響が続いていて、既成政党不信、ブルジョア政党不信、議会不信というものになってくる。

新体制にどう対応するかということになると、インテリについて言うなら、旧マルクス主義者が新体制にコミットしていく。三木清がそうです。蠟山政道さんはだいぶ三木清と違うけれども、なんといっても東大の新人会の出です。そういう人が新体制にコミットしていくのは、多少とも社会主義的な側面を新体制が持っているからですね。当時の言葉で言えば、国民再組織ということです。つまり議会は、もはや国民から浮き上がってしまって、国民代表として機能できない。したがって、議会に根拠を置く政党は、すでに国民代表的な機能を喪失している。そうすると、新たな国民代表的な組織をつくらなければいけないというので、国民再組織と言われたのです〔本書二七九頁〕。

当時、昭和天皇が新体制にどこまで危惧を抱いたか、わかりません。ただ原田日記〔『西園寺公と政局』一九五〇―五六年〕なんかで見るかぎり、西園寺は非常に危惧しています。その危惧は、ある意味で近衛の危惧と共通している。これは矛盾していますけれど。何かというと、新体制のなかにある社会主義的要素が共産主義に行くのではないかという恐怖です。これは重臣ぜんぶに共通しているものです。彼らの反軍部というのは、反こリタリズムという側面がないことはないのですが、同時に、青年将校なんかにある現状打破、つまり資本主義秩序の打破という要素がどんどん進行していくことを恐れるわけです。

重臣の親英米派は、一方では反枢軸ですけれど、それ以上に反ソです。国際協調主義があるから戦争をするなというのではない。それは区別しなければいけない。しかし、共産主義に対する恐怖というのは、想像を絶する恐怖です。

丸山幹治の立場

松沢　途中ですが、先生のお父さまは、どういう事情で牧野伸顕と親しくなられたのですか。当時のジャーナリストで、重臣と親しくなるということは一般にあることなのでしょうか。先ほどのお話でも、これだけの信用を得るのは大変なことだとおっしゃったということですが。

丸山　それを直接には聞いていないのです。しかし、古島一雄とは『日本新聞』時代から仲がいい。古島一雄はすでに政友会に入っていて、政界の中枢でしょう。古島一雄ともしょっちゅう行き来がある。民政党でいうと浜口雄幸、伊沢多喜男。伊沢多喜男は飯沢匡《ただす》の親父さんですが、伊沢多喜男とは非常に仲がいい。浜口とは彼の伝記を書いたぐらいですからもちろん仲がいい。若槻礼次郎とはそんなでもなかったけれど。それで、民政党系の浜口、若槻という人は、重臣とわりあいいいのです。

政友会は大地主の政党だから、土着派なのです。民政党は、もとは桂太郎の系統ですから官僚だし、だいたい都会派です。極端にいうと、民政党と政友会は、都市と農村の対立になってくる。親父は民政党に近い。新聞記者として、当然、民政党の幹部をほとんど知っている。他方で、西園寺、湯浅、牧野という人は、イデオロギー的にいって、政党でいえば民政党のほうに近かったでしょう。とくに軍縮問題なんかを通じて、親近感を覚えたのではないですか。軍備縮小問題は、第一次大戦以後ずっとあるわけですから。

『大阪朝日』が対決したのは寺内内閣でした。寺内正毅は長州軍閥です。軍閥に対する反対という立場は、『大阪朝日』にずっとある。そういうところから、『大阪朝日』は、軍閥に対する議会政治の擁護という面をより鮮明に出してくる民政党のほうに近くなる。重臣へのルートは、民政党のトップとよく知っていたから自然についたと思います。これは想像です。もっと聞いておけばよかったと思うのだけれど。

結局、その時代に対する根本の考え方というのは、当たり前のことですが、その時代状況と不可分ですから、ぼくの親父でさえ、牧野さんとか湯浅さんとか西園寺さんを含めた重臣たちのリベラリズムとまったく同じだとは思わないのです。それはやはり、大正政変とかを、新聞記者として見ているでしょう。戦後でもそうなのです。終戦後に、平《たいら》事件〔一九四九年六月三〇日〕があったでしょう。そのときに親父が「みんなびっくりするけれど、ぼくらは日露戦争のときから、交番の焼き打ちをいくらも見ている」と言うのです。暴動なんかに対して、もちろん賛成ではないけれども、感覚的に反発するという要素がない。ぼくの父なんかは、そういうものは当然あるものだという感覚。その点は、重臣リベラリズムと違うのではないか、本来は。

ただ、一つは、重臣との通路は情報ルートとして持っておく必要がある。もう一つは、ファッショが台頭してきますから、戦略戦術としても、反軍部という点から、こっちのほうを助けなければいけない。そういう意味で自由主義であるということであって、親父でさえ、やはり大正デモクラシーの子ですから、民衆運動というものに対する見方は、重臣よりはるかに積極的だった、ただ、対時局の関係で重臣と同じ戦線を組んだと見なければいけないと思うのです。

松沢　その点が、さっきおっしゃった自由か平等かの比重の問題と関連するわけですか。

丸山　そこまで難しく考えなかったけれども、分析すれば、そういうことになるでしょうね。ただ実際は、どんどん報道の自由自体が狭められていくわけでしょう。だから、どうしても、自由を守っていくというほうに比重がかかってゆくのです。自由主義は、だいたい言葉としても、自由、自由主義はポピュラーだし、平等主義は言葉としてもない。分析すると、そういうことになるのです。

たとえば、アメリカ的な平等主義から出てきたファッショの代表が松岡洋右《ようすけ》です。松岡洋右は国際連盟で脱退の大演説をやったでしょう。英語は非常にうまいのです。彼はアメリカ派、徹底してイギリス嫌いです。イギリス嫌いということから、枢軸に近づく要因もある。彼は現状打破なのです。日ソ中立条約を結んだのは松岡でしょう。

聖断前後

丸山　いわゆる聖断をめぐる重臣の動きについては、ぼくは広島にいたから全く知らない。ただし広島の船舶司令部自身が決起しそうな状況でしょう。あれは君側の奸がやったことであって、陛下のご意志ではないという参謀がいるわけです。不穏な空気が漂っていましたし、間もなく東京から、いろいろな決起部隊のニュースが伝わる。そのとき、ぼくは軍隊のなかで考えました。国体の持っている両面性、アンビヴァレンスが非常によく表れている。ということは、その後ずっと、いろいろなところに書いていますけれど、ぼくはあれは軍隊のなかで会得した。ということは、終戦直後の反応を見て考えたのです〔「日本の思想における軍隊の役割」『座談』一など〕。

一つは、承詔必謹という形式主義。承詔必謹は十七条憲法〔第三条〕から出ています。詔を承《うく》れば必ず謹む。というのは、天皇の大詔には内容によらず絶対服従する。天皇が戦争しろと言えば、戦争をする。天皇が戦争をやめろと言えば、やめるというのが、承詔必謹なのです。これは臣民の道の一つの不可欠の要素です。だから承詔必謹というほうに重きをおけば、絶対服従しなければいけない。君側の奸なんて言ってはいけないわけです。国体論のそういう側面に対して、国体論の内容的、実質的な側面の問題がある。皇統一系もそこに入るわけですが、皇統一系は当時、問題になっていませんか。当時、問題になっている言葉で言うならば、神州の尊厳性です。有史以来、土足で汚されたことがない。これが国体論の重要な要素だった。蒙古は撃退するし、外国に侵略されたことがないでしょう。神州を土足で汚すような決断をする天皇は、国体に反しているのではないかという解釈がありうるわけです。敗戦のときの決起将校は、まさにそれなのです。

遡れば、そういう考え方は二・二六事件までいくわけです。国体に反する決断を、個別的天皇がした場合には、その天皇は国体の伝統に反している。だから、昔だったら場合によっては廃しているのです。二・二六のときも決起将校派による秩父宮の擁立は可能性としてはあった。国体護持のために、個々の天皇の決定に反対するという要素は、可能性としては出てくる。それは国体の持っている両義性なのです。天皇自身が外国軍隊の占領を許したということで、国体の不可分の両要素が分裂したということを、そのとき思いました。面白いと言うと傍観的になるけれども。

松沢　それは先生の場合、天皇を含む重臣リベラリズムに対する評価の変更ということと関係があるのでしょうか。

丸山　いや、そこは直接は結びつかないです。そうではなくて、ぼくは助手から助教授にかけて、勉強としては江戸時代をやっているでしょう。江戸時代に、そういう意味での国体論が、すでに盛んに出ているわけです。〔山崎闇斎の〕崎門学派にいちばんよく出ていますけれど、水戸学でもそうです。水戸学の場合には国体という言葉で呼ぶわけですけれど、何と呼ぶかはいざ知らず、中国に対する日本の卓越した伝統を何に求めるかというと、いろいろな要素のなかの一つに、中国は王朝が頻繁に変わるとか、中国の場合は外夷の侵入を許しているが、日本は古来、許したことがないということが入っているわけです。それから、藤原氏なんかの行動をめぐって、陽成《ようぜい》天皇の廃立とか、そういうことをやってけしからんという見方が『大日本史』以来ずっとあるのです。臣下として、天皇の廃立とはなにごとかという議論は、江戸時代の国体論にはすでにある。それが近代日本では隠蔽されていたわけですが、敗戦のときに、いろいろな要素が露呈したとぼくはとったのです。まだそのときは、ぼくにとって、天皇制の存否そのものの問題とは直接結びついてはいないのです。

ただし、第一回の応召〔朝鮮の平壌〕から帰ったあと、第二回の応召の間に、ぼくの記憶では一九四五年の一月ごろです。鶴見和子さんが研究室に訪ねてきて、この年の一月の太平洋問題調査会、ＩＰＲ〔Institute of Pacific Relations〕の会議のことをぼくに知らせてくれたのです。和子さんは交換船で帰ってきて、あとで聞いたら俊輔くんに、ぼくのところへ行けと言われたらしい。俊輔くんは、『国家学会雑誌』にぼくが書いているのを読んで、これはいいから丸山のところに行けと言ったらしいのですね。それ以来のお付き合いなのです。*和子さんのお父さんの鶴見祐輔を通ずる情報で、ＩＰＲの会議は、日本の敗戦処理とくに天皇制の扱いをめぐって真っ二つに議論が割れたことを聞いた。オーエン・ラティモアを中心とする天皇制廃止論と、それに対して、天皇制擁護という ことではないですけれど、天皇制廃止までいくと、反動が起こる可能性があるという議論です。

――ラティモアに対するのは、どういう顔ぶれですか。

丸山　ラティモアたちを中国派と言うのですが、それに対するのが日本派。国務省では駐日大使だった〔ジョセフ・〕グルーが筆頭です。国務省では日本処理構想をめぐって日本派と反対派が対立しているのですが、四五年の五月ごろ、国務省のなかでグルーが頑張ってちょっとしたクーデターが起こる。それでも日本派の勢力がまた後退するのですが、ライシャワーが国務省に入ってそっちへ付いて大きな役割を演じる。これが天皇制護持派なのです。ただ、そういう言葉は使わないですよ。天皇制に対しては、いずれにしても厳しいのです。それは今日から考えてはいけないのです。天皇を廃止するのはちょっと行き過ぎで、その反動が恐いというのです。共和制にして、あとナチが出てきたという経験がありますから、あまりラディカルなことをするのは恐い。それだけのことであって、天皇制のなかにある軍国主義的、あるいは封建的な要素は、徹底的に除去するということではみんな一致しているのです。

グルーは重臣と非常に仲がいいから、おそらく現状維持でしょうね。軍部の力をもう少し抑えればいいぐらいのところではないですか。ただ、学者たちはだいたいラディカルです。ずっとあとでライシャワーに聞いたことがあるのですが、ずいぶん迷ったけれど、やはり反動を恐れたと言っていました。*

――ライシャワーには重臣リベラリズムに近い要素はないのですけれども、ライシャワーはあとからの弁解だかどうだかよくわからないのですか。

丸山　ぼくに、共産主義が恐いのではなくて、共和制にすると、国民の間にある天皇信奉を逆撫でして、占領政策に対する反対ということで、下からのファッショに絶好の口実を与えることになる、と。そういうことでした。全体としては――日本側でも近衛なんかはそうなんですけれど――天皇制を廃止すると共産主義になるという共産主義に対する恐怖と、占領軍に反抗するようになるとまずいというのと両方あるでしょうね。連合国のなかに天皇制について二つの考え方があるということは、情報としては知っていたのですけれど、終戦直後には、天皇制がどうなるということはぼくは思い浮かばなかった。

一つは、そこがぼくの甘いところで、なんとなく天皇は、軍部のようなやり方には本当は反対なのだと思っていた。だから、天皇にすべての責任があるというふうにいかないのです。そのときの考え方は、天皇の問題にすぐに直結しない。ただ、承詔必謹という立場と内容主義とが分裂したのだということは、軍隊のなかでぼくははっきり意識しました。

お前は国体に対してどう思うかと言われると、国体否定ではないのです。しかし、国体論はかなわんという感情は非常に強い。親父もそうでした。国体論と国体とは区別しなければいけない。国体論に対する反感はあったけれど、それは国体の否定にまでは決していかない。津田左右吉さんほどではないけれど、ある意味では似ているのです。いま横行しているような国体論が、国体を滅ぼすという考え方です。

あの小さなエッセー〔「海賊版漫筆」『集』十二〕で書きました、船舶司令部の参謀に対する講義のことですが、ぼくが国体と民主主義は両立すると言った〔本書一三―一四頁〕ときには、国体護持のほうに力点があるのではないのです。参謀に、ご安心なさいと。民主主義を受け入れさせるためには、民主主義と国体とは相反するというのでは話にならないわけです。もちろん、ぼく自身が反国体ではないけれども、積極的に国体を護持するというよりは、なんとかして民主主義の方向に行かせたい。そうすると、その障害になるものはなるべく取り除きたい。その障害になる一つは、民主主義と国体とは相容れないという考え方であるということです。国体と民主主義の両立といったのは、そういうふうに理解してください。

戦前リベラリズムへの反省

松沢　聖断前後のところに戻っていいでしょうか。「軍国支配者の精神形態」が『現代政治の思想と行動』に入ったおりの補註ですけれど、岡田啓介の回想録を引かれて「たとい戦争による破滅を賭しても、「内乱」の危険(＝国体損傷の危険)だけは回避するということの考え方こそ、上述した既成事実への次々の追随を内面的に支えた有力なモラルであり、それは国体護持をポツダム宣言受諾のギリギリの条件として連合国に提出したその時まで、一本の赤い糸のように日本の支配層の道程を貫いている」という認識を示されています。重臣の行動について、こういう認識に達したのはいつごろでしょうか。

丸山　やっぱり、戦争のあとですね。戦争中は、そういう考え方はなかった。結局既成事実を容認していくことになるという自覚はなかった。戦後になってそのように書いたのは、ぼく自身も含めた戦前リベラリズムに対する反省です。

松沢　これは「軍国支配者の精神形態」ではすでに出てきていますけれど、「超国家主義の論理と心理」のころにはどうだったのでしょうか。

丸山　それを、あそこで書くことによって決断したわけです。書くことによってですから、だんだん考えていったということです。知識人の自己批判も含めて、どこがまずかったか。知識人の自己批判になると、もっと早いのです。青年文化会議とか、三島の庶民大学とか、そういうのは昭和二〇年末の段階です。後にぼくが使った言葉にすれば、悔恨共同体です〔「近代日本の知識人」『集』十〕。

青年文化会議の創立宣言は川島武宜さんが書いた。「戦争とファシズムを阻止しえざりしオールド・リベラリストと訣別」という勇ましい言葉があります。* それに我妻栄さんが激怒したのです。今だから言うけれど、川島さんが起草者だったというのはぜったい秘密でした。我妻先生の直系でしょう。あれは、ある意味では非常に不毛なのだけれど、戦後世代論の最初の提起なのです。我々は兵隊にとられたという、被害者意識です。オールド・リベラリストたちは空襲ではやられますけれども、兵隊にはぜったいに行かないし、その点は安全なのです。もちろん特高経験がない。そういう思想問題の経験がない。ぼくは、第一回の召集から帰ってきたあと研究室へ出て、正門前の飯屋〔寺尾〕で杉浦明平《みんぺい》と会った。瓜生忠夫くんもいました。* その二人は『帝国大学新聞』をやっていて、明平に瓜生くんを紹介されたのです。その時明平が、羽仁さんが捕まったぞとヒソヒソ声で話しました。そのときに、半分冗談、半分本気で、捕まるのと赤紙をもらうのと、どっちがいいだろうと明平と言った記憶があります。

世代論をやれば、そういうのはぼくらの世代のことであって、その前のリベラルには全くわからない経験なのです。思想問題の経験もないし。尾高朝雄《ともお》さんなんかは軍隊に行ったけれど、予備役で、*いきなり将校でしょう。少なくも一兵卒として赤紙をもらうという経験はないのです。一兵卒として召集された上限は、おそらく大岡昇平でしょう〔一九〇九年生〕。あれより上になったら、もう安全です。少なくとも赤紙をもらうことはない。そういう被害者意識があるから、ついそれが「戦争とファシズムを阻止しえざりしオールド・リベラリスト」となる。そこでオールド・リベラリストという言葉を使っているのが面白いのです。もはや戦前のリベラリズムではだめだという共通認識があるのです。

みんなマルクス主義をくぐっていますから、リベラリズムというものに対して非常に厳しい。ファシズムが起こってきたときには自由主義派になったのだけれど、それは、ある意味では戦術的ですから。そういう意味では、コミンテルンの人民戦線と同じなのです。ファシズムに対しては、自由主義者と一緒になってやろうということですから。そもそも自由主義という言葉で言われるものに対しては、かなり厳しいのです。

自ら自由主義と言うのは河合栄治郎さんがそうです。それから、清沢洌がそうです。自称自由主義というのは、あとはほとんどない。国民学術協会や、岩波〔茂雄〕さんを中心とした安倍能成《よししげ》さんや天野貞祐《ていゆう》さんは、他称として自由主義派と言われる。自らは決して自由主義とは言わないです。もちろん反共時代になったらわかりませんよ。

――小泉信三さんは。

丸山　小泉さんは戦争中は違うのです。戦争中は「鬼畜米英」に近いことを言っている〔「西洋列強の東侵と福沢諭吉」『中央公論』一九四二年三月号などを指すか〕。だから、およそ自由主義とは言わない。小泉さんが何を言ったか、何を書いたか、ぼくがわりあいよく覚えているのはなぜかというと、ぼくは福沢のことをやっているから。小泉さんは福沢の自由の側面を隠蔽するだけなのです。もっぱら国権論を打ち出してくる。だから清沢洌なんかは小泉さんを罵倒しています。ただ、そのグループではあったわけです。もちろん、小泉さんも軍部の行動を全部いいと言っているわけではない。そうではないけれど、塾長としてはしょうがないのだろうけれども、ちょっと情けないなという感じがしました。安藤英治くんなんかは、慶応にいたからもっと厳しい。小泉塾長はボロクソです。「そう言うな、慶応も苦しかったのだ」と安藤くんに言ったくらいです。

前にもちょっと言いましたけれど、田中先生はカトリックだから、もちろん自由主義大反対。南原先生は一九二〇年代に、「政治原理としての自由主義の考察」という大論文を『国家学会雑誌』〔四二巻一〇号、一九二八年一〇月〕に載せています。むしろぼくなど南原先生の後の世代が、自由主義はこういう面ではいいという。ファシズム、マルクス主義、自由主義というのを盛んに論じたのはぼくらの世代なのです。先生はある状況の下で、客観的にリベラルだったということだけであって、先生の自由主義批判は非常に高度に哲学的なもので、先生の政治哲学から言うと、個人主義批判と同じなのです。功利主義的個人主義からは、個人を超えた価値を基礎づけられないというのが、南原先生の根本の立場です。世界観として自由主義はだめだという見方なのです。内村〔鑑三〕先生もそうです。矢内原〔忠雄〕先生もそうです。そういう意味で自由主義ほど評判の悪いものはなかったのじゃないかな。

——戦後になって、戦争に非協力だった方々を、一括してオールド・リベラリストと俗に言いましたね。そのなかには南原先生も入っていましたね。

丸山　入っています。

——田中耕太郎先生も。

丸山　もちろん、入っています。

——そのレベルと、いまおっしゃっているレベルとは、ちょっと違う。

丸山　オールドと言うときには、世代論的発想とくっついているのです。南原先生と田中先生を一緒にするのは、かなり無茶なのだけれども。南原先生はいつでも、プラトンからはじまっている。プラトンの正義の観念は正しい。これは絶対評価する。政治の究極的価値は政治的正義にあるということでしょう。これをプラトンがはじめて提示した。先生に言わせると、東洋だってそうだ。論語〔顔淵〕の「政は正なり」というのは、ぼくはちょっと過大評価だと思うけれど、プラトンと同じだと南原先生は言うのです。先生はいつも全面否定はしない。プラトンはこの面は正しい、ここは間違っている。アリストテレスはこうだと。だから、自由主義に対して全面否定は決してしない。功利主義も含めてそうです。先生のは、政治哲学的考察として、自由主義の主張した自由の価値を認めるということであって、ぼくらのはもっと直接的なんだな。自由がないと、自分が捕まってしまうというのか……。先生のは、そういうのとちょっと違うのです。やはり一つの思想なのです。ぼくらは自分を思うということと、自由というものを擁護するというのは同じなのです。自己とか個人というときに、個人のなかにあるエゴイスティックなものとそれを超克する要素とは、どう関係するのかというような問題は、南原先生を通じて教わったのです、個人主義万々歳では必ずしもない、ということを。

松沢　「超国家主義の論理と心理」の冒頭で、自由民権論者を素材にして、日本的な自由を批判なさっています。個人的自由が良心に媒介されないという問題を提起されています。それは、いまおっしゃった南原先生から受けたものにつながってくるのですか。

丸山　それはそうです。決してマルクス主義ではないです。逆に、マルクス主義からは良心の自由という考え方は出てこない。

松沢　形式的な質問になって恐縮ですが、私は以前は、「超国家主義の論理と心理」で、いわば戦前的なリベラリズムとの訣別があって、戦前的リベラリズムからの離脱はそこで完結したのだと考えたのですけれど、さっきの先生のお話ですと、ある決断があって、それが「超国家主義の論理と心理」であって、離脱はそこから始まっていったという面もあるのですか。

丸山　それは非常にあります。その後いろいろ考えたことも、客観的に言うと、その前のものと続いているというのは、それとは別問題です。心理的には、あそこで書くことで、そこで自分が決断した。岡〔義武〕先生は、直接あの論文を批評したのではないけれども、天皇制批判は危険だと言いました。

松沢　あの論文を発表されてからですか。

丸山　そうです。ぼくを批判したのではなくて、いまの風潮としての天皇制批判に対してなんです。ぼくは黙って聞いていただけだけれども、天皇制批判が過ぎると、反動がくるということじゃないでしょうか〔本書一三四頁参照。岡の発言の時期について、記憶にブレがあると思われる〕。敗戦直後の事態は、急テンポに進んでいくでしょう。予測できないわけです。恥ずかしいけれど、ぼくは治安維持法の撤廃もぜんぜん予想していないでしょう。そうすると、東久邇宮内閣倒壊の原因となった一切の思想犯の即時釈放、それの法的根拠になっているような一切の法令の撤廃が、あのときにパーッと出るわけです。全く予想していない。

辻清明くんが病気の療養で軽井沢にいて、皇居前に赤旗が乱舞するという驚くべき時代になったという。みんな予想していないのです。敗戦を予想している人が、そこまで急テンポで行くとは予想できない。坂道を滑り落ちるようなものです、戦争直後は。それが二・一ストぐらいまで続きます。

松沢　岡先生にもどりますが、昭和天皇に対しては、いろいろ考えがおありだったでしょうけれど、敗戦から十数年たって、当時皇太子の現天皇に御進講された。それが『近代日本の政治家』〔岩波書店、一九七九年〕の原型になったいきさつを、岡先生からうかがったことがありますが〔はじめ『文藝春秋』一九五九年六月号から六〇年五月号に連載され、六〇年九月に文藝春秋新社から単行本として出た〕。

丸山　岡さんは講義をするように交渉を受けてたいへん悩んだらしいな。ぼくには打ち明けられましたよ。結局、通って講義をした。いまの天皇には、少なくとも知識はいいものが入っていますね。岡さんだから、手を抜かないものね。

戦争犯罪人の問題

丸山　親父は、『ニューヨーク・タイムス』は直接取れませんから、戦後もずっと『ジャパン・タイムス』を取っていました。アメリカ政府の占領政策の基本政策が九月何日かに発表され〔九月二二日発表の「降伏後における米国の初期の対日方針」であろう〕、その全文が『ジャパン・タイムス』に載ったのです。ぼくも親父から借りて読んだ。言葉通りではないけれど「日本の人民が民主主義的変革を遂行するために暴力に訴えた場合には、直接、占領軍に対して向けられたものでないかぎりは、それに干渉しない」と書いてある。親父は「眞男、えらいことになったぞ」と言う。暴力革命をやっても、占領軍に向けられなければいいと言うのです。GHQのなかにある、最も急進的な考えを代表しているのではないですか。

民主主義的変革といっても抽象的ですから、具体的にGHQからどんな指令になってくるかは思い浮かばない。戦争犯罪人と言うのも、もちろんポツダム宣言に、戦争犯罪人は厳重に処罰されるというのはあるのだけれども、具体的にどういうふうにしてやるのか見当がつかない。政治家が戦争犯罪人になることも、すぐに予想されることではないのです。政治家は自分では、最も講和のために努力したと思っているわけです。戦争犯罪人なんてとんでもないことです。難しいですね、後から振り返って。

――連合軍ではなくて、日本国民が戦争裁判をしたとすると、だいぶ被告が違ってくるでしょうね。

丸山　東条とか、そういうのはやっぱりだめでしょうね。

――外務省の役人にいましたね。

丸山　松岡〔洋右〕とか、そういうことになる。あるいは右翼と、日独伊軍事同盟をあきらかに推進した人々。それと、東条その他トップリーダーというのがせいぜいじゃないでしょうか。いわんや官僚、実業界は。あんな広範囲の追放というのにはならない。

ラディカルな立場から言えば、いい加減なものだということになるけれど、国民にやらせたら、もっとはるかに微温的じゃないでしょうか。

ドイツの場合には、大量の亡命者がいるでしょう。これがドイツに帰ってくる。これはナチにコミットしていないから、大きなことを言えるわけです。そこが日本と基本的に違うのです。それだけに、ぼくが知っているかぎりで、ドイツの国内にいた知識人は、ナチに決して同調したのではないけれども、おれたちの苦しみは、お前らにはわかるまいという気持ちが実に強いです。それが亡命派に対する非常な反感になって表れている。日本は、非転向の共産主義者を除いては、みんな大したことはないのです。大したことがないから、国内の期待がない。ドイツとの基本的な違いは、ナチ党というのがあるでしょう。日本の場合には、あれに当たるものはないのです。大政翼賛会といっても、既成政党が合同したものでしょう。ドイツの場合は、ナチ党員であったかどうかということが、ハイデッガーではないけれど、一つのメルクマールとして非常にはっきりするわけです。

——なかには日本文学報国会の岸田国士《くにお》みたいなケースがあるわけでしょう。むしろ、文学報国会に出ていくことで文学を守ろうという。吉野源三郎さんなんかも、そういう解釈をしていました。

丸山　ぼくらもそうでしたね。いい人がなっている。もっと悪い場合を考えると、非常にいい人がなったと、そう思った〔「『加藤周一著作集』をめぐって」『別集』三参照〕。

――若手になったのですね。ぼくらから言わせると、リベラルがなった。

丸山　そうそう。近衛さんが〔第一次〕内閣を組織したときも〔一九三七年六月〕、実際そうですから、ぼくらもホッとしたのです。

――西園寺は近衛に軍部を抑えさせようと思ったのだけれど、近衛さんのほうが西園寺の意向に反したという感じを持ちましたが。

丸山　ただ、近衛の弁明をすれば、日華事変が起こらなければ。日華事変は勝手に近衛の意図を無視して動いた。

――軍隊に引きずられた。

丸山　敗戦直後に近衛に会ったとき〔一九四五年一〇月四日〕の話です。近衛が縷々と話した。近衛はみんな天皇から聞くというのです。天皇とほとんど毎日会う。すると天皇が、きのう杉山〔元。第一次近衛内閣陸相〕が来て、こういう話をしたと言う。杉山から近衛には何も情報がない。盧溝橋事件が勃発しても、ぜんぜんわからない。陸軍はだいたい三カ月で戦争を終わらせるつもりだとか、ぜんぶ天皇を通じて聞くわけです。一回、上へ行って下りてくる。そのぐらい統帥権の独立が強くなってしまった。内閣総理大臣は、いかんともしがたい。事態はそういうふうになっているわけです〔同趣旨が『朝日新聞』に連載された「近衛公手記」〔一九四五年一二月二〇―三〇日〕に書かれている〕。

ただ、事変が起こってしまうと、そのあとの近衛は乗ってしまって、大きなことを言い出すから困るのだけれど。とくに、「蔣介石〔国民政府〕を対手にせず」〔一九三八年一月一六日、第一次近衛声明〕というのは決定的です。その当時の感覚として、こういうことを言ったら処置なしだとぼくは思いました。いい気になっちゃうんだな。

補　注

【凡　例】

・補注の該当箇所は本文中に＊で示した。
・書籍や資料に付されたアラビア数字は丸山文庫での登録番号を示し、「番号」と略記する。
・『丸山眞男集』の『別巻』所収「年譜」の頁数は、二〇一五年七月に刊行された新訂増補版による。
・その他の書名やサイト名は以下のように略記し、必要に応じて巻号や頁数を示す。
『丸山眞男集』(全一六巻・別巻一。一九九六—九七年初版、岩波書店)→『集』

『丸山眞男集　別集』(二〇一六年七月現在、第三巻まで刊行、岩波書店)→『別集』

『丸山眞男座談』(全九冊、一九九八年初版、岩波書店)→『座談』

『自己内対話』(一九九八年、みすず書房)→『対話』

『丸山眞男話文集』(正・続各四巻、二〇〇八—〇九年、二〇一四—一五年、みすず書房)→『話文集』

『丸山眞男書簡集』(全五巻、二〇〇三—〇四年、みすず書房)→『書簡集』

『丸山眞男戦中備忘録』(一九九七年、日本図書センター)→『備忘録』

『丸山眞男　自由について　七つの問答』(二〇〇五年、編集グループＳＵＲＥ)→『自由について』

『丸山眞男手帖』(丸山眞男手帖の会編、一九九七年―二〇一五年)→『手帖』

『丸山眞男記念比較思想研究センター報告』(東京女子大学発行、二〇一六年七月現在、一一号まで刊行)→『センター報告』

「丸山眞男文庫草稿類デジタルアーカイブ」(東京女子大学丸山眞男文庫)→「文庫アーカイブ」

1頁7行　暁部隊における丸山の軍歴は、暗号教育隊で教育を受けたのち、参謀部情報班に転属したと解されてきた。一九五八年の座談会「戦争と同時代」(『座談』二、二〇三頁)で彼自身そう語っており、本書での回顧もそれと一致する。しかし短期間ながら、暗号教育隊の人事係に属したことがあるようである。この点は人事係で上司だった田舛《たます》彦介の回顧によるが、丸山とゆか里夫人との間に交わされた往復書簡にも、これをうかがわせる部分がある。『別巻』「年譜」の記載内容にもかかわるので、以下でやや詳しく考証しておきたい(書簡の閲覧を許可し調査に協力してくださった丸山彰氏に感謝する)。

まず確認しやすい点からみてゆくと、入隊後の丸山が留守宅宛に書いた第一信は昭和二〇年(一九四五)三月一四日の消印であり、その差し出し住所は「広島県宇品町十丁目暁第二九四〇部隊あ隊四班」である。「一昨日無事入隊し、元気で教育を受けて居ります」とあり、この住所が暗号教育隊所属時のそれであるとわかる。第二信は三月二六日消印で、第一信に対して夫人が出した返事(三月一八日付)への返信である。結婚一周年記念日(二四日)に受けとったこと、母の病気が峠を越えたことを喜び、看病に当たった夫人を労っている。差し出し住所は第一信と同じだが(広島県が広島市になっているが)、文章末尾に「こちらから又便りするまで、表記の宛先には出さないで下さい」とある。三月三一日の暗号教育終了を目前にして、丸山が転属を予期していたことを示すものであろう。

　次に夫人から丸山宛の四月六日付封書がある。三月末には広島に来ていたらしい夫人が当日午後の列車で帰ることを伝えた内容だが、二点が注意を引く。①「あのうす汚い面会所も懐かしい懐かしい思い出」とあること。②末尾に「深谷兵長殿、田《タ》枡《マス》(?)上等兵殿、山端二等兵殿へよろしく」とあることである(ルビや?　は原文のママ)。一高旧友の村本周三によれば、宇品で村本に会った丸山は、夫人が会いに来たが伝染病発生で面会できなかったと告げたという(本書一五頁一行への補注参照)。おそらく夫人は面会所まで何度か赴いたものの会えなかったのであろう(下に引く夫人の四月一四日付書簡には「いくらなんでももうお風邪はなほつた事でせうね」とあり、丸山は流行性感冒で面会禁止だったのかもしれない)。とすれば②は丸山に代わって夫人に対応した人々の名と推定され、彼らが丸山の仕事仲間だったことを示唆する。とくに田舛の名が出てくることは重要であり、彼の回顧(後述参照)に根拠があることを示している。ただこの夫人の書簡は封筒を欠き宛先の住所がわからない。そのため当時丸山が属していた隊の名を確認できないのは残念である。

　この夫人書簡に対して丸山は四月一一日消印の第三信を出している。「幸に現在の自分の環境としては最上の服務場所を與へられ、毎日張り切った生活を送ってゐる」「南原先生や辻君に僕の様子ならびに今度の宛名を伝へてよろしく申上げて下さい」とあり、転属したことがわかる。その差し出し住所は「広島市暁二九四〇部隊「さ」」である。「最上の服務場所」という表現からも、これが参謀部情報班を指すのは明らかであろう。つまり四月初頭前後に田舛らと一緒だった丸山は、この時点では情報班に移っていたことになる。

一方、帰京したゆか里夫人は四月一四日付書簡で、「もうそろそろ今度の隊からの第一信があつてもいい頃と頸を長くして」いたところに、丸山のこのハガキを受けとったと書いている。とすれば四月六日まで広島にいた彼女も、丸山が別の隊に移ったことは知っていたことになろう。同時に注目すべきはこの書簡の末尾に、丸山の母(セイ)の病状改善にふれ、「昨日あなたにお手紙お出しになりましたけど、一日違いで「し」隊の宛名でしたの」とあることである。これはセイが一三日付で暁部隊「し」隊宛で丸山に書簡を出したことをいうのであろう。この隊名は最初の「あ隊四班」とも一一日付のハガキで丸山が伝えた「さ」とも異なる。おそらく丸山が広島滞在中のゆか里夫人に対して(田舛らを介して?)伝えた所属先の隊名だったと思われる。別言すれば、丸山の一一日付ハガキを受けとるまではゆか里夫人も、丸山の「今度の隊」は「し」隊と理解していただろうということである。

以上の推定が正しいとすれば、丸山はまず「あ隊四班」に属して暗号教育を受け、次に「し」隊に属し、最後に「さ」＝参謀部情報班に属したことになる。問題は「し」隊が何を指すかであるが、その手がかりとなるのが田舛彦介の回顧である。

以下に田舛の回顧に基づく評伝『不死蝶の誕生』(林一夫著、東洋医学舎、一九九五年)から関連箇所を要約して紹介する。

卓球選手だった田舛は一九四四年二月に船舶司令部の暗号教育隊に召集され、二カ月の教育を受けた(当初二等兵)。任地ラバウルに向かう前夜に教育担当少尉から暗号兵用の体操の案出を命じられ、隊付教育要員として宇品に残留した。同年兵二〇〇人の多くは任地への途中、潜水艦攻撃にあって戦死した(一二八—一三二頁)。翌四五年に田舛は上等兵に進み、暗号教育隊の人事係に抜擢された。係長の井島曹長は秋田出身の農民で、実務は田舛に任された。仕事は暗号教育を受けた兵に所属先をわりふる案の作成だった。もちろん田舛は起案者にすぎず決定は上部がしたが、ほとんど原案が承認されたという(一五一頁)。一方、自分の助手として有能な人材を欲していた田舛は、教育兵のなかに二人の高学歴者を見つけて部下にした。旧制中学校教師の旭一等兵と東京帝大助教授の丸山二等兵である(一五四頁。同書巻頭には、人事係として井島、田舛、旭、丸山の四人の写真が載っており、田舛の話を裏づける。写真の説明には昭和二〇年四月とある)。新兵時代の丸山は古参兵の軍靴を何足も磨かされ、洗濯物を押しつけられて盥《たらい》で洗う毎日だった。そうした丸山を田舛は消灯後に係長室(井島曹長室)に呼び、戦局の分析や見通しを聞いた。丸山は連合国との講和を有利に進めるため、蔣介石と早く手を結ぶべきだと主張した。田舛は啓発されたが、丸山が危険人物視されることを危ぶみ、堅く口止めした。実は田舛自身、第一二回神宮大会(昭和一六年)の競技種目から卓球が除かれたとき、激しく抗議して特高から監視された経験をもっていた(一〇三頁以下)。また山口の柳井《やない》商業学校出身の彼は、親の反対で大学にゆけなかったが知識の重要性は理解していた。そして日本軍隊には知識人への嫉妬がある反面、その知性や才能を生かす発想がないことに批判的であり、丸山のような人材は参謀本部にでも配属されるべきだと考えていたという(一五六頁)。戦後、株式会社タマスの社長となった田舛は、第一勧業銀行頭取の村本周三(本書一四頁参照)と話すなかで、村本が丸山と旧知であることを知った。そして村本の仲介で三四年ぶりに丸山と再会した(一九七九年)。丸山は「肩章の星の数にものをいわせて、むちゃをいう兵隊」もいたが「田舛さんのような人もいました」と語ったという(二五六頁)。

以上のようにみてくれれば、田舛が人事係である自分の部下として丸山を選び、それが「し」隊の意味することといえよう。ただその時期が①暗号教育が終了した後なのか、②教育期間中にすでにその任務を兼ねていたのかは定かではない。この点が問題となるのは、ゆか里夫人の書簡文面や田舛の回顧によれば、短期間「し」隊に属した後で「さ」へ移ったと推定されるのに対して、丸山自身は本書で「三月三一日、暗号教育卒業の最後の点呼の時に」情報班への転属を命じられたと述べているからである。それは「あ隊四班」から「さ」へ直接移ったことを意味するであろう。最終的な断定は控えるが、人事係の期間が短かったために、丸山の記憶から欠けてしまったのかもしれない。

なお田舛へのインタビュー記録として「卓球に賭けた生涯」(『山口県史　資料編現代2　県民の証言　聞き取り編』二〇〇〇年六月)と、これをうけた「広島軍隊時代をともにして」(『手帖』三四号、二〇〇五年七月)とがある(後者は丸山ゆか里、牛田尚子、川口重雄による聞き取り)。両インタビューでの田舛の回顧はほぼ一致しているが、『不死蝶の誕生』(以下、『誕生』)が伝える内容とは微妙に異なる。①インタビューで田舛は、二カ月の暗号教育を終えた丸山を四月から自分の部下にしたというが、丸山の応召は三月七日で、三月三一日には暗号教育を終えている。戦局の激化にともない教育期間が短縮されたのではないか。旭一等兵の職業がインタビューでは中学校長になっているのも不審である。②消灯後に田舛が丸山から聞いた話の内容もニュアンスが違う。インタビューでは、日本が敗北すれば蔣介石も中国を追われ、双方が不利になる。それを避けるため蔣との交渉が進んでいると丸山は語ったという。とすれば、彼は日本敗戦とその後の国共内戦における蔣の敗北を予測して蔣との提携を説いたことになるが、米軍との本土決戦を控えた当時としては、連合国との終戦交渉を有利にするため蔣と握手するとした『誕生』の話の方が自然であろう。③インタビューで田舛が、暗号教育隊人事係としての自分の役割にふれないのも不審である。以上のような諸点から、この補注では主に『誕生』の記述によって考証した。

2頁7行　船舶司令部での任務として丸山は、ここにあげた国際情報の収集要約のほかに、毎週一回ガリ版でだす『船舶情報』の下働き(たとえば敵潜水艦の位置を地図上に印してゆく)をあげている(『座談』二、二〇四頁)。

3頁10行　一九四三年一二月刊。番号0185014。鈴木は著者の代表で、軍事関係は松下芳男、近衛新体制運動は田中惣五郎、議会関係は吉場強が執筆に協力している。本文四一〇頁、年表は四一一―四三三頁。裏表紙内側に「丸山眞男」の署名と日付が記載され、五月二七日の日曜外出の折に購入したようである。

4頁4行　以下の回想は座談会「戦争と同時代」での発言(『座談』二)と重なるが、いくつかの点で相違がある。①馬場参謀長に呼ばれた時期、②ソ連の対日政策の段階、③レポートの提出時期、④独ソ戦によるソ連の疲弊度の理解などである。全体としてレポートの内容については「座談」は本書より詳しい。このレポートは失われたようで、丸山文庫にも収蔵されていない。丸山は四月下旬に休暇で帰京した折に矢部貞治から『新秩序の研究』を贈られ、広島に持ち帰って情報班長の広中中尉にも見せている(『書簡集』一、一〇頁)。参謀長が丸山を呼んだ背景には、広中が丸山の意見聴取を参謀長に具申したという事情があったかもしれない。なお一二一三行に「あとは何をしゃべったか忘れました」とあるが、村本周三は丸山から、樺太を割譲するかわりに和平の仲介を頼めないかという馬場の問いに対して駄目でしょうと答えたという話を聞いている(「追悼　丸山眞男君」『向陵』三九巻一号、一九九七年四月)。このやりとりが伏線となり、「ソ連の対日政策」について丸山に書かせろという指示が参謀長から出たのかもしれない。

8頁5行　閑院純仁『私の自叙伝』(『皇族軍人伝記集成』第九巻、ゆまに書房覆刻版、二〇一二年)三八六頁によれば、朝香宮、竹田宮、閑院宮は八月一六日に昭和天皇に呼ばれ、それぞれ支那派遣軍、関東軍、南方軍に赴いて終戦の聖旨を伝えよとの命を受けた。翌日所沢飛行場から出発したが、このうち南方軍(司令部サイゴン)に向かった閑院宮の乗機は、小刻みに着陸して前途の状況を確認しつつ正午に福岡に着いたという。このとき宇品にも立ち寄り、天皇の降伏の意思を伝えたかもしれない。一方『東久邇日記』(『皇族軍人伝記集成』第一一巻、ゆまに書房覆刻版、二〇一二年)二二二頁によれば、首相となった東久邇宮は抗戦派の飛行隊による米軍攻撃を危惧し、天皇に頼んで三皇族を関東、中部、九州に派遣して部隊の説得に当たらせたという。宇品に来たのはその一人だったかもしれない。この記事は八月二四日条に書かれているが、派遣の時期や皇族名の明記はない。

13頁17行　丸山はここで参謀に語った説を「昭和二〇・一〇・二九」付の「我が国デモクラシーの諸問題」では批判している。「一、天皇制との関係(改行)安易に解決さるべき問題に非ず。

君主政は共和政に対する概念で、民主政は独裁政に関《ママ》する概念だから、両者矛盾せずなどといふのは形式論にすぎぬ」云々(『対話』八頁)。天皇制とデモクラシーをどう関係づけるかについて、丸山自身が再考し、模索しはじめていることを示す。

14頁12行　『欧洲経済史序説』(時潮社、一九三八年)での大塚説が念頭にあったと思われる。丸山文庫には同書の一九三四年再刷が所蔵され、多くの傍線・折込み・書込みがあり(番号 01939370)、末尾の二四二頁には「一九三九、六、二二」と読了の日付がある。同書で大塚は日本の資本主義にふれているわけではないが、(ブレンターノの分析をふまえ)東ドイツではイギリスと反対に、問屋制商業資本たる「都市の織元」が西ヨーロッパの経済的発展に押されて産業資本に転化しつつ「基本的には彼等が中心的 captain of industry となつて自生的ならざる産業革命が遂行せられる」と書いている(二一〇頁)。この部分に丸山は傍線を引き(「自生的ならざる産業革命」には傍点も付し)、上欄余白に「日本的」と記している。このことは一九三九年(昭和一四)半ばの時点で丸山が、ヨーロッパ経済史に即して大塚が示した産業資本と前期的資本との区別に触発され、日本資本主義の特質をそこに見いだしたことを示している。翌年発表された丸山の助手論文における徳川時代観はこの前提の上に立っていたといえよう。

15頁1行　『別巻』「年譜」によれば、ゆか里夫人は四五年四月と七月との二回、広島に丸山を訪ねている。これは彼女の記録に基づくので確かであろう。ただ前掲の追悼文(本書四頁四行への補注参照)で村本が紹介する丸山発言によれば、夫人が最初に広島を訪ねた折は「伝染病発生＝面会禁止」で彼女は「スゴスゴ帰った」という。その話を丸山から聞かされた村本が便宜を図ると言い、二度目の来広が実現した(村本宅の二階でくつろげた)。丸山が「一回」と述べたのは、最初の分は忘れたのかもしれない。何かして欲しいことはあるかという村本の問いに、丸山は「ラジオで良いから音楽を聞かしてくれよ」と答えたという。音楽が彼にとっていかに大切だったかがわかる。なお『別巻』「年譜」の四五年四月の項に「ゆか里夫人が……広島訪問、丸山の他村本周三大尉と会う」とあるが、右の丸山発言から、初回の来広時に夫人は村本とも会っていないと思われる(田舛に対する前掲インタビューの場に同席したゆか里夫人も、広島訪問は一度だけと語っている(『手帖』三四号、六二頁)。初回の訪問時は会えなかったため、夫妻の記憶から消えてしまったと思われる。なお永山正昭がゆか里夫人を広島までエスコートしたというのは、初回時のことであろう。永山『星星之火』(みすず書房、二〇〇三年)二四頁以下参照。

25頁2行 府立一中二年以来の丸山の親友。『集』六の月報4に松本が寄せた「「まっさん」との付き合い」は、丸山の思考の特徴と一高入学後の変化をうかがう上で貴重である。丸山の「超国家主義の論理と心理」で言及される「軍医大尉として永く召集されていた私のある友人」「真面目な病理学者」はこの松本を指すと思われる(『集』三、三〇頁)。

25頁17行 現在の都営地下鉄三田線の芝公園駅で下車し、芝園橋を渡って金杉橋方面に歩いた所にあった。一中生が芝園館へよく行った背景には、とくに校舎の移転前は、市電の日比谷駅から芝園橋駅まで一本で行けたという事情もあろう。

27頁4行 荒木町は甲州街道(新宿通り)に沿ってJR四ツ谷駅と新宿御苑の中間にあり、丸山家のあった愛住町の近辺である。これに対して本書四六頁三―四行に出てくる「日土講習会」は「水道橋と御茶の水の間に」あったというから、荒木町の塾とは別の組織である。週日には前者に、週末には後者に通わされていたのではないか。

29頁13行　本書二五頁二行への補注であげた松本武四郎の文章には、一中時代に水泳部合宿のコンパの出し物として、丸山が芝居の台本を即興で書き、松本らが演じて好評を博したことが紹介されている。ストーリーは落語風であり、父に連れられて行った寄席での素養が生かされていると思われる。丸山自身も「わたしの中学時代と文学」でこの上演にふれている(『集』十五)。

30頁14行　丸山文庫には松浪信三郎訳のパンセが三種収蔵され、ほとんどに書込みや折込みがある。『パンセ』河出文庫、上巻(番号0197771)、下巻(番号0197772)、一九五五年。『定本 パンセ』講談社文庫、上巻(番号01809417)、下巻(番号01809418)、一九七一年。『世界の大思想 パスカル』新装版、第二二巻、河出書房新社、一九七六年(番号0197792)。

31頁10行　一九八五年の「金龍館からバイロイトまで」で丸山は「私は中学時代にはゆえあって(中略)洋楽からもっとも遠ざかっていた」と書いている(強調はママ)。この「ゆえ」が、ここで言われている音楽教師との関係不全だったと思われる(『集』十二、二四六頁)。

32頁12行　ここで丸山は自分の流行歌趣味を強調しているが、問題はそれがいつ頃まで続いたかである。ここにあげられた歌や歌手のうち、「君恋し」は一九二八年レコード発売で丸山は中学生、「島の娘」のレコード発売は三二年一二月で丸山は高校生だが、二葉あき子になると丸山より一歳若く、歌手デビューは三六年の「愛の揺籃」で、丸山はすでに大学生である。その頃まで「わざと」こうした歌を歌いレコードを聴いていたことになる。『別巻』「年譜」は、高時代の丸山がベートーベンなどクラシック音楽に傾倒してゆく(三五頁)とするが疑問である。本書一一五頁にも「高校のころはベートーヴェンなんかはほとんど聴いていません」とある。

（本書一〇三頁も参照）。

39頁10行、17行　第一回普通選挙は一九二八年二月二〇日に行われたので、厳密にいえば丸山が三年に進級する前の二年の春休みである。また「一五」とあるが、彼は一九一四年三月二二日生まれなので、正確には誕生日前で一三歳となる。ただ数え年なら一五歳となり、丸山は当時の習慣から数え年で答えたと思われる。なお同じ逸話が対談「一哲学徒の苦難の道」で言及され、そこではサバを読まず「正直に十五です」と答えたことになっている（『座談』五、一九七頁）。また同じ対談には「無産党の演説会場に行ったら、どこでも入口で、警官に子供は入っちゃいかんといって断わられた。ところが社会民衆党から菊池寛さんが立候補して、そこだけ入れてくれました」とある。本書では「兄貴は方々見てまわった」が自分はまだ中三で、政治的関心よりも小説好きということから菊池寛と応援文士の演説会がある四谷第四小学校へ聞きに行ったと語っており、ニュアンスが違う。

41頁9行　ウィルソン自身は加盟を訴えたが、孤立主義を唱える共和党が加盟に反対し、後者が優位する上院がヴェルサイユ条約の批准を否決して、米国は加盟しなかった。ウィルソンが「中立主義」の立場をとって連盟に入らなかったわけではない。

42頁2行　この理解は疑問である。田岡良一『国際法上の自衛権』によれば、日本は一九二八年五月二六日付の公文で、不戦条約は自衛権を害しない旨を断っている（二〇一四年新装版、勁草書房、一七三頁）。「自衛権」についてとくに定義していないが、それは一月前に出された独仏の公文がすでに説明しており、それと異なる見解をもたなかったからだろうと田岡はいう。これに対して英国は五月一九日付の公文で「特別利害関係地域に関する留保」を付し、米国がかつて出したモンロー宣言に引照してその正当化を図っている(同書一七五―一七六頁)。一方米国は、不戦条約批准に際して上院外交委員会が本会議に出した報告書で、不戦条約が認める自衛権の中にモンロー主義を維持する権利が含まれると主張した。しかし米国政府自体が条約解釈に関する公文で、モンロー主義の留保を表明しているわけではない(同書一七六―一七九頁)。したがって丸山は「アメリカは、自衛戦争は入らないと了解するという留保です」と述べているが、そのかぎりでは日本政府も同じ理解に立っており、日米両政府間に違いはなかったといえる。なお田岡自身は、米国のモンロー主義も英国の特殊地域論も、それが他国からの特殊関係地域への武力攻撃を前提し、それへの反撃を自衛として主張している限り、不戦条約の趣旨に反しないと解釈している。

43頁4行　田中首相に対する昭和天皇の叱責は一九二九年六月二七日になされたが、翌日には鈴木貫太郎侍従長を介して間接的な叱責があった。これをうけて田中は閣議を開いて辞意を表明し、二九日に鈴木にそれを伝えた。したがって正確には辞表奉呈は「その翌々日」が正しい(黒沢文貴「昭和天皇の二度にわたる田中首相叱責と鈴木貫太郎」『大戦間期の宮中と政治家』みすず書房、二〇一三年)。

43頁6行　丸山侃堂は一九二八年一一月に『京城日報』を退社し、その後は『大阪毎日新聞』に勤めて東京から単身赴任していた。したがってここは「大阪から」が正しい。

43頁7行　第一回普選(一九二八年二月)の結果、政友会は二一七議席、民政党は二一六議席を得て、実際には勢力は拮抗していた。

47頁4行　現在の外堀通りを赤坂見附から山王下方面に向かって歩き、山王グランドビル角を左折して、メキシコ大使館や日比谷高校に向かう上り坂である。新坂(別名、遅刻坂)という。

47頁10行 ここでは政治狂いの按摩との議論が例示されているが、中学四年の丸山が「現代世相の一面を論ず」を書いて教師から激賞されたという話(本書四五頁四行)、また五〇頁一〇行以下に出る「大分裂」もこの政論への関心と関係があろう。さらに一九三三年二月、旧制高校二年の丸山は非常に鋭い日本社会の現状分析を試みている(「一九三三年の所感五点」『別集』一参照)。

48頁1行 米国ビクター社製のビクトローラー・クレデンザであろう。外付けのラッパを内蔵するため縦に長くなる。

50頁10行 関連する文章が『対話』一八〇頁にある。また本書二五頁二行への補注であげた松本の文章は、一高に入学して間もない頃の丸山の変化(自説を頑強に主張して譲らない)にふれているが、それとこの「大分裂」は関係しているようである。

51頁1行 『杳《はろ》かなる日の生田勉青春日記1931-1940』(生田勉日記刊行会編、一九八三年、麦書房、番号01904416)七頁によれば、生田は一高一年当時、二年先輩で「先鋭なマルキスト」の林通忠から影響されマルクス主義に近づいた。その生田に対して丸山は「アンチ左翼」の立場で対立し、東寮一二番を出たわけである。この『生田日記』の刊行委員には、杉浦明平、猪野謙二、寺田透らとともに丸山も名を連ねている。

52頁7行 「明石博隆君のこと」(『集』十一、一二〇頁)によれば、一高の文科乙類(第一外国語ドイツ語)のクラス四〇人のうち、治安維持法により三年間を通じて八人が検挙されたが、うち共産青年同盟員(丸山がいう本当の左翼)は三人だったらしいという。宇野、明石、柴田の三人であろう。柴田については本書七五頁七行目以下の発言や七七頁八行に言及があり、明石については『海鳴りのように——明石博隆追悼』(非売品)の「年譜」一三九頁に「一九三一・一〇日本共産青年同盟加盟、一高細胞に所属」とある(番号0205326)。

56頁14行　本書単行本版で「尚心会」としていたが読者の指摘により訂正する。なお瑞穂会と昭信会に関する記事が『向陵誌』第一巻(一九三七年刊)の一三三一—一三五〇頁、一三六八—一四〇五頁に載っている。

68頁6行、11行　同趣旨の発言が「一哲学徒の苦難の道」『座談』五、二四〇頁、「如是閑さんと父と私」『集』十六、一七七頁、「生きてきた道」『話文集』続1、四頁、『自由について』八八頁などにあるが、事件当時に丸山が残した文章はこれらとニュアンスが違う。後者によれば、如是閑は唯研が学術機関で実践的意義をもたぬとし、逆に純学術的なるべき精神文化が今日ではかえって政治的意味をもっていることを仄めかした上で、研究会の各部門の中心問題について述べ、その後に会員増加率にふれて「唯物論によって科学の正しい立場を」と言いかけた時に発言中止を命じられたとある(「一九三三年の所感五点」『別集』一、一四頁、「解説」四〇五頁も参照)。丸山には如是閑による観念論批判の仄めかしが強く印象に残り、こうした回顧になったのであろう。唯研の中心人物だった戸坂潤も「長谷川の開会の辞半ばにして(傍点は引用者)突如臨監の警官から解散を命じられた」と書いている(昭和一〇年一月付で検事宛に出した文書。『戸坂潤全集』別巻、勁草書房、一九七九年、三一四頁)。

69頁2行　この講演会には当時武蔵高校二年だった宇佐美誠次郎も友人と三人ほどで参加しており、丸山が「二人」というのは正確ではない(花原二郎ほか編著『学問の人　宇佐美誠次郎』青木書店発売、二〇〇〇年、三八頁。『別集』二「解説」三九九頁も参照)。のちに丸山は宇佐美が同じ講演会に参加していたことを知るが(次の補注参照)、宇佐美は自分より一年上ですでに大学生だったと理解し、高校生は二人だけと考え続けたようである。以下の発言を参照。「宇佐美誠次郎なんて、こんな人はうっかり捕まらないんでね。後で大笑いしたんだけれど、特高は間抜けだな、君みたいな大物を捕まえないなんて、と。彼は僕より一年上で、東大で細胞ですよ。僕は高等学校で。彼はその時逃げちゃって。後で捕まっちゃったけれど」(「生きてきた道」『話文集』続1、七頁)。「一哲学徒の苦難の道」にも(宇佐美の名はあがっていないが)同趣旨の発言が見える(『座談』五、二四〇頁参照)。宇佐美は一九四二年四月に検挙された。

70頁10行　一九五九年一月の談話によれば、丸山はその二年ほど前に宇佐美と会った際にこの事件についても語りあい、宇佐美も会場にいたことを知った。また戸谷や平沢について聞いたという(丸山文庫蔵「談話速記録　思想的回想」(資料番号367)。この資料は『別集』二に「一月一三日　丸山眞男先生速記録」として抄録したが、「文庫アーカイブ」で全文の画像を閲覧できる)。前の補注で引いたように丸山は宇佐美を一年上と勘違いしているが、それは一年上の平沢や戸谷について宇佐美から詳しく聞くことで、宇佐美も彼らと同学年と推測したからと思われる。なお戸谷に関して石崎津義男『大塚久雄　人と学問』(みすず書房、二〇〇六年)四九頁に、彼が宇佐美らと共に検挙され「そのご釈放され、一高三年を終了する段階で」云々とあるが、事実の誤認がある。宇佐美は当時まだ武蔵高校生で、戸谷に兄事するのは翌春の帝大入学後であり(前補注の『学問の人　宇佐美誠次郎』所掲の「経歴」によれば、戸谷の名は東大三年生時代に研究上の友人として出てくる。三〇頁)、治安維持法で検挙されるのは四二年四月だからである(同書一六頁、三〇頁参照)。

70頁16行　平沢の業績について丸山は「一九三〇年代、法学部学生時代の学問的雰囲気」で具体的にあげている(『話文集』続1、二三六頁)。

71頁9行　「イギリス・ヨーマンの研究」は『経苑』一六号、一九三八年七月に初出(『経苑』は法政大学経済学部学友会の学生機関誌)。親友だった宇佐美誠次郎と戸谷を指導した大塚久雄の尽力で、『イギリス・ヨーマンの研究』として戦後公刊された(御茶の水書房、一九五一年)。同書に付された宇佐美の「戸谷君のこと」は戸谷の経歴、業績、応召・戦死の状況を伝える貴重な証言である。また大塚の「戸谷敏之氏の論文「イギリス・ヨーマンの研究」に就いて」は、「半ば学友としてひじょうにしばしば対等の立場で」切磋琢磨しあい、自分の「歴史理論の最初の輪廓が形づくられつつあったころ、ヨウマンリーという中心テーマについて、こうして側面から力強い援助を与えられ」たとしている(のち『大塚久雄著作集』第五巻、岩波書店、一九六九年、一七二―一七八頁)。

77頁5行　磯田進を指すようである(一九五九年の「一月一三日　丸山眞男先生速記録」『別集』二、一七九―一八〇頁など参照)。

79頁3行　本書六九頁二行への補注参照。

79頁5行　内務省警保局刊『社会運動の状況』昭和一二年度版によれば、唯研は昭和七年一〇月二三日に創立大会を開いて以後「各種の活動を継続して、今日に至れり」とあり(『座談』五、二二八頁所引)、権力は唯研の持続的活動を認めている。

79頁14行　本書六八頁六行への補注参照。

80頁8行 戦後の丸山は、戦争中に比較的安全な場所にいた「自由主義者」などによる風早批判に対して、ここで磯田が語ったことと同じ立場にたって風早を弁護している(「一月一三日　丸山眞男先生速記録」『別集』二、一八五頁)。

89頁6行 白井喬二の同書は平凡社から一九二八年に全六巻が刊行された。一方「現代大衆文学全集」は全六〇巻で、白井喬二集が二巻含まれているが『富士に立つ影』は入っていない。同時期に同じ出版社から出たので、混同が生じたのであろう。

93頁14行 この体験に丸山はくり返しふれており、彼の精神史上の重要性がわかる。『座談』五、一八五頁、『座談』七、一三四頁、『対話』五一頁など。

97頁6行 この映画は①現代アメリカ、②古代バビロニア、③古代エルサレム、④近世フランスを舞台とする四つの物語からなり、②は巨大セットで知られ、③はイエスの受難を描く。しかし、いずれもローマ帝国末期のキリスト教弾圧を主題にしているわけではない。

100頁4行 一九六六年の「ロマン・ロランと私の出合い」『集』九では、「私がはじめてロランを読んだのは、高等学校の時だったと思いますが、やはり『ベートーヴェンの生涯』ですね」と回顧している(三四七頁)。なお『ジャン・クリストフ』がその後の丸山の精神形成にとってもった意味については「運命的な会遇」『集』十六参照。

102頁11行 別の回顧に、中学三年のころ浅草の金龍館で「カルメン」のパロディーを初めて観たが、「「カルメン」のあの著名な前奏曲は小学校高学年に一生懸命ハーモニカを練習していたので知っていた」云々とある(『集』十二、二四四頁)。

105頁15行 一九七九年の文章によれば、これは兄の鐵雄が最近になって眞男に明かした経験である。山ほど持っていた主に外国映画のブロマイドを全部母に焼かれたという(『集』十一、六頁)。

107頁5行　ドロテア・ヴィーク演ずる女教師は寄宿女学生から慕われるが、管理教育の立場にたつ女校長は女教師の追放を図る。しかし追放に反対する学生のストにあい、敗北して学校を去ってゆく。丸山による筋の紹介では、優しい女教師が敗れるようにも読めるが、そうではない。

112頁17行　一九七九年の回想では、『戦艦ポチョムキン』と『母』について「私がこの二作をはじめて鑑賞できたのは……ハーバード大学に客員教授として滞在中、同大学の映研主催で上映された折であった」とあり(『集』十一、二二二頁)、本文の回顧と異なる。日本における『戦艦ポチョムキン』の一般公開は一九六七年だが、五九年に山田和夫らによる自主上映運動があり、丸山はそれで観ていたかもしれない。

113頁2行　本項と関係が深いものとして「金龍館からバイロイトまで――オペラとわたくし」『集』十二がある。

113頁15行　「未来」同人の雑誌『未来』の第一集(潮流社、一九四八年七月)に、丸山眞男を含む同人八人が参加し、下村正夫が司会した討論の記録「演劇合評「火山灰地」」が載せられている。

114頁5行　『未来』第二集(一九四八年一一月)に、遠山一行をゲストに迎え、松田智雄、内田義彦ら同人八人が参加し、丸山が司会した「同人討論」の記録が、「音楽における創造と享受」として載せられている。丸山の発言の一部は『座談』一の「丸山眞男発言抄」に収められた。

114頁10行　安井の教授昇進人事をめぐって教授会が紛糾し、田中耕太郎、横田喜三郎の辞職問題が起こった際に、助教授だった辻・丸山らの説得工作が奏功して収束したことを指すと思われる。本書三〇九頁一五行への補注を参照。

118頁1行　この章と次の章で語られる内容は「一九三〇年代、法学部学生時代の学問的雰囲気」（『話文集』続1）と重複する箇所が多い。大学三年の丸山が書いた「法学部三教授批評」（『集』一）も参照。

125頁5行　丸山は当時まだ一高生で、東大法学部における横田の講義を聴いていたとは思われない。ではこの言葉はどう理解したらよいだろうか。おそらく丸山は一高で開かれた横田の講演を聴いたと推測される。満州事変の直後に横田は「満州事変と国際連盟――寧ろ当然の干渉」を『帝国大学新聞』一九三一年一〇月五日号に寄せ、自衛権範囲の逸脱という軍部への批判を展開した。丸山がこの論説を読んだか否かは不明であるが、注目すべきはこのあと、満州問題をテーマとする連続講演会が東大経友会主催で開かれていることである（集会部長は河合栄治郎）。八日に政友会の森恪《かく》が「満蒙問題について」、九日に参謀本部第一部長の建川少将が「満州事変について」（以上『帝国大学新聞』一〇月一二日号掲載）、一二日に民政党の中野正剛《せいごう》が「日支関係の再建設」、最後に一五日に横田が「国際化せる満蒙問題」を講演している（以上一〇月一九日号掲載）。講演の見出しはそれぞれ「生存権擁護に躊躇はいらぬ」、「尊い権益は永久に確保せよ」、「満州を暫定的に委任統治すべし」、「不健全なる挙国一致を排せ」である。そして前三回の会場は東大構内の教室が明記されているのに対して、最終回は記事のリード部分に「一高においては本学における国際法の新進横田教授に異れる視角からみた意見を聞いた」とあり、一高で開催されたことがわかる。この講演で横田は「日本の弁護的立場から」するそれまでの諸氏の満蒙問題観に対して、自分は「裁判官」として論じたいとし、国際連盟規約第一一条や九カ国条約に照らして、連盟や米国による日本への勧告は当然であり、かえって日本軍の行動は自衛権の範囲を超えた国際法違反で支那への内政干渉だと批判している。丸山はこの講演を聴いて強い印象をうけ、本文のように発言したと思われる。

126頁2行　ケルゼンの純粋法学をめぐる美濃部達吉と横田喜三郎の『国家学会雑誌』上の論争は次のように展開された。

美濃部「ケルゼン教授の国法及国際法理論の批評」一・二・三、四四巻八・九・一〇号、一九三〇年八・九・一〇月

横田「法律に於ける当為と存在――美濃部教授のケルゼンの批評に対して」四五巻二・三号、一九三一年二・三月

美濃部「法律は当為なりや存在なりや」四五巻四・五・七号、一九三一年四・五・七月

横田「法律の妥当性――美濃部教授に答えて」一・二・三、四五巻九・一〇・一一号、一九三一年九・一〇・一一月

丸山が論及する田中耕太郎の論文「ケルゼンの純粋法学批判」は、正しくは「ケルゼンの純粋法学の法律哲学的意義及び価値――ことにその自然法否定論および相対主義について」『筧教授還暦祝賀論文集』有斐閣、一九三四年。横田の「法律の解釈」一・二・三(『国家学会雑誌』四八巻一二号、四九巻二・三号、一九三四年一二月、一九三五年二・三月)を丸山は田中の前掲論文に対する批判と考えているようである。

126頁14行　丸山文庫には末弘講義の受講ノートが五冊あり、「文庫アーカイブ」で画像を読むことができる。タイトルは「民法Ⅰ」「民法Ⅳ」「民法Ⅴ」「民法Ⅵ」「身分法」で、資料番号はそれぞれ24, 25, 26, 27, 47である。なお別に「ノート雑集　昭和一二年度」と題する資料があり

(番号521-2)「民法第三部」の第一一―一四章の講義が記されている。これも末弘講義の一部であろう。画像も閲覧できる。

132頁8行 以下の回顧は「岡義武――人と学問」(『座談』九)での発言と重なる部分がある。たとえばこの箇所は後者に「処女講義じゃないが」とあり(同書二四〇頁)、講義内容に関する詳しい紹介や学術的評価もある。また天皇の東大行幸時のことも言及されている(同書二六九頁。同書二八〇頁以下の三谷太一郎注を参照)。

135頁10行 この逸話はもともと野田良之が田中から聞いた話のようである(「田中耕太郎先生を偲ぶ」『座談』八、一一四頁)。ただ田中耕太郎述・柳沢健編『生きて来た道』(世界の日本社、一九五〇年)二〇頁によれば、田中が岩元に法律哲学をやりたいと述べたところ、法律哲学より法律そのものをやるように諭され、そこで商法を選んだという。すなわち商法を選んだのは田中自身で、岩元が勧めたわけではない。また「商的色彩」等の自説についても、田中はこの著述で簡潔に説明している。なお後に丸山はゲーテの『詩と真実』を学生に勧める本としてあげているが(『集』十六、三〇三頁)、これは自身が一高時代に岩元の下で *Aus meinen Leben: Dichtung und Wahrheit* の第一部、第二部を読んだ経験にも基づいているようである。丸山文庫には、背表紙下部に M. Maruyama と印字された特別仕様の同書のテキストがあり(番号0183520)、第一部と第二部にかなり精細な鉛筆の書込みがある(第三、四部にはない)。第三部以後は頁番号が新たに付され、その目次裏の白紙に「一高文乙二年　丸山眞男」と署名がある。丸山の「政治学入門(第一版)」(『集』四)の末尾には、ゲーテが医学について述べた言葉が政治学にも妥当するとして原文の引用があるが、それは『詩と真実』の一節である(丸山著、松本礼二編注『政治の世界　他十篇』岩波文庫、二〇一四年の松本注四四七頁注(9)参照)。高校時代の素養が生かされた一例といえよう。

143頁1行　ラッサールの恋愛事件と決闘死に関する丸山の記憶には史実に合わない点があるが、ここでは回顧のままを記す。

146頁6行　福田恆存にこのような題の文章はないと思われる。福田が、彼の「平和論の進め方についての疑問」(『中央公論』一九五四年一二月号)への多くの批判に反論した「ふたたび平和論者に送る」(『中央公論』一九五五年二月号)の中の平野義太郎の文章を酷評する一節が丸山の念頭にあると思われる。

147頁5行　「政治の世界」によれば、丸山が直前にあげるコール著のp.9で、あるパンフレットから引かれた言葉である(『集』五、一三一頁、松本編注版七五頁)。

156頁9行　『東京大学百年史　部局史一(法学部編)』によれば、丸山が在学していた期間中に法学部では、南原以外に田中耕太郎、高木八尺、神川彦松、蠟山政道、安井郁、宮沢俊義らが演習を開いている。

160頁17行　バーカーの同書の副題は一九一五年の初版では'from Hebert Spencer to the present day'だが、一九二八年版から'1848 to 1914'に変わり、さらに一九四七年版で'Herbert Spencer to 1914'に変わった。河合が使ったのは一九二八年版であり、丸山文庫にはこの版が所蔵されている(番号0182378)。書込みが多く精読の跡を示す。「政治学に於ける国家の概念」にも同書への引照がある。なお同書は一九五四年に『イギリス政治思想Ⅳ』として邦訳され、その副題は「H・スペンサーから一九一四年まで」となっている(堀豊彦・杣正夫訳、岩波書店)。

いずれにせよ本文で丸山がいう「ミルからスペンサーまで」という副題は記憶違いである。本書二七〇頁で同書にふれる際の副題も一九一四が「一九一九」となっており、訂正を要する。

165頁14行 丸山文庫所蔵の同書(番号 01820158)の裏表紙の裏には 'Presented from K. Muto, April, 1937' とあり、本文末尾(p. 326)には 'durchgelesen im Sommer, 1937' とある。夏休み中に通読したようである。後文に出てくるパーソナリティ・アジャストメントの問題は第I章 The Birth of Power の中の Personalities and Power Situations という項(p. 24 以下)で扱われ、余白に丸山は「人間の諸類型の調整(メカニズムの闘争の時代には屢々《しばしば》忘れられる永遠の問題だ)」と書き込んでいる。この章および第Ⅶ章 The Survival of the Fittest にも書込みが多く、全体として精読の跡を示している。のちに同書は斎藤眞らによって邦訳された(『政治権力』上・下巻、東京大学出版会、一九七三年)。

169頁17行 同じ逸話にふれる一九六五年の回顧では、越河での新聞購読者は村長と校長だけで、巡査や僧侶は出てこない。しかし一九八五年の回顧では本書と同じように寺の僧侶もあがっている(それぞれ『話文集』続1、二九頁と二二六—二二七頁参照)。なおここで引照されている山路愛山の文章は『国民雑誌』明治四四年六月に載り、丸山は論文「忠誠と反逆」で論及している(『集』八、二六四—二六五頁)。

170頁8行 『経済往来』一九三〇年一二月号に載った「本年度のマルクス経済学界」で向坂は大内の同書について、「この方面の著述が殆んど皆無なる状態の吾国に於て、実に吾人の要求に添ふたもの」と評価しつつ「同教授自身の立場がヨリ鮮烈に露はれてもよくはないかといふ注文を耳にする」と書いた(同誌一四九頁)。

170頁10行　ここで丸山は戦前刊の『財政学大綱』上巻、中巻が戦後『大内兵衛著作集』第一巻(岩波書店、一九七四年)として一冊にまとめられたことを指してこう語っている。しかし実際には第一巻の目次で、上巻、中巻、下巻の別が示されており、「教授風」云々をふくむ中巻の序文も覆刻されている(二二七―二二九頁。なお下巻は丸山が受講ノートを残した地方財政論にあたり、『著作集』で初めて活字化された)。丸山が引く「支配階級のソプラノ」とは、資本に対する労働の不平の声が高まるにつれて、それを消すべき高声と美声が資本のために必要となるとした大内が、租税を通じた配分の公平な統制、社会理想の凝化などの主張を「この種のソプラノの音符」として批判したことをいう(丸山文庫所蔵の同書の該当箇所四〇〇―四〇一頁には栞がはさまれている。番号0186583)。階級闘争の見地から社会改良策を批判しているわけであり、丸山がラディカルと言ったのも理解できる。なお丸山は近代日本の学問史で大内財政学が占める位置について「大内兵衛先生――人と学問」(『座談』八)で論じている。

171頁1行　ここで丸山があげる歌は、河上によればもともと共産党入党時の感慨を詠じたものである。しかし検挙されたとき(一九三三年)、多くの巡査らから色紙持参の揮毫を頼まれ、それに応じてこの歌などを書いたため、検挙当時の歌として伝わったという(河上肇『自叙伝』二、岩波文庫一七三頁)。ただ当時まだ丸山は高校生であり、本文の回顧とは時期が合わない。河上は三七年六月に出獄し記者団に「手記」を配った。その末尾に歌が三首あるので(『自叙伝』四、三一九頁)、丸山はそれと混同したと思われる。また本文で丸山が「転向したとき」と言うのは、河上が出獄を機に「マルクス学者としての生涯を閉じる」と「手記」に書いたことをそう解したのであろう。しかし河上の趣旨は「運動」には関与しないというにあり、マルクス主義への信念を棄てたとは言っていない。仮出獄でなく満期出獄となったのも、非転向を貫いたためと河上はいう。

171頁6行　丸山文庫所蔵の雑誌『マルクス主義』(二三号、大正一五年三月)には「河上博士の最近の発展」と題した福本和夫の河上批判論文が載っているが、文庫所蔵の同誌目次によるかぎり、志賀の河上批判論文は見当たらない。「志賀」は「福本」の記憶違いかもしれない。

174頁16行　嘉治眞三は経済学者。兄の隆一は新人会の一員で、満鉄、のち朝日新聞に勤めた。丸山は大学生時代に隆一からドイツ語会話の教師として上智大学のヨハネス・クラウスを紹介されている。『対話』に、丸山が帝大助教授になった時の嘉治の反応とそれへの丸山の違和感が記されている(一八五頁)。なお丸山が上智大のホイヴェルス(Hermann Heuvers, 第二代学長)の『ファウスト』の講義を聴いたというのも、クラウスとの縁があってのことであろう(『集』十六、一三五頁、一八四頁)。

175頁10行　森戸辰男は『改造』一九二九年九月号に「大学の顚落」を発表し、これに対し河合栄治郎・矢内原忠雄らが批判を加えた。これをうけた森戸は同年一〇月一四日号の『帝国大学新聞』に「大学の運命と使命」を載せて反批判し、以後、河合との間に『帝国大学新聞』を場として、一九三〇年三月まで激しい応酬が重ねられた。

180頁5行　この回顧によれば丸山が町の反響を聞いて回ったのは二六日当日である。一方戒厳令が出たのは翌二七日午前二時五〇分だから、『集』別巻の「年譜」該当箇所に「市民の反応を知るために戒厳令下の本郷通りを歩く」(三九頁)とあるのは疑問である。

181頁3行　同じ出来事に関する別の回顧には「NHKの腕章」の話は出てこず、鐵雄は愛宕山にあったＮＨＫから赤坂の山王ホテル(蹶起部隊の本拠)に様子を見にいったという(『話文集』続1、二五五頁)。直線距離にして一キロほどであり、戒厳令施行前で、接近は容易だったと思われる。丸山鐵雄『ラジオの昭和』(幻戯書房、二〇一二年)の「ラジオ局の二・二六事件」によれば、戒厳令の布かれた二七日以後、愛宕山下には鉄条網が張られ、放送局職員には通行証が渡されて、愛宕山下と放送局入口の番兵にそれを示さないと通行できなくなった。「ＮＨＫの腕章」はこの通行証が混同されたかもしれない。なお「ＮＨＫ」という名称が日本放送協会の頭文字をとってつけられたのは、敗戦後に放送がＧＨＱ管理下に置かれて以後のことで、戦前にはなかった(同書一一二頁)。

183頁1行　この部分の回顧はかなり考証を要する。①河合が『帝国大学新聞』三六年三月九日号に発表した論説は「二・二六事件に就いて」という題名で「批判」という文字はない。また削除が多く丸山が紹介するような文章は見当たらない。しかも戦後の『河合栄治郎全集』(一九六八年)と照合すると、削除や伏せ字の符号がない箇所にも削除のあることがわかる。この削除が戒厳令を考慮した河合や編集部の判断によるのか、当局の検閲によるのかは不明である。②このあと河合は、新聞論説を読んだ中央公論社長の嶋中雄作に勧められ、その論旨を敷衍した「時局に対して志を言ふ」(『中央公論』同年六月号)を発表した。この論文にも削除が多いが、「若し依然としてファッシズムに存在の理由があると云ふならば、寧ろあらゆる社会成員に公平に武器を分配し、然る後にフェアプレーを以て抗争せしめるに如くはない」という文はある(全集版では第一一巻五三頁一一—一三行目にあたる)。とすれば丸山は当時この雑誌論文を読んで強い印象をうけ、それを回顧では新聞版の論説と混同したかもしれない。③ただ次のような事実がある。河合が上記の二論説を収めた『時局と自由主義』を公刊した際(翌三七年四月、日本評論社)、新聞版、『中央公論』版では削除されていた多くの部分が復元され、新聞論説のタイトルも「二・二六事件の批判」に改められたこと、かつ新聞版で削除されていた「あらゆる民衆に武器を配布して」という一節も活字化されていることである(全集版では第一二巻四七頁四行目に該当)。とすれば丸山は『時局と自由主義』で新聞論説を再読し、その知識を前年の新聞版で読んだ河合の説として記憶に固定したかもしれない。ただ同書は丸山文庫に所蔵がなく、当時彼が同書を読んだか否かは定かでない(同書は三八年一〇月に発禁処分をうけた)。④さらに次の可能性も否定できない。戦後の全集版第一二巻所収の上記二論説は『時局と自由主義』版を底本としており、丸山はこの戦後版に基づいて、かつて新聞版で「二・二六事件に就いて」を読んだ時の印象を想起し、本文のように語っているかもしれないことである。しかし丸山文庫所蔵の『河合栄治郎全集』には第一二巻が見当たらず、資料面からこの点を裏づけることはできない。というわけで最終的な判断は保留するしかないが、初出の新聞版と現行全集版との間には文章に相違があり、前者には丸山が本文で回顧するような文章はないことを指摘しておきたい。

184頁7行　別の回顧では「伊達信が網元役」とされ、劇場を借り切ったのも「文学部学友会」ではなく「東大演劇研究会」とされている(『話文集』続1、二五二—二五三頁)。これは当時のチラシをみることで、本書での記憶が正しいとわかった(早稲田大学演劇博物館のデータベース「演劇上演記録」でチラシの画像を確認できる)。それによれば伊達信は漁師のゲエルトを演じ、網元は小沢栄の役である(ゲエルトは「漁師の親玉」というよりリーダー格というのが適当であろう)。また「御注意」として「十九日は帝大文学部学友会主催観劇日につき全場席売切れ」(別のチラシには「帝大学友会鑑賞会で場席全部売切」)とある。なお原作者のハイエルマンスについて「ドイツの」とあるが、オランダ人である。『別巻』「年譜」三九頁には「帆船天佑丸」を観たとあるが、これは一九三四年上演時の表題で、三六年時は「天佑丸」が正しい。

189頁5行　ここであがる三冊は丸山文庫に所蔵されており(ただローザの同書は下巻のみ)、書込みや折込みが多く、丸山の精読ぶりがうかがえる。登録番号は本文での言及順にそれぞれ0189199、0189109、0189197である。『金融資本論』をテキストに選んだのには、田中耕太郎が講義で推薦したことも影響したという(本書一三六頁)。

189頁8行　丸山家は一九三一年五月に、四谷愛住町から東京市外高井戸町(翌年町名変更で杉並区西高井戸)に転居していた。『別巻』「年譜」参照。

190頁13行　両者の友情の軌跡をたどった本に、原武哲《はらたけさとる》『夏目漱石と菅虎雄――布衣禅情を楽しむ心友』(教育出版センター、一九八三年)がある。原武は「漱石の兄貴分　素顔に光」(『日本経済新聞』二〇一三年九月二六日の文化欄)で、この丸山の回顧にふれている。

192頁6行　本書一七四頁一六行への補注でふれたように、大学生時代に丸山は上智大のホイヴェルスによる『ファウスト』の講義を聴いている。一高時代に片山の名講義に感銘を受けたことが、その背景にあると思われる。

194頁11行　一九五九年三月二〇日、東大法学部教授会での宮沢俊義の「あいさつ」の原稿全文が『ジュリスト』(四五一号、一九七〇年六月)に掲載された「教授会でのあいさつ」と題するエッセーに収められ、このエッセーはさらに、宮沢『憲法論集』(有斐閣、一九七八年)に再録された。

195頁3行 帝大粛正期成同盟は一九三八年九月に組織された。丸山の大学二年時は一九三五年四月からの一年間なので、ここには記憶の混同がある。

195頁6行 この事件は、丸山の大学一年冬学期、一九三五年二月一五日のことである。蓑田胸喜が幹部の一人であった国体擁護連合会の壮士十数人が帝大に押しかけ、末弘厳太郎法学部長に、著書『法窓閑話』(改造社、一九二五年)に、天皇の統帥大権を冒瀆する記述があるとして、辞職勧告文を手渡した。

195頁14行 同じ事柄に関する別の回顧(『話文集』続1、一九八―一九九頁)から推すと、これはインテリと亜インテリとを分け、日本ファシズムの運動を担ったのは後者だと論じた「日本ファシズムの思想と運動」(『集』三)を指しているようである。

197頁3行 ここで丸山が「軍事参議官会議」と呼ぶのは、事態収拾のために参議官らが開いた非公式会合であり、天皇の諮詢に基づく正規の会議ではない(ただ当時の新聞も事件の報道でこの名称を使っている)。また「結論が出ない」と丸山はいうが、実際にはこの会合で収拾案がまとまっている。しかし権限がない非公式会合の結論を蹶起将校に伝えるのはおかしいという筋論が通り、その案を元にした「陸軍大臣告示」が発表された(諸文献によれば、その間に文言の内容や伝達範囲をめぐり種々の行き違いがあった)。また勅使差遣の要請に対する天皇の拒否や反乱軍討伐の意思は、侍従武官長だった本庄繁の『本庄日記』(原書房、一九六七年)に記されている。勅使云々については同書二七八頁、また「朕自ら出動すべし」「朕自ら近衛師団を率ひて現地に臨まん」は同書二三五頁、二七八頁を参照。ただ「大元帥として」という文言はない。また丸山は「戦後の回想では……反省しています」というが、御用掛の寺崎英成が書き残した『昭和天皇独白録』(文藝春秋、一九九一年)によれば、天皇は「私は田中内閣の苦い経験があるので、事をなすには必ず輔弼の者の進言に俟ち又その進言に逆はぬ事にしたが、この時〔二・二六事件を指す――引用者〕と終戦の時との二回丈けは積極的に自分の考を実行させた」と語っており(三二頁)、行き過ぎたという反省の弁はない。

197頁14行　ここで丸山は大臣の輔弼を要しない天皇の大権として軍の統帥と宣戦講和とをあげている。しかし伊藤博文名義の『憲法義解』によれば、統帥権(第十一条)については丸山のいう通りだが、宣戦講和(第十三条)については「本条の掲くる所は専ら議会の関渉に由らずして天皇其の大臣の輔翼に依り外交事務を行ふを謂ふなり」とあり(岩波文庫、一九四〇年、四一頁)、伊藤ら憲法起草者の考えは、国務大臣の輔弼を要するというにあった。

198頁6行　美濃部の「海軍条約成立と帷《い》幄《あく》上奏――軍令部の越権行為を難ず」『帝国大学新聞』一九三〇年四月二一日号、および「所謂統帥権干犯」同紙、三八年一〇月一六日号を参照。美濃部によれば、首相が軍令部長の意見を徴せずに軍縮条約を結んだことは、軍令部長権限の侵犯ではあっても、天皇の統帥権の干犯ではない。

198頁8行　『憲法撮要』の「第三条　天皇、第七節　天皇ノ軍隊」における美濃部の議論を指している。丸山文庫所蔵の同書(一九三二年版)には、この節をふくめて傍線箇所が多く、精読のあとを示している(番号0193056)。美濃部によれば、日本の「憲法的慣習法は軍の行動と国家の行動とを区別し、軍の行動は之を国務大臣の責任の外に置くものにして、之を我が国法に於ける兵政分離の原則又は兵権独立の原則と謂ふことを得」という(同書三二一頁)。丸山が、統帥権が国務大臣の輔弼を要しないのは「わが国憲法の特色」だと美濃部の本に書いてあるしいうのはこれを承けたものであろう。なお文庫所蔵の同書には『社会科資料』(1980/May, No. 9, 三省堂)がはさみこまれ、そこには家永三郎の「帝国憲法と統帥権の独立」が掲載されている。この論考にも丸山による多くの下線がある。家永は昭和天皇が外国人特派員に対し、太平洋戦争の開戦・終戦に際して立憲君主として行動したと自己弁護したことを批判し、大日本帝国憲法では天皇は統帥大権に関するかぎり専制君主だったと指摘する。家永によれば、一般国務における国務大臣の天皇に対する関係と、陸・海軍の参謀総長・軍令部総長の天皇に対する関係は性質を異にし、それは詔書に対する国務大臣の副署と奉勅命令に対する総長署名との性格の違いにかかわる。すなわち国務大臣は詔書に副署することで、その内容に関して君主に代わって全責任を負うが、参謀・軍令部総長は大元帥の幕僚長として大元帥を補佐するに止まり、君主に代わって責任を負うことはできない。統帥権行使のために発せられる奉勅命令への総長の署名は、勅を奉じて命令を下部に伝宣するものであり、天皇に代わって責任を負うものではなかったというのである。この点に関して丸山は家永と同意見だったと思われる。

202頁16行 文字通り「直ちに」というわけではない。ナチスのソ連侵攻から約二〇日後の一九四一年七月一二日に英ソ相互援助協定が結ばれ、八月一二日に米英による大西洋憲章発表、米英ソの三国代表がモスクワで議定書に調印したのは一〇月一日である。

204頁1行 ジェームズ・ジョルは一九一八年六月生まれで丸山より四歳若く、スペイン内乱当時まだ二〇歳前後だった。ソ連に対する見方の甘さを論ずる際、年齢も考慮する必要があろう。

219頁14行 丸山文庫には同書とその続篇との二冊があり、後者は一九三九年刊行である。おそらく研究会では、小西の講義を三八年に数回聞いたのち、土屋の本を翌年(助手三年目)にかけて読んだのであろう。登録番号はそれぞれ0188666, 0185616で後者には書込みがあり、丸山の助手論文等における徳川時代経済史の知識が、一つには同書によることがわかる。

220頁14行　この回顧によれば丸山は、助手になりたての一九三七年五月ごろ南原の招待により、新橋演舞場で延寿太夫が出演する文楽『八百屋お七』を観たことになる。しかし読者から、高木浩志著『文楽興行記録』には当時「伊達娘恋緋鹿子――火の見櫓の段」が興行された記録はなく、また清元の延寿太夫が文楽に出演するのもおかしいという疑問が寄せられた。そこで『義太夫年表』昭和篇第二巻(日本芸術文化振興会国立文楽劇場部事業推進課義太夫年表昭和篇刊行委員会編、和泉書院、二〇一三年)で調べたところ、時期・劇場・演目・出演者の四点で、丸山の回顧とすべてが一致する興行はないことがわかった。たとえば三七年五月に歌舞伎座で「伊達娘恋緋鹿子」が演じられているが、これは文楽でなく舞踊である(演者名は丸山の回顧自体が留保を付した表現なので考慮していない)。また一九四一年一二月と翌年一二月には、それぞれ新橋演舞場で文楽「伊達娘恋緋鹿子――火の見櫓の段」や「伊達娘恋緋鹿子」「八百屋内の段」「火の見櫓の段」が演じられているが、丸山はすでに助教授になっており時期が合わない。他方で丸山は同じ出来事について「南原先生の「趣味」」(『集』十、一一五頁)でもふれており、そこでの回顧は上と異なり、「新橋演舞場に出ていた文楽」とあるだけで演目はなく、演者も「延寿太夫」でなく「古靱《こうつぼ》太夫」とあり、幕間に彼の芸の特質を南原が説明してくれたとある。そこで丸山が助手になった頃で、古靱太夫(二代目)による文楽の東京興行という条件で調べると、三七年六月一日から一六日まで「大阪文楽人形浄瑠璃芝居　竹本土佐太夫引退披露」が浜町の明治座で興行され、豊竹古靱太夫も出演していることがわかった(前掲『義太夫年表』三四頁以下)。プログラムによれば、古靱太夫は数日おきに出し物を変えながら最終日まで演じる予定だったが、「咽喉を痛め四日目より休演」(同書三五頁)とある。その前の三日間に演じたのは「菅原伝授手習鑑」「松王首実検の段」であった。したがって南原、丸山が古靱太夫の出演する文楽を観たとすれば、それは六月初めのこの演目であり、場所は明治座だったことになる(調査にあたり武笠桃子氏の協力を得た)。

223頁14行 ケンプの生没年は一八九五―一九九一年で、一九三六年の来日当時すでに四〇歳代になっている。ただ戦後も長く存命し活躍しつづけたので、丸山には「青年」ケンプというイメージが形成されたのかもしれない。

226頁2行 この時自分がとった方針について田中耕太郎は後に詳しく語っている(本書一三五頁一〇行への補注前掲『生きて来た道』一〇四―一一三頁)。また矢内原忠雄は南原らの方針を批判し、粛学を支持している(「経済学部の問題」『嘉信』二巻二号、一九三九年二月)。

230頁1行 三月二〇日号の第七面に「法学部に興亜講座/来学期から〝東洋政治思想史〟」という二行見出しの記事があり、それをフォローした記事が三月二二日号の第一一面に「国家思想の攻究/〝東洋政治思想史〟新設に就て/穂積学部長語る」という三行見出しで載っている。

235頁4行 家永三郎『津田左右吉の思想史的研究』(岩波書店、一九七二年。番号 0192590)三七四頁には、この件に関する丸山発言の紹介がある。家永が丸山に聞き取りをしたのは「昭和二十八年五月十六日」である(同書四二〇頁の注(4))。また家永は羽仁五郎が、天皇制に対する立場の違いをこえて津田の裁判闘争を支援したことを高く評価している(同書四一三頁)。なお羽仁が津田をもっとラディカルと思っていたという丸山の見方は、吉野源三郎の『職業としての編集者』での記述によると思われる(岩波新書、一九八九年、一五九頁。番号0197526)。しかし久野収によれば、津田支援を求めた久野に対して羽仁は当初「自分は戦後には天皇制擁護の津田史学とは真正面から衝突するから」と言って協力を避けていたというから(家永同書四一三頁)、津田史学に対する羽仁の見方は最初から厳しかったという見方もできる。

244頁1行　ラートブルフはナチ崩壊の直前にあたる一九四五年三月、妻のリュデュアに自伝『心の旅路』を口授した。しかし実際に彼が亡くなったのは四九年一一月であり、四五年から四九年の期間については、夫妻の隣人で親友だったマリー・バウムが、『心の旅路』の末尾に「後奏曲・完了」を付している(『ラートブルフ著作集』第一〇巻、山田晟訳、東京大学出版会、一九六二年)。ラートブルフ最晩年の思想の変化にかかわる丸山の議論は、このバウムの記述を念頭においているようである。

249頁6行　この概念はマンハイムの *Ideology and Utopia* の第二章第五・六節、および第五章の第二・四節で論じられている。一方、知識人(相対的に非階級的な層として)の社会学的問題は第三章第四節で論じられ、そこには「相関主義」という言葉は出てこない。両者を結びつけたのは丸山の読解によると思われる。なおマンハイムの同書を丸山は学生時代にドイツ語の原書で読んだというが、それは図書館所蔵本であり、丸山文庫には一九三六年の英訳版がある。書込み、折込みなど精読の跡がうかがえる(番号0182479)。

252頁9行　丸山文庫には *Geschichte und Klassenbewusstsein: Studien uber marxistische Dialektik*, Der Malik-Verlag, Berlin, 1923 が所蔵されており、下線、傍線、書込みなど精読の跡がうかがえる(番号01826148)。丸山は一九五〇年度に法学部の演習で同書を教材にしているから、熟読はその頃と思われる。ただ紙質は悪く、原書を演習教材用にコピーして学生に配ったものを丸山も使ったようである。本自体はハードカバー仕立てだが、製本は書込み後にしたらしく、ページの余白に丸山が書き込んだコメント等の一部が製本時の裁断で切れてしまっている。また他者の書込み(鉛筆で薄く)がわずかにある。丸山はこの年度の途中から結核の療養生活に入り、石田雄《たけし》が演習を代講した。そのこととこれは関係があるかもしれない。

260頁2行 東大の全教職員と学生を強制的に加入させ、中央集権的な統制のもとで活動させる構想。一九四〇年九月発議、四一年四月東京帝国大学全学会として発足、敗戦にいたる。

262頁9行 高橋禎二によるツヴァイク(ツワイクとも)の邦訳は戦中に『ジョゼフ・フーシェ』『エラスムスの勝利と悲劇』があり、戦後に『マリー・アントワネット』『マゼラン』『トルストイ』『ドストエーフスキイ』などがある。丸山文庫にはそのほとんどが所蔵されている。

264頁7行 参考までに、一九三八年二月刊行の、丸山侃堂『事変下の日本』(人文書院)の「序」には次のように記されている。「余は別に「転向」したのではない。余は事変前から所謂自由主義者ではなかつた。余に主義ありとすれば、新聞主義者である。時勢が変れば、新聞も変る。余は新聞記者といふものは、型にはまつた主義に囚はれてはならないと思つてゐる」。なお、丸山は一九三七年に大学を卒業して助手になっている。

267頁16行 ここには記憶の混同があるようである。イェリネックが個人の国法秩序に対する関係を四分類したのは、『アルゲマイネ・シュターツレーレ』ではなく、*System der subjektiven öffentlichen Rechte* においてだった(pp. 81-93)。ケルゼンはこのイェリネック説を自分の『アルゲマイネ・シュターツレーレ』の第二六節に付した注で批判し、*System* の該当箇所に引照している(p. 396)。学生時代に丸山は図書館でケルゼンの原著を読み、注でイェリネックに対する批判も知ったのであろう。ただ丸山文庫にはケルゼンの原著はなく、清宮四郎の邦訳版があるが(『一般国家学(改版)』岩波書店、一九七一年)、後者ではこの注は割愛されている。このため晩年の丸山は、ケルゼンによるイェリネック批判を原著で再確認することができず、記憶によったため、この混同が生じたと思われる。実際、別の回顧で彼は「清宮さんの『一般国家学』の訳を見てみたら、註で取られていますけれど」と語っている(『話文集』続1、一九一頁)。

275頁6行　法家は古代中国の諸子百家の一つで、秦の始皇帝による天下統一に貢献した。礼楽による徳治を主張する儒家に対して、政刑を重視し法による支配を主張した。その系譜上に後の律令制国家がある。法は専制君主による人民支配の道具であり、立憲主義下の近代法が人民の権利を国家権力から守るのとは逆の機能を果たす。本文で丸山がいうのは、当時の右翼の精神主義者にはこの法家と近代法の基本的相違が理解されず、法の厳格な適用という共通面だけがクローズアップされたということである。

279頁13行　一九四〇年六月、近衛は枢密院議長を辞任し、新体制運動への邁進を声明した。三木はその前年、昭和研究会(近衛のブレーントラスト)の文化部会での討議をまとめ「新日本の思想原理」や続篇「協同主義の哲学的基礎」を発表している(『三木清全集』第一七巻、岩波書店、一九六八年)。後者には「協同主義は下からの組織が形成されることによつて全体的統制の実現されることを求める。従つて革新的な国民運動や国民組織は協同主義の大いに関心する所である」とある(五八二頁)。

281頁8行　二・二六事件にかかわる特設軍法会議の首席検察官となった、陸軍法務官匂坂春平が秘蔵した裁判関係資料が、遺族によって公にされ、その一部が一九八八年二月、NHK特集「二・二六事件　消された真実」として放映された。なおこの資料全体は、『検察秘録二・二六事件』(Ⅰ—Ⅳ、角川書店、一九八九—九一年)として刊行されている。

285頁2行　歩兵第三連隊付きの中尉新井勲であろう。戦後『日本を震撼させた四日間』(文藝春秋新社、一九四九年)を書いている。

288頁1行　丸山は別の対談でもこの件にふれるが(「「クリオの愛でし人」のこと」『座談』八)、本書での回顧と異なる。対談によれば、昌益の本は貴重書で貸し出し禁止なので、ノーマンは「写真版でコピーをとりたい」と言った。しかし全部を撮る必要はないとして、史料の選択を丸山に依頼した。そこでノーマンと話して関心の所在を知り、主に政治思想、社会思想、イデオロギー批判の方法論に関係した部分を選び、「後日、カナダ代表部から人が来てそこだけ写真を撮っていった。(中略)その写真をもとにして、ノーマンが(中略)有名な書家(後記——喜多村象亭)に頼んで原文をきれいに書き直してもらった」云々とある。図書館での写真撮影という部分が本書の回顧では欠落している。対談で丸山は「後から思った」として、「敗戦直後の占領軍の御威光をもってすれば、東大図書館の貴重図書くらい、カナダ代表部に一時借り出すくらいのことは、やろうと思えば出来たかもしれないのに」、それをせず史料利用の手続きを尊重したノーマンは立派だと語っている(同書五〇—五一頁)。一九七七年当時「後から思った」とされていたことが、本書での「あれは占領軍の力ですね」という回顧になってしまったようである。手続きを尊重したノーマンの精神と丸山のそれへの評価が消えてしまったのは残念である。

288頁13行　ここには記憶の混同があると思われる。丸山は、東条が自殺しそこなった九月一一日の翌日に召集解除となり、宇品から帰途についてその日は大阪駅前で野宿、翌日は京都の親類宅に泊まり、一四日に復員しているからである。

289頁10行　クルト・シュタイナー(Kurt Steiner)ではないかと思われる。川島武宜『ある法学者の軌跡』(有斐閣、一九七八年)に、敗戦直後に知りあった外国人の一人として出てくる(二一四―二一五頁)。戦前にウィーン大学で法学を学び、ヒットラーがオーストリアに侵入する直前に脱出し渡米。「陸軍の日本語学校で日本語を仕込まれて」「戦争裁判の検事局の検事」となり「いまスタンフォード大学の政治学の教授ですが、当時(戦争直後)はたしか中尉で、柔和な若い人という第一印象」云々とある。日本の地方政治や最高裁と政治をめぐる著書などがある。

292頁2行　丸山眞男・福田歓一編『聞き書　南原繁回顧録』東京大学出版会、一九八九年、二六四―二六五頁参照。南原繁が、法学部教官で召集されたのは丸山一人であり、とくに丸山担当の講座には丸山一人しかスタッフはいないという事情のもとで、予備役陸軍少尉であった尾高朝雄に主に相談して、「丸山助教授は東京帝国大学にとって必要不可欠の教官だからぜひ除隊させてもらいたいという意味の請願書をその地区の司令官宛に法学部長名で提出した」経緯、および丸山が、「庶務大尉によばれまして、大学から君を召集解除にしてくれという願がきたけれど、結局だめになった」と告げられたこと、とが南原、丸山のそれぞれから語られている。

295頁3行　一九五八年の座談会「戦争と同時代」(『座談』二、二一三頁)でも丸山は『世界』の編集部にいた塙作楽が「昭和二十一年のはじめごろ、吉野源三郎と二人でやってきて」、田中耕太郎の推薦で原稿の依頼があったと話している。他方、一九九四年の「塙作楽のこと」では、自分は「一九四五年の九月」に復員したが「その年の暮も迫ったある一日、塙が吉野源三郎氏を伴って研究室に私を訪れ」、「翌新年号から岩波書店で創刊される雑誌『世界』に何か書いてくれ」と頼まれたという(『集』十五、二六七頁)。依頼時期の記憶が違っているわけであり、『別巻』「年譜」一九四五年一二月の項に「吉野源三郎編集長から『世界』への論文執筆を依頼される」とあるのは後者によるものであろう。しかしここは、一九五八年の回顧に合う四六年二月がよいと思われる。この推測は田中が丸山を推薦した動機の理解にもかかわる。四六年一月二四日付の『朝日新聞』「声」欄に田中は「天皇制の弁明」を寄せ、「今や軍国主義的秩序の崩壊と共に秩序自体が姿を消し、道徳的政治的無秩序状態がこれに取つて代つた」とし、民主主義は秩序の下でのみ可能だが、「思想的舞台のめまぐるしい変転、流行思想への無批判的盲従、権力への迎合、一貫した世界観とそれを固守する節操の欠如、政治社会におけるパーソナリズム的紐帯」等の国民的欠陥を考えると、「秩序」維持の観点から、天皇制が日本の政治社会存続の必須条件だと強調している。この立場は復員後の丸山に岡義武が語ったという危機感(天皇制の廃止は反動としてアナーキーをもたらす)に通ずるであろう。そして田中はかねて「重臣リベラリズム」の点で一致していた若い丸山に、同趣旨の発言を期待したと思われる。とすればその時期は、田中が「声」欄に投書した後の二月の方がよいであろう。なお丸山が「超国家主義の論理と心理」を脱稿したのは三二歳の誕生日であった(掲載誌『世界』の論文末尾には「一九四六、三、二二」の日付がある。この事実や含意については以下を参照。苅部直『丸山眞男』岩波新書、二〇〇六年、一四〇―一四一頁。丸山眞男の「一九四七年度・一九四五年度「東洋政治思想史」講義原稿」に対する宮村治雄・山辺春彦の「解説」『センター報告』

九号、東京女子大学、二〇一四年、四二頁。『別集』一「解説」四〇八頁)。

299頁1行　一九三三年二月から七月にかけて服部が発表した諸論文を、九月に土屋が批判して起こった論争。『岩波日本史辞典』では「厳マニュ論争」で、『近代日本総合年表』(岩波書店)では〈マニュファクチュア〉論争で立項されている。

300頁14行　『有澤廣巳の昭和史』というタイトルのもとに、有沢の回顧録『学問と思想と人間と』、敗戦直後の日記をはじめ、対談や文章をまとめた『歴史の中に生きる』、有沢についてのさまざまな人々の追憶『回想』の三冊がひとつにまとめられた。とくに『回想』に収められた脇村義太郎、高橋正雄、秋丸次朗、中村隆英らの文章は、丸山がふれる有沢の学風や、秋丸機関、吉田政権との関係などを知る上で有益である。東畑精一が経済安定本部長への就任依頼を断っていることもわかる。

309頁15行　東大法学部国際法担当の安井郁助教授の教授昇任をめぐって、法学部教授会の意見は、一九四二年頃から対立していた。この昇任人事に反対の国際法担当横田喜三郎教授が安井助教授の教授昇任を教授会に提案しないのに対して、末弘厳太郎法学部長が横田教授を差し置いて直接に提案するにいたって教授会は紛糾し、この人事に反対の横田・田中耕太郎両教授は辞表を提出し、教授会の対立はその極に達した。丸山をふくむ助教授たちは申し合わせて両教授の自宅を訪ねて慰留につとめ、この説得もあって両教授は辞意を撤回した。本文の背景をなす丸山の行動と経験については、『聞き書　南原繁回顧録』二一五―二二五頁に詳しい。

314頁17行　GHQの原案に基づいて日本政府が一九四六年三月六日に「憲法改正草案要綱」を公表したことを指す。『別集』一に収録した「憲法研究委員会第一次報告」の「解説」四〇七―

四〇八頁参照。なおそこでは、南原繁総長に提出したこの「報告」の執筆時期として三―六月の幅があるとしたが、「報告」文中にある「来る総選挙」が四月一〇日実施予定のそれを指すのは確かなので、三月中の執筆と推定される。

321頁15行 ノーマンが占領軍総司令部付の時期に、近衛文麿、木戸幸一、伊沢多喜男に関して提出した公文書の訳が、大窪愿二編訳『ハーバート・ノーマン全集』第二巻(岩波書店、一九七七年)に「戦争責任に関する覚書」として収録されている。同書「解題」によれば、文書の出所はアメリカ国務省の極秘ファイルであり、大窪はジョン・ダワーを通じて入手したという。近衛についてノーマンは「戦争犯罪人にあたるという強い印象」を述べるが(同書三四五頁)、木戸については政治責任を問いつつ、内大臣職からの辞職と将来にわたる公職追放を勧告するに止まっている(同書三五二頁)。大窪の「解題」四五七頁、および馬場伸也「占領とノーマン」(『思想』六三四号、一九七七年四月号)を参照。

346頁2行 鶴見和子・俊輔と丸山眞男との交わりの初めについて、丸山の回想には大きな記憶違いがあるようである。ふたりが記すところに従えば、鶴見和子が丸山を研究室に初めて訪ねたのは、一九四二年八月に交換船で帰国して間もなくで、このときちょうど連載が完結した「近世日本政治思想における「自然」と「作為」」(『集』二)を載せた『国家学会雑誌』を丸山から贈られて、深い感銘をうけている。姉と同船して帰国した鶴見俊輔は、一九四四年、徴用されて滞在していた日本占領下のジャワから帰って、同様に『国家学会雑誌』掲載の「近世日本政治思想における「自然」と「作為」」に接して知的衝撃をうけ、戦後一九四六年二月に「思想の科学」同人の集まりで、初めて丸山に会う。鶴見和子「丸山眞男さんの学恩」『集』五、月報、一九九五年、丸山と鶴見俊輔はじめ三人との対談『自由について』の鶴見「丸山眞男おぼえがき」を参照。

347頁5行　この辺は、相互に交渉があった二つの組織、太平洋問題調査会と米国国務省における対日戦後処理構想、とりわけ天皇制の扱いをめぐる意見の対立について述べられている。前者の重要な会議についての情報は、その後ほどなく鶴見和子から聞き、後者の政策決定をめぐる抗争については、おそらく戦後にライシャワーなど当事者から情報を得たものであろう。丸山は、情報源も聞いた時期も異なるこの二つを、関連づけて語っている。

鶴見祐輔は、戦前の太平洋問題調査会日本支部の中心人物であり、丸山がその人の情報として鶴見和子から聞いたのは、一九四五年一月、ヴァージニア州ホット・スプリングスで開かれた、日本の戦後処理を議題とする、太平洋問題調査会の大規模な会議の内容である。それを承けて語られるのは、一九四五年初頭から年末にかけての、国務省内の対日政策案をめぐる対立であり、当時国務次官であったグルーが、この年五月に天皇制維持を中心とする案を強引に進めようとした企てと、グルーの退官後一一月に国務省に入ったライシャワーが、実質的にグルーの路線を継承して、対日政策決定に大きな役割を演じた事情が中心である。

350頁5行　『大学新聞』の一九四六年二月一一日付が、二月二日、東大山上会議所で青年文化会議の創立総会が開かれたことを報じ、二月二日付の「宣言」を全文載せている。そこでは、丸山の語るところと少し異なり、「封建的なものを克服し得ず、剰《あまつさ》へ、軍国主義に屈伏さへするに至つた」、「一切の旧き自由主義者との訣別を宣し」とあるが、この「宣言」の後、「オールド・リベラリスト」という言葉は急速に広まった。なおこの記事には、議長川島武宜、一二人の運営委員の一人として丸山眞男の名があがっている。『大学新聞』は『帝国大学新聞』をはじめ、いくつかの帝国大学新聞が、戦時統制によって統合されたものである。

350頁11行　後文に出てくる羽仁五郎の逮捕は一九四五年三月一〇日のことであり、丸山は直前の三月七日には再召集されて任地の広島に赴いている。したがってここには記憶の混同がある。丸山は四月二一日から二六日まで特別休暇で帰京して知人・友人と会っているから、その折に杉浦にも会って羽仁逮捕を知らされたのではないか。

351頁1行　『先学訪問――21世紀のみなさんへ』(平岩外四編、学士会、二〇〇七年)三〇頁に、法学部二年生で二等兵として甲府の聯隊に召集された学生の話が紹介され、尾高朝雄がその中隊長で大事にしてもらったとある。当時は現役だったわけである。

(本書は二〇〇六年八月、岩波書店より刊行された。)

定本 丸山眞男回顧談（上）

2016年7月15日　第1刷発行

著　者　丸山眞男《まるやままさお》

編　者　松沢弘陽《まつざわひろあき》・植手通有《うえてみちあり》・平石直昭《ひらいしなおあき》

発行者　岡本　厚

発行所　株式会社 岩波書店
〒101-8002 東京都千代田区一ツ橋 2-5-5

案内 03-5210-4000　営業部 03-5210-4111
現代文庫編集部 03-5210-4136
http://www.iwanami.co.jp/

印刷・精興社　製本・中永製本

ISBN 978-4-00-600351-7　　Printed in Japan

岩波現代文庫の発足に際して

新しい世紀が目前に迫っている。しかし二〇世紀は、戦争、貧困、差別と抑圧、民族間の憎悪等に対して本質的な解決策を見いだすことができなかったばかりか、文明の名による自然破壊は人類の存続を脅かすまでに拡大した。一方、第二次大戦後より半世紀余の間、ひたすら追い求めてきた物質的豊かさが必ずしも真の幸福に直結せず、むしろ社会のありかたを歪め、人間精神の荒廃をもたらすという逆説を、われわれは人類史上はじめて痛切に体験した。

それゆえ先人たちが第二次世界大戦後の諸問題といかに取り組み、思考し、解決を模索したかの軌跡を読みとくことは、今日の緊急の課題であるにとどまらず、将来にわたって必須の知的営為となるはずである。幸いわれわれの前には、この時代の様ざまな葛藤から生まれた、人文、社会、自然諸科学をはじめ、文学作品、ヒューマン・ドキュメントにいたる広範な分野のすぐれた成果の蓄積が存在する。

岩波現代文庫は、これらの学問的、文芸的な達成を、日本人の思索に切実な影響を与えた諸外国の著作とともに、厳選して収録し、次代に手渡していこうという目的をもって発刊される。いまや、次々に生起する大小の悲喜劇に対してわれわれは傍観者であることは許されない。一人ひとりが生活と思想を再構築すべき時である。

岩波現代文庫は、戦後日本人の知的自叙伝ともいうべき書物群であり、現状に甘んずることなく困難な事態に正対して、持続的に思考し、未来を拓こうとする同時代人の糧となるであろう。

（二〇〇〇年一月）